REDEN

Maud Winkler / Anka Commichau

Herausgegeben von
Friedemann Schulz von Thun

Zu diesem Buch

Hier geht es zwar auch um Techniken, Tricks und Tipps der traditionellen Rhetorik. Viel besser aber: Zwei erfahrene Beraterinnen zeigen Ihnen, wie Sie dank kommunikationspsychologischer Einsichten und Techniken einen Dialog mit Ihrem Auditorium aufbauen, der Ihre Botschaften transportiert und nachhaltige Lerneffekte auslöst.

Die Autorinnen

Maud Winkler, Diplompsychologin, Jahrgang 1968. Ausbildung in Psychodramatherapie und systemischer Beratung. Lehrbeauftragte der Universität Hamburg im Fachbereich Psychologie. Freiberufliche Kommunikationstrainerin und Beraterin. Lehrtrainerin in verschiedenen kommunikationspsychologischen Zusatzausbildungen. Arbeitsschwerpunkte: Organisations- und Teamentwicklung, Führungstrainings und Führungscoaching, Vorträge.

Anka Commichau, Diplompsychologin, Jahrgang 1966. Freiberufliche Kommunikationstrainerin und Beraterin in privatwirtschaftlichen Unternehmen, sozialem Bereich und öffentlichen Institutionen. Lehrtrainerin der von der Universität Hamburg angebotenen Zusatzausbildung Kommunikationspsychologie. Arbeitsschwerpunkte: Trainings und Coaching für Führungskräfte und Führungsnachwuchskräfte, Organisations- und Teamentwicklung.

Kontakt: www.commichau-winkler.de

REDEN

Handbuch der kommunikationspsychologischen Rhetorik

Maud Winkler / Anka Commichau

Herausgegeben von
Friedemann Schulz von Thun

NIKOL
VERLAG

Genehmigte Lizenzausgabe für
Nikol Verlagsgesellschaft mbH & Co. KG,
Hamburg, 2011

Redaktion: Wolfgang Müller
Zeichnungen: Maud Winkler, Anka Commichau
Satz Concorde PostScript, InDesign
bei Pinkuin Satz und Datentechnik, Berlin

Umschlag: Groothuis, Lohfert, Consorten | glcons.de
Printed in the Czech Republic
ISBN: 978-3-86820-116-1

www.nikol-verlag.de

Inhalt

«Überall treff ich mich. … Immer trifft man sich. Überall. Man kann sich nicht entgehen.»
WOLFGANG BORCHERT

«Die Wahrheit ist wichtiger als die Tatsachen.»
FRANK LLOYD WRIGHT

Vorwort

«… es herrscht offenbar die Ansicht vor, das Entscheidende sei das intellektuelle Vermögen, mit anderen Worten, ein gut ausgebildeter Verstand. Der Entwicklung der Gesamtperson – in dem Sinn, dass der oder die Betreffende zu einem guten Menschen wird oder Herzenswärme erwirbt – schenkt man zu wenig Aufmerksamkeit.» DALAI LAMA

Liebe Leserin, lieber Leser,

als wir vor etlichen Jahren unser Psychologiestudium abgeschlossen hatten, wussten wir, was wir wollten: Trainerinnen werden. Wir fühlten uns durch das Studium bei Professor Schulz von Thun und erste Praxiserfahrungen dafür halbwegs gerüstet und vollends motiviert. Tatsächlich kamen eines Tags dann auch die ersten Anfragen und Aufträge – und mit ihnen der berühmte Praxisschock. Wir, die wir von Haus aus beide eher zurückhaltend sind, mussten nun vor anspruchsvollen, nicht immer wohlwollenden Gruppen auftreten und sprechen – und das natürlich möglichst souverän und professionell. Als geborene Rednerinnen fühlten wir uns nicht, wollten das öffentliche Sprechen nach Abwägung der Alternativen (Privatisieren? Taxi fahren?) aber lernen.

Mit diesem Ziel haben wir im Lauf der Jahre bei Kollegen hospitiert, Weiterbildungen besucht, Bücher zum Thema gelesen und vor allem durch Erfahrung gelernt. Währenddessen haben wir als Rednerinnen und Zuhörende Momente erlebt, die schwierig, zäh und unbefriedigend, aber auch solche, die beglückend und inspirierend waren. Es gab Vorträge oder Redner, von denen wir begeistert oder im besten Sinne belehrt wurden. Ausgerechnet diese schienen aber oft gar keine «Rhetoriker» im klassischen Sinn zu sein, waren auf manchmal eckige, schüchterne, eigenartige Weise sie selbst. Was war ihr Geheimnis?

In Rhetoriktrainings und Literatur haben wir damals keine Antwort auf diese Frage gefunden. Im Bemühen, ein guter Redner zu werden, lernt man dort oft des Guten zu viel – und des Wichtigen zu wenig. Rhetorisch geschult, multimedial orientiert, fachlich versiert, geht es meist um die Frage: «Wie komme ich gut an?» Sie wird dann im Sinne von «Wie stehe ich gut da?» statt im Sinne von «Wie erreiche ich wirklich mein Gegenüber?» verstanden. Das Ergebnis sind häufig «exzellente», begeisternde, scheinbar perfekte Redner, Motivationstrainer-Klone, Vorbild manch eines stolpernden, holpernden, schüchternen (Nicht-)Redners. Doch Vorsicht: So geschult schießt man am Ende schlimmstenfalls elegant und mit Verve an Ziel und Zuhörer vorbei: «Das war ja ein toller Redner! – Aber worum ging es nochmal? Und was hat das Ganze mit mir zu tun?» Diese Falle nennen wir die **narzisstische Verführung** des Redners.

Es gibt Lehrende, die daher Vorträge fast gänzlich meiden, auch weil sie Skepsis gegen «rezeptives Lernen» hegen, durch das kein relevanter Prozess der Selbstauseinandersetzung eingeleitet werden könne. Sie verschenken damit aber gleichzeitig die Möglichkeiten, die Vorträge bieten – im richtigen Zusammenspiel mit Übungen, Praxisfallberatung und geleiteten Gruppenprozessen.

Dieses Handbuch ist der Versuch, als praxiszugewandte Psychologinnen von unserer persönlichen Geschichte zu abstrahieren, sie mit kommunikationspsychologischem Expertenwissen zu verbinden und uns einen Reim auf das zu machen, was Menschen – wir oder andere – eigentlich tun, wenn sie den Zuhörer erreichen, wenn sie «ankommen», wenn sie andere ins Nachdenken und -fühlen bringen, wenn sie erfolgreich zum Ausprobieren von Denkfiguren oder Verhaltensweisen einladen. Wie diese Wirkung erreicht werden kann, in welcher Haltung und durch welches konkrete Tun, davon handelt dieses Buch. So unterschiedlich Redner, Zuhörer und Themen auch sein mögen: Die Art der Begegnung zwischen Redner und Zuhörer spielt die entscheidende Rolle. Sie wird gedeihlich gestaltet durch die später ausführlich beschriebenen vier Kernkompetenzen des Redners: Auftragsorientierung, persönliche Präsenz, Kontakt und thematische Anregung. Wir wollen Ihnen damit eine **humanistische Alternative** des öffentlichen Redens vorstellen.

Unser Ausgangspunkt liegt in der durch Erfahrung bestätigten Überzeugung: Wenn ich Menschen in ihrer Entwicklung unterstützen will und soll, reicht es nicht, sie nur in ihrer äußersten «Charakterschicht» anzusprechen. Denn menschliche Entwicklung findet nicht nur auf der Ebene der Kognition oder Konvention statt. Das bedeutet für den Redner mit Entwicklungsauftrag: Wenn ich ankommen will, muss ich dem Zuhörer an dem Ort begegnen, an dem Persönlichkeitsentwicklung geschieht und wo er mich als Unterstützung möglicherweise braucht, damit er das Risiko der Auseinandersetzung mit sich selbst eingehen kann. Und das nicht als Selbstzweck, sondern im Sinn des Ziels und des Auftrags. Der Vortrag kann hierbei nicht Zaubertrank, aber Anregung, Ermutigung, Kompass und Integrationshilfe sein.

Wir möchten Sie durch dieses Handbuch einerseits zu Selbstreflexion anregen und andererseits praktische Empfehlungen geben. Deshalb werden Sie hier neben theoretischen Ausführungen auch Beispiele, Übungen und konkrete Hinweise für die Vortragspraxis finden.

Wir, die Autorinnen, arbeiten seit über zehn Jahren als selbständige Trainerinnen für privatwirtschaftliche Unternehmen, öffentliche Institutionen, den medizinischen und sozialen Bereich. Unser Wissen, unsere Ideen und unsere Haltung für dieses Buch speisen sich aus zweierlei Quellen. Einerseits sind wir als Präsentierende unterschiedlichster kommunikationspsychologischer Themen erfahren in der Rednerinnen-Rolle. Zum anderen – Lernen durch Lehren – entwickeln und leiten wir als Trainerinnen und Lehrtrainerinnen für Kollegen auch Seminare zum Thema Rhetorik und Präsentieren. Maud Winkler hat seit vielen Jahren den Lehrauftrag für das Thema «Präsentieren» am Fachbereich Psychologie der Universität Hamburg im Schwerpunktbereich «Beratung und Training» inne. Wir beide arbeiten häufig und gern zusammen und sind Assoziierte des Hamburger Arbeitskreises für Kommunikation und Klärungshilfe unter der Leitung von Professor Friedemann Schulz von Thun.

Aus diesem «Stall» kommen unsere humanistisch-kommunikationspsychologischen Gedanken. Unsere Überzeugung, dass Rhetorik keine *einfache* Aufgabe – im doppelten Wortsinn – ist, ergibt sich schon aus dem kommunikationspsychologischen «Ur-Modell», dem Kommunikationsquadrat, von Friedemann Schulz von Thun (1981). Dass es beim Reden – ob im Gespräch oder Vortrag – *nie* nur um die Sache geht, ist theoretischer Ausgangspunkt auch unseres Handbuchs.

Geschrieben haben wir es nicht nur für unsere Kollegen im engeren Sinn – Trainer, Berater und Coaches –, sondern für alle, die professionell präsentieren mit dem Auftrag und Ziel, kognitive und emotionale menschliche Entwicklung zu fördern und zu begleiten. Damit wenden wir uns an Führungskräfte, Dozenten, Personalentwickler, Erwachsenenbildner, Ausbilder, Lehrer oder Pastoren.

Sollte Ihr beruflicher Auftrag nicht auf Persönlichkeitsentwicklung zielen, Sie sich aber dennoch angesprochen fühlen, dann ist das ganz in unserem Sinne: Wir können uns viele Situationen, Aufgaben und Anlässe vorstellen, bei denen dieses Buch Sie unterstützen kann, wenn Sie mit einer Rede nicht nur den Kopf, sondern auch die Seele erreichen wollen. Oder wenn Sie den Eindruck haben, dass die «Präsentationskultur» Ihres Umfelds ein kreatives, lebendiges Miteinander eher verhindert als fördert und Sie sich damit nicht abfinden möchten.

Wir wünschen uns, dass Sie sich dieses Buch zu Eigen machen, indem Sie aussortieren, worüber Sie anderer Meinung sind oder was Ihre Praxis nicht betrifft, sich aber anregen lassen durch das, was neu, anders und attraktiv für Sie ist, und schließlich ausprobieren, ob und wie unsere Anregungen Ihren persönlichen Vortragsstil in der Praxis bereichern können. Es ist nicht unsere Absicht, einem neuen «humanistischen Einheitsstil» das Wort zu reden, sondern im Gegenteil hegen wir die Hoffnung, dass dieses Buch einen Beitrag zur Unterschiedlichkeit, Individualität und Vielfalt von Vorträgen leisten möge.

Sehr herzlich,

Anka Commichau
Maud Winkler

PS: Wenn wir im Text «der Redner» gebrauchen, sind selbstverständlich Frauen mitgemeint; umgekehrt schließt «die Rednerin» Männer mit ein. – Wenn im Text «ich» erscheint, spricht jeweils eine der beiden Autorinnen.

1. Die narzisstische Verführung

«Agape: sich nicht der Vergebung verdient machen müssen. Was für ein schönes Wort.» PER OLOV ENQUIST

1.1 Der narzisstische Vortragsstil

Ein paar Worte zum Thema Narzissmus

Bevor wir beschreiben, was wir unter dem «narzisstischen Vortragsstil» verstehen, zunächst ein paar Worte zum psychologischen Konzept des Narzissmus.

In einer ersten Annäherung kann man sagen, dass es beim Narzissmus um das Thema «Wert» eines Menschen geht, um sein Selbstwertgefühl. Da Selbstwert ein allgemein menschliches Lebensthema ist, hat jeder Mensch narzisstische Anteile, kennt narzisstische Bedürfnisse und narzisstische Kränkungen.

Menschen jedoch, die stärker als andere narzisstisch geprägt sind, haben innerlich nur unzulänglich einen Speicher für Bestätigung ausbilden können, wenig Container für narzisstische Nahrung. Als gäbe es eine Variante der Tantalos-Qualen, wo der Hungrige und Durstige zwar – anders als in der Sage – an die köstlichen Früchte und das kühlende Wasser gelangen, aber keine Depots bilden kann, um das Aufgenommene zu speichern und in Energie umzusetzen. Darum wird er immer gieriger und bleibt doch ungesättigt und unersättlich. So ähnlich geht es Menschen mit «narzisstischem Persönlichkeitsstil» (Johnson 1988): Sie sehnen sich nach Bestätigung, nach Geliebt-, Geschätzt- und Beklatschtwerden; für diese Ziele strengen sie sich ungeheuer an. Sie verlieren darüber die Einfühlung in sich selbst und andere. Sie benutzen sich selbst und andere immer wieder, motiviert durch die Sehnsucht, auf dem Podest von Bewunderung und Anerkennung zu stehen – aber wenn sie ihr Ziel erreichen, so gibt es nur einen kurzen Moment des Triumphs, dann ist der Erfolg schon seelisch durch sie hindurchgerutscht. Es bleibt kein Gefühl von «Ich bin etwas wert, ich werde geschätzt, ich kann etwas» stabil und krisensicher übrig. Nach dem Rausch ist der Hunger sofort wieder da, der Motor springt von neuem an. Das Suchthafte der narzisstischen Spirale hat Jürgen Leinemann in seinem soeben erschienenen Buch «Höhenrausch» (2004) bei Politikern eindringlich und erschreckend dargestellt.

Die Gefühle narzisstischer Menschen bewegen sich zwischen zwei Polen, zwischen denen es wenig Grauzone gibt: Entweder sie erleben sich als großartig oder als wertlos. Menschen mit narzisstischem Persönlichkeitsstil sind besonders leicht kränkbar. Sie empfinden wenige Begegnungen mit anderen als gleichberechtigt, sondern unterteilen die Menschen in Idole und Bewunderer. Andere werden hauptsächlich in der Funktion, die sie für sie haben, wahrgenommen (und manipuliert), nicht als eigenständige, liebenswerte, begabte *und* begrenzte Menschen.

Will man in einem Rhetorik-Buch über ein diffiziles und differenziertes, vielleicht oberflächlich betrachtet leicht verständliches psychologisches Konzept schreiben, dann stellt sich ein Problem: Einerseits sollte man nicht so grob vereinfachen, dass es platt wird. Und andererseits nicht so ausführlich sein, dass sich das Thema in den Vordergrund drängt. Dass wir trotz dieser Gratwanderung das Thema Narzissmus aufgreifen wollen, hat seinen Grund in folgenden Thesen:

1. Rampenlichtsituationen (also zum Beispiel Vorträge) ziehen narzisstisch strukturierte Menschen besonders an.
2. Rampenlichtsituationen können auch bei Menschen, die von Haus aus weniger narzisstisch sind, das narzisstische Potenzial aktivieren. Die Bühne an sich hat narzisstische Verführungsqualitäten – besonders wenn das Publikum groß und (hierarchisch oder gesellschaftlich) «bedeutend» ist.
3. Wenn der Redner der narzisstischen Verführung durch die Bühne erliegt, wenn sein innerer Hauptantrieb ein narzisstischer ist, hat dies eine Schattenseite sowohl für den Redner selbst als auch für die Zuhörer.

Die Vortragssituation ist eine von vielen denkbaren klassischen Rampenlichtsituationen. Mit Rampenlichtsituationen bezeichnen wir Situationen, in denen ein Mensch für alle anderen sichtbar aus der Menge herausgehoben wird, die Wahrnehmung aller vornehmlich auf eine Person ausgerichtet ist.

Im Folgenden werden wir zunächst beschreiben, was wir mit dem narzisstischen Vortragsstil meinen. Und dann deutlich machen, worin die Falle liegt, die Schattenseite – sowohl für den Redner als auch für die Zuhörer.

Eines aber wollen wir vorweg festhalten: Wir hoffen sehr, dass Sie in unseren Ausführungen keinen psycho-moralisch erhobenen Zeigefinger sehen. Weder ist uns Autorinnen die narzisstische Versuchung fremd, noch wollen wir sie verteufeln. Auch geht es uns nicht um das bisschen gesunden Narzissmus, das man braucht und das Spaß macht. Im Gegenteil: Gerade weil auch wir mit unseren narzisstischen Anteilen immer wieder und manchmal schmerzhaft zu tun bekommen und weil Rhetorik-Trainings und -Bücher häufig eher Wasser auf die Narzissmusmühlen leiten, aber auch weil wir Ideen und Erfahrungen haben, wie es anders gehen kann, schreiben wir dieses Buch.

Der narzisstische Vortragsstil

Diesen Stil charakterisiert, dass der Redner hauptsächlich damit beschäftigt ist, selbst gut dazustehen und positives Feedback zu bekommen. Sein Motto: «Ich bin dann und nur dann gut, wenn ihr mich gut findet.» Besteht eine Konkurrenzsituation, gilt: «Ich bin dann und nur dann gut, wenn ich die Nummer eins bin.»

Wenn dieses Motiv der Hauptmotor im Vortrag ist, dann steckt der Redner logischerweise all seine Energie in das Ziel, beklatscht zu werden. Er wird charmant sein, vielleicht imposant, vielleicht charismatisch. Er wird versuchen, eine brillante Show zu liefern. Er wird sich rhetorisch perfektionieren, Tricks und Kniffe zum Umgang mit Fragen und Einwürfen entwickeln, selbstverständlich modernste Vortragsmedien beherrschen, in jeder Hinsicht State of the Art vorführen. Er wird sich möglicherweise innerlich aufputschen und äußerlich versuchen, keine Angriffsfläche zu bieten. Wenn er erfolgreich in seinem Bemühen ist, wird er der Prototyp eines begabten Redners sein. Wahrscheinlich wird er zudem noch seinen Körper pflegen und stylen, auch hier wird er Perfektion vorleben und keine Achillesferse zeigen. Er wird alles tun, um die Situation in seinem Sinn zu kontrollieren. Nach außen kann das durchaus gut getarnt sein durch eine beziehungsverträgliche «Offenheitsfassade». Entscheidend ist nicht, wie er sich gibt, sondern was dahinter steht, was der Motor ist und wie sich das (nicht) anfühlt.

Sein Publikum, *sein* Publikum, wird – wenn es gut läuft – begeistert sein. Er wird einen Fanclub haben. Der Fanclub wird sehr gute Unterhaltung für sein Geld bekommen und dazu noch ein Heilsversprechen: «Wenn ihr euch an das haltet, was ich verkünde, werdet ihr ebenso (kompetent, erfolgreich, attraktiv) wie ich. Werdet wie ich!»

Rundheraus: Dieser Vortrags- und Persönlichkeitsstil lohnt sich in vielerlei Hinsicht. An den Spitzen von Wirtschaftsunternehmen, in Politik, in Medien und Showbusiness, auch in Seminaren findet man ihn oft. Man kommt damit weit. Bloß: Wohin? Und zu welchem Preis?

1.2 Die narzisstische Falle

Im Folgenden möchten wir erläutern, welche Schattenseiten des narzisstischen Vortragsstils wir sehen.

Der Schatten für den Redner

Für den narzisstisch (an)getriebenen Redner selbst liegt echte Tragik in der Situation. Die Falle besteht darin, dass sein Einsatz ungeheuer hoch ist, das Erreichen des Ziels ihn aber nicht nähren kann. In einer narzisstischen Spirale steigt die Anstrengung, dabei wächst aber das Gefühl innerer Aushöhlung. Man fühlt sich, wenn die psychische Abwehr nicht absolut stabil ist, immer wieder und im Grund als Mogelpackung und muss noch mehr Energie aufwenden, um das nach außen zu verbergen und innerlich abzuspalten. Die gezeigte Fassade und das Erleben klaffen auseinander, die Angst vor der «Enttarnung» wächst.

Die Macht, die ich als narzisstischer Redner anderen bei der Bemessung meines Werts zuschreibe, ist enorm. Die Zuhörer haben Löwenqualität: Im guten Fall kann ich die Löwen bändigen, im schlechten wähne ich mich ihnen in der sprichwörtlichen Höhle des Löwen aus-

Das narzisstische Bühnenerleben

geliefert. Der Berater Klaus Eidenschink schreibt in seinem lesenswerten Artikel über «Das narzisstisch infizierte Unternehmen» (2003) über narzisstisch motivierte Top-Führungskräfte: «Da sie ihre innere Realität verloren haben, beginnt zwangsläufig auch in der äußeren Realität ein Verlust an Wahrnehmung und eine Leugnung von störenden Elementen einzusetzen. So können Rückmeldung, Feedback, Spiegelungen, die dem Selbstideal nicht entsprechen, schlecht akzeptiert werden. Alles, was das Ideal der eigenen Person gefährdet, ist bedrohlich. Soziale Ereignisse werden nicht als solche behandelt, sondern als Urteil darüber, wer man ist. Ereignisse werden in Erfolgs- und Misserfolgserlebnisse eingeteilt. Erfolg bedeutet dann: ‹Ich bin toll, gut und richtig›, Misserfolg bedeutet: ‹Ich habe versagt.› Alles Geschehen wird dadurch in einem hohen Ausmaß selbstwertrelevant.»

Potenzielle Energiespender – wie echte Begeisterung für das Thema oder wirkliches Interesse an den Zuhörern – gehen dem narzisstisch orientierten Redner zunehmend verloren, weil alle Leichtigkeit unter dem Druck des Perfekt-sein-Müssens kollabiert. «Mittelmaß» wird zur Albtraumvorstellung: Dann schon lieber grandios scheitern!

Der Schatten für die Zuhörer

Als Zuhörer werde ich, ob ich es nun merke oder nicht, benutzt. Ich soll dem Redner Energie liefern, indem ich das «Richtige» tue, denke, fühle. Ich soll motiviert sein, mitmachen, dabei sein, damit er nicht gekränkt ist. Das mag unterhaltsam oder enervierend sein; spätestens, wenn es um (meine!) Persönlichkeitsentwicklung geht, wird das manipulative Beziehungsangebot zum Hindernis. Zuhörer haben wenig Platz und Anregung für innere Suchbewegungen: Was ich fühlen soll (und was nicht), ist implizit vorgegeben. Würde ich meiner Wahrnehmung trauen, bekäme ich Probleme mit dem Referenten. Denn sein Beziehungsangebot ist weder schützend noch klar. Schützend könnte (unausgesprochen) heißen: «Was auch immer du innerlich erlebst, es ist in Ordnung. Alles darf sein.» Klar wäre zum Beispiel: «Ich habe Fähigkeiten, und ich habe Grenzen. Diese sind transparent.» Beim narzisstisch motivierten Redner jedoch ist das Angebot der Persönlichkeitsentwicklung in Wirklichkeit die Einladung in einen Erziehungsprozess zur Mehrung des Ruhms, Macht- oder Wertgefühls des Erziehers. Widerstand ist ungezogen. Extrem deutlich wird das, wenn manche Trainer sogar offen sagen, man müsse Teilnehmer erst ganz klein machen, regelrecht zerstören, um sie dann neu aufbauen zu können. Hilfe!

Wenn ich als Zuhörer in diese Falle gemeinsam mit dem Referenten hineintappe, seine Einladung annehme, habe ich damit gleichzeitig die Verantwortung abgegeben. Das ist natürlich verführerisch: Es wäre ja auch zu schön, wenn mir (endlich einmal) jemand sagen könnte, was für mich gut und richtig ist und ich mir die Mühe des Selber-Denkens, -Fühlens, womöglich auch noch -Entscheidens ersparen könnte! Wer kennt nicht die Sehnsucht nach Entlastung von der permanenten Selbstverantwortung, nach Patentrezepten mit Erfolgsgarantie?!

Jeder, der im engeren oder weiteren Sinn professionell im Bereich der Persönlichkeitsentwicklung unterwegs ist, muss sich die Frage stellen und gefallen lassen, was seiner Ansicht nach Persönlichkeitsentwicklung überhaupt bedeutet und was Menschen darin unterstützt. Dieses Buch ist unsere Antwort auf diese Frage – hier auf das Vortragen bezogen. Was auch immer *Ihre* Antwort ist: Der Zuhörer in der narzisstischen Falle wird eher in seiner Abhängigkeit als in seiner Eigenständigkeit bestätigt. Er wird, statt zu erwachsener Auseinandersetzung mit sich, dem Inhalt und dem Redner, zu kindlicher Unterordnung oder Rebellion eingeladen. Er wird gebraucht und umworben, aber nicht wahrgenommen. Er wird Lösungs- und Entwicklungsideen bekommen, vielleicht sogar angeregt und aufgewühlt sein – aber es werden nicht *seine* Ideen und Wege sein; er wird nicht in seiner Wegfindekompetenz unterstützt.

Dieses Buch richtet sich besonders an professionelle Entwicklungsbegleiter. Um ehrlich zu sein, würden wir auch anderen Bereichen gern ein wenig mehr «Humanistische Alternative» verordnen. Und gleichzeitig wissen wir von Teilnehmern aus unseren Führungstrainings, dass bestimmte Gepflogenheiten einfach zum «guten Vortragston» in ihren Unternehmen gehören, sei es der unbedingte Einsatz des Beamers oder eine immer gleiche Story-line. Allen Beteiligten ist dann klar, dass der Vortrag maßgeblich dazu dient, sich selbst im Unternehmen, in der Abteilung, vor dem Vorstand zu präsentieren und zu positionieren. Steht dort ein High-Potential? Wie sieht es mit seiner Autorität aus? Hat er Standing, ist er schnell und kann er improvisieren? Passt er zum Unternehmen, zeigt er, was er will und kann? Ohne dabei gegen die ungeschriebenen Hierarchie-Spielregeln zu verstoßen? Versteht er, was und wer für sein Weiterkommen wichtig ist, und verhält er sich entsprechend? Kann er andere begeistern und motivieren?

Auch Politiker, die an unseren Seminaren teilgenommen haben, berichten über die Schwierigkeiten der Offenheit in und mit der Öffentlichkeit in der Mediendemokratie.

Um keine Missverständnisse aufkommen zu lassen: *Alle* Vortragenden werden immer wieder *auch* von Zuhörern getestet (mehr dazu in Kapitel 7.3). Es ist aber ein Unterschied, ob das Testen eine Voraussetzung für das Sicheinlassen des Zuhörers ist oder ob es im Fokus steht. Das ist eine völlig andere Beziehungs- und Zieldefinition.

Wenn das Testen im Vordergrund steht, der Vortrag real ein wichtiges Mittel der Positionierung und des eigenen Vorwärtskommens ist, dann mag das Anwerfen eines narzisstischen Motors realitätsangemessen und sogar unterstützend sein. Wie Redner dann mit den Schattenseiten, falls sie sich oft in derartigen Testsituationen beweisen müssen, umgehen, bleibt ein seelischer Spagat und eine persönliche Balanceleistung.

Wenn Sic nicht in die narzisstische Falle tappen möchten, aber dennoch «gute» Vorträge halten wollen – was können sinnvolle Gütekriterien sein? Im Folgenden möchten wir eine alternative innere Ausrichtung des Redners beschreiben und anhand von vier Kernkompetenzen plastisch machen. Wir beginnen mit einem Überblick über diese vier «humanistischen Kernkompetenzen» (Kapitel 2), um sie anschließend (Kapitel 3 bis 6) im Einzelnen zu beschreiben.

2. Die Humanistische Alternative

«Schrullen habe ich, aber Angst vor den Schrullen habe ich nicht.» ROBERT WALSER

In Abgrenzung zum narzisstischen Vortragsstil haben wir die von uns beschriebene Alternative «humanistisch» genannt. Damit stellen wir uns begrifflich in die Tradition der Humanistischen Psychologie, die mit Namen wie Ruth Cohn, Victor Frankl, auch Friedemann Schulz von Thun verknüpft ist. Diese werden Ihnen hier im Buch immer wieder begegnen; sie und andere humanistische Psychologen sind gleichsam geistige Paten der hier entwickelten Gedanken. Humanistisch heißt für uns: menschlich *und* professionell, an Werten *und* an der Praxis orientiert – mit Blick auf das Vortragsthema, den Vortragenden und die Zuhörerschaft, ganz wie es Ruth Cohn (1990) in ihrem Modell der Themenzentrierten Interaktion (TZI) postuliert.

2.1 Lernen ermöglichen: Was Zuhörer im Vortrag brauchen

Beginnen wir mit einem Blick auf den Nutznießer des Vortrags, auf den Zuhörer: Auf welchen Ebenen will der Zuhörer angesprochen sein, damit konstruktive Prozesse des Lernens und der Selbstauseinandersetzung möglich und wahrscheinlich werden?

Wir sagen: Der Zuhörer muss kognitiv den abstrakten Inhalt begreifen können, und er muss den Inhalt auf sich selbst beziehen können. Hierzu muss er auch emotional angeregt werden. Damit er beides tut – begreifen und auf sich selbst beziehen –, muss er dazu motiviert sein; zudem muss er dem Redner vertrauen, von dessen Kompetenz und menschlicher Integrität überzeugt sein.

Was Zuhörer sich im Vortrag fragen

Wie muss nun ein Redner sein, was kann er dafür tun, damit all dies – Vertrauen, Begreifen, Auf-sich-Beziehen und Motivation des Zuhörers – wahrscheinlich wird?

Hier möchten wir Sie zu einem Rollentausch einladen. Verlassen Sie doch gedanklich einmal die Rednerperspektive und versetzen sich in den Zuhörer. Sie hören einen Vortrag, in dem es letztlich darum geht, in irgendeiner Hinsicht persönlich weiterzukommen. Als Zuhörer ahnen Sie schon, dass es möglicherweise persönlich, tief und nah werden könnte. Oder fremd, neu, ungewohnt. Irgendwie wird es um *Sie* gehen und obendrein nicht nur um Ihre Schokoladenseiten. Sie werden vielleicht sicheres Terrain verlassen müssen. Möglicherweise sind Sie innerlich ambivalent, sind einerseits interessiert, denn langweilig wird es nun bestimmt nicht, andererseits skeptisch – denn entspannend wird es wohl auch nicht ... Welche impliziten Bedingungen stellen Sie dem Redner? Was müssen Sie sehen, denken, fühlen können, um angeregt zu werden, über sich selbst nachzudenken? Was muss der Redner tun, damit Sie berührt sind? Was, damit Sie sich in Übungen wagen? Wie sich zeigen, damit Sie Ihrerseits sich öffnen? Und wie sollte er keineswegs sein?

2.2 Aufgaben des Redners: Humanistische Kernkompetenzen

Jetzt speichern Sie bitte diese – entscheidenden! – Fragen des Zuhörers, verlassen aber die Zuhörerperspektive und blicken gemeinsam mit uns wieder auf den Redner. Unsere Antwort auf die «Kernfragen» des Zuhörers: Den Redner qualifizieren Fähigkeiten und Fertigkeiten in vier Aufgabenfeldern, den von uns so genannten vier humanistischen Kernkompetenzen. Diese gilt es individuell zu entwickeln. Hierbei möge dieses Buch Inspiration und Hilfe sein.

Die Kernkompetenzen wollen wir zunächst kurz, in den folgenden Kapiteln dann ausführlich beschreiben und dort auch mit vielen Beispielen und Übungen verbinden. Sie lauten:

Auftragsorientierung

Die Kernkompetenz Auftragsorientierung heißt: Das «Wozu?» des Vortrags ist Kompass des Redners (Kapitel 3).

Persönliche Präsenz

Unter Persönlicher Präsenz verstehen wir den professionellen Umgang des Redners mit dem eigenen Sein und Empfinden in der Vortragssituation (Kapitel 4).

Kontakt

Kontakt bezeichnet die Fähigkeit des Redners, in der monologisch angelegten Vortragssituation in einen empfundenen und realen Dialog mit den Zuhörern treten zu können (Kapitel 5).

Thematische Anregung

Diese Kernkompetenz umschreibt das Methodenrepertoire zur kognitiven, emotionalen und praktischen Themenvermittlung eines Redners (Kapitel 6).

2.3 Das Innere Redner-Team: Entwurf einer «humanistischen Mannschaftsaufstellung»

Die Kernkompetenzen entwickeln und leben zu können ist auch und besonders eine Frage der Haltung. Kommunikationspsychologen gehen davon aus, dass äußere Klarheit in der Kommunikation innere Klarheit des Senders voraussetzt. Denn: Ich kann nur klar sagen, was ich meine, wenn mir das selbst klar ist. Damit verlagert sich ein Schwerpunkt in Kommunikations-, Führungs- und Präsentationstrainings zum inneren Geschehen. Es geht nicht mehr ausschließlich darum, auch Heikles situationsadäquat ausdrücken zu können. Vielmehr ist die Aufgabe des Trainers häufig, den Protagonisten im Prozess der Selbstklärung zu unterstützen: Äußere Klarheit setzt innere Klarheit voraus. Dasselbe gilt auch für den Vortragenden. Technisches Präsentations-Know-how ist wichtig, doch welche Wirkung ich entfalten kann, ist maßgeblich geprägt durch meine innere Haltung. Um solche inneren Haltungen und Prozesse bildhaft und beschreibbar zu machen, möchten wir hier das Innere Team als Modell einführen.

Exkurs: Das Innere Team

Das Bild vom «Inneren Team» stammt von Friedemann Schulz von Thun (2004a) und beschreibt anschaulich psychisches Erleben und innermenschliche Dynamiken. Um die Selbstklärung zu fördern, ist das Innere Team ein großartiges Modell, da es einerseits leicht verständlich und andererseits sprachlich und bildhaft verwandt ist der Arbeits- und Führungswelt. Die Besonderheit des Modells liegt darin, dass es auch in Unternehmenskontexten und bei Selbsterfahrungsskeptikern wenig Befremden und Abstoßungsreaktionen hervorruft.

Verkürzt beschrieben ist das Innere Team eine Metapher für das manchmal chaotische, manchmal wohl sortierte, selten allerdings einheitliche psychische Geschehen in einer konkreten Situation oder Rolle. Unser Fühlen und Denken ist nicht monochrom, sondern vielfarbig. Und um Zugang zu den vielen Seelen in unserer Brust zu erlangen, dazu dient die Vorstellung, wir hätten es innerlich mit einem Team von unterschiedlichsten «Persönlichkeiten» zu tun, die sich in einer konkreten Situation formieren und miteinander interagieren. Und dies, man ahnt es schon, nicht immer konstruktiv.

Zur Veranschaulichung: Erinnern Sie sich doch einmal an den letzten (offenen oder unterschwelligen, kleinen oder größeren) Konflikt, an dem Sie beteiligt waren. Wenn Sie sich die Situation vor Augen (und vor Ihr Herz) führen: Welche inneren Teammitglieder melden sich bei Ihnen zu Wort? Zum Beispiel haben Sie vielleicht ein inneres Teammitglied an Bord, das sagt: «Das lasse ich mir nicht bieten, nicht mit mir!» Und dieses Mitglied hat den Impuls, auf den Tisch zu hauen, laut zu werden, Farbe zu bekennen. Welcher andere Impuls kommt Ihnen noch in den Sinn? Welcher Name für dieses Teammitglied fällt Ihnen ein? Es könnte sich zum Beispiel um eine innere *Jeanne d'Arc*, einen *Rambo*, einen *Mutigen* handeln. Möglicherweise meldet sich in Ihrem Inneren Team eine weitere Stimme, die eher Appeasement (oft nach innen und außen) betreiben möchte und beschwichtigend spricht: «Lass doch, reg dich ab, Streiten bringt doch nichts, jetzt mal ein bisschen Fingerspit-

Innere Teammitglieder im Konflikt

zengefühl ...» – ein innerer *Diplomat* oder *Stratege*. Auch innere *Harmoniemonster* melden sich im Konflikt bei vielen Menschen gern und laut zu Wort: «Alarm! Jetzt nur niemanden verletzen und alles dafür tun, dass zwischen uns kein Scherbenhaufen entsteht!»

Schon mit diesen dreien – und es können bei Ihnen ganz andere und natürlich viel mehr sein – hätten Sie ein Inneres Team zur Verfügung, das in seinen Impulsen nicht automatisch einheitlich ausgerichtet ist und daher Führung durch Sie, das Oberhaupt, den Chef des Inneren Teams, braucht. Ohne solche Führung entsteht ein auch äußerlich für das Gegenüber spürbares Kuddelmuddel. Man agiert dann inkonsistent, verschwommen, sendet unterschiedlichste Signale zugleich. Formuliert Kritisches so überfreundlich, dass der andere hinterher meint, belobigt worden zu sein. Bemüht sich um Lösungen, ist aber unterschwellig so aggressiv, dass die Lösung emotional unmöglich wird. Wütet cholerisch und ist anschließend beschämt und unglücklich, den anderen überfahren und verloren zu haben. Bezeichnend für ungeführte, chaotisch agierende Innere Teams ist unter anderem der bittere Nachgeschmack, den sie hinterlassen: Man hat es so «irgendwie» nicht gewollt und ist unzufrieden, in welcher Position man sich wiederfindet.

Ganz wie im richtigen Leben ist Führung eines heterogenen, vielleicht kraftvoll in unterschiedliche Richtungen zerrenden Teams gar nicht leicht und braucht viel Übung, Geduld und Wissen über Teamdynamiken. Und um es gleich deutlich zu sagen: Innere Teammitglieder sind Beamte, unkündbar, man hat sie auf Lebenszeit. Allerdings kann man sie entwickeln, Neueinstellungen vornehmen, Machtverhältnisse verändern, die Zusammenarbeit verbessern. Falls dieses Thema Sie mehr und über das Thema Rhetorik hinaus interessiert, möchten wir Ihnen das Buch «Miteinander reden 3. Das ‹Innere Team› und situationsgerechte Kommunikation» von Friedemann Schulz von Thun (2004a) empfehlen.

Der wichtigste Grundsatz guter Führung von Inneren Teams lautet: Es geht (ähnlich übrigens wie bei der Arbeit mit Systemen, Familienaufstellungen zum Beispiel) *immer* um Integration der ungeliebten, unerhörten, ausgeschlossenen Mitglieder. Persönlichkeitsentwicklung heißt nie, sich auf Linie zu trimmen, sondern bedeutet Integrationsarbeit. Auf dieser Ebene zielt Veränderung weniger auf Lösung als auf Erlösung. Erlösend ist es, sich selbst interessiert, unerschrocken und liebevoll betrachten zu können – und zwar nicht nur mit Blick auf die Schokoladenseite. Auch für innere Teammitglieder gilt: Nur wer einen guten Platz hat, sich gesehen und gewürdigt fühlt, kann aufhören zu kämpfen und zu drängeln, kann gar in den Hintergrund treten.

Innere Teammitglieder beim Präsentieren

Zurück zur Vortragssituation. Natürlich melden sich nicht bei jedem die gleichen inneren Teammitglieder während des Vortragens – wir Menschen sind ja alle unterschiedlich. Da die inneren Mannschaftsaufstellungen aber nicht nur durch die Charakterstruktur eines Menschen, sondern auch durch den Kontext geprägt sind, tauchen einige innere Teammitglieder situativ bei vielen Menschen auf. In Präsentationssituationen zum Beispiel folgende «vortragstypischen» inneren Teammitglieder, von denen Sie vielleicht auch das eine oder andere kennen:

Der Perfektionist: Diese innere Stimme verlangt Ihnen maximale Leistung ab und hat keinerlei Verständnis für Fehler, schlechte Vorbereitung oder mangelnde Sachkenntnis.

Die Diva: Die innere Diva (die übrigens sehr gut getarnt sein kann durch betontes Understatement oder Scham) ist der Anteil in uns, der die Aufmerksamkeit der anderen sucht und braucht und – wenn der Anteil nicht abgespalten oder bestraft wird – auch genießt.

Der Experte: Ohne den wäre es schwer: Gott sei Dank haben die meisten Menschen in der Vortragendenrolle einen inneren Sachkompetenten zur Verfügung. Er weiß um Inhalte, und er weiß, dass er sie weiß. Diese reale und erlebte Kompetenz wird allerdings manchmal durch andere innere Teammitglieder torpediert oder aber geht durch eine «Gesamtverkorkung» (um zum Beispiel kein Lampenfieber zu spüren, schaltet man sich innerlich ganz aus) verloren: Blackout!

Der Gerüstete: Hier kann man sich einen inneren Ritter mit heruntergeklapptem Visier und stoßbereiter Lanze vorstellen. Motto: «Wenn mich hier irgendjemand angreift, dann ...!» Leider kann man durch das Visier schlecht sehen, und so tendiert der Gerüstete dazu, auch harmlose Fragen, berechtigte Kritik oder Ermüdungserscheinungen des Gegenübers als Angriff zu bewerten und entsprechend zu reagieren. Von außen klingt das vielleicht so:

Vortragstypische innere Teammitglieder

Zuhörer: «Ist das wissenschaftlich erwiesen?»

Redner: «Wenn Sie kein Interesse an psychologischen Themen haben, dann sind Sie hier falsch!»

Everybody's Darling: Dieses Teammitglied möchte von allen gemocht werden, und das möglichst jederzeit. Im Vortrag zeigt es sich durch äußerliche Herzlichkeit, geringe Konfrontationsbereitschaft und die Tendenz, die Wünsche der Zuhörer wichtiger zu nehmen als die eigenen. Das monologische Element der Vortragendenrolle macht Angst, weil es als Einsamkeit erlebt wird.

Der Selbstwertsucher: ein heikles, aber weit verbreitetes inneres

Teammitglied. Als Redner mache ich, wenn dieses Teammitglied machtvoll ist, meinen Wert davon abhängig, wie der Zuhörer mich findet. Motto: «Wie war ich?» Es ist das narzisstische Teammitglied par excellence (allerdings entsteht der narzisstische Vortragsstil weniger aus einzelnen Teammitgliedern, sondern vielmehr aus dem Umgang mit ihnen). Der innere Selbstwertsucher ist darauf bedacht, gut dazustehen, er ist leicht und tief kränkbar. Denn (reale oder vermeintliche) Kritik wird emotional als Urteil über die Gesamtperson erlebt.

Die Maus: Die innere Maus hat (vor langer, langer Zeit ...) gelernt: «Nimm dich nicht so wichtig, stell dich nicht in den Vordergrund, spiel dich nicht auf!» Das Verbot, im Mittelpunkt zu stehen, macht Bühnensituationen zur Tortur. Rampenlicht kann Panik auslösen, weil es auf der Bühne kein Mauseloch gibt. Als Ausweg gräbt die Maus dann ein inneres Mauseloch und «taucht ab». Man geht sich selbst und dem Publikum mit dieser Strategie energetisch verloren. Der Redner ist eine sprechende Hülle: kontaktlos, unsichtbar.

Lampenfieber ist eine völlig normale Reaktion auf Bühnensituationen und kann durch ein oder mehrere dieser (oder anderer) innerer Teammitglieder gespeist sein. Um das von den meisten als unangenehm oder gar bedrohlich empfundene Lampenfieber in den Griff zu bekommen, nutzen manche Menschen folgende (oft unbewusst gewählte) Strategien:

1. Totstellen: So kann man sich in einen Zustand bringen, in dem man fast gar nichts mehr fühlt, indem man zum Beispiel seine Atmung entsprechend reguliert (mehr dazu siehe Kapitel 7.1 «Atmen!»). Das Lampenfieber verschwindet, allerdings um den Preis, dass auch manches andere verloren geht. Inspiration zum Beispiel, Lebendigkeit, Kreativität, Kontaktfähigkeit.
2. Kämpfen: Eine andere Strategie ist, ein vermeintlich starkes inneres Teammitglied das Zepter übernehmen zu lassen, zum Beispiel den Gerüsteten oder den Selbstwertsucher. Das Einnehmen der Bühne ist dann kraftvoll und aktiv; jedoch um den Preis, dass die Zuhörer weniger partnerschaftlich denn bedrohlich oder sogar feindlich wahrgenommen und «behandelt» werden. Leichtigkeit und echter Kontakt bleiben auf der Strecke.
3. Fliehen: Drittens kann man sich dafür entscheiden, Präsentationssituationen nach Möglichkeit ganz zu meiden. Auch das ist eine

legitime und einem gesunden Impuls entspringende Strategie zum Umgang mit überfordernden inneren Teamaufstellungen. Hier allerdings um den Preis, bei andauernder Vermeidung in Übungsrückstand zu geraten. Die Prophezeiung «Ich kann nicht reden» macht sich selbst wahr.

Wenn man die genannten inneren Teammitglieder betrachtet, fällt Folgendes auf: So oder ähnlich aufgestellt kann man einen Vortrag gut «über die Bühne bringen». Wenn das Ziel heißt, eine gute Präsentation auf die Beine zu stellen, ist man mit der Mannschaftsaufstellung durchaus chancenreich. Gleichzeitig springt ins Auge, dass diese Leistung mit einer ungeheuren psychischen Anstrengung, Angst und Freudlosigkeit verbunden sein wird. Allein das kann ein guter Grund sein, eine innere Teamentwicklung anzustreben.

Wie kann ein innerlich und äußerlich konstruktiver Umgang mit der eigenen inneren Teammannschaft aussehen? Was heißt die Humanistische Alternative übersetzt für das Bild des Inneren Teams? Zur Erinnerung: Herausschmeißen geht nicht, Abspalten rächt sich. Das Ziel heißt Integration und möglicherweise Neueinstellung.

Die Humanistische Alternative für das Innere Team

Integrationsarbeit ist gemeinhin harte Arbeit: Sie bedeutet, dass der erste Schritt zur Veränderung die Akzeptanz des Bestehenden ist. Mehr und Übungen dazu folgen im Kapitel 4.3.1 «Meilensteine der Persönlichkeitsentwicklung».

Innere Teammitglieder, die frühere Botschaften von Eltern oder anderen relevanten Personen aus der Kindheit gespeichert haben, nennt die Psychoanalyse «Introjekte». Introjekte sind besonders wirksam, da mit der elterlichen Macht versehen. Um ihnen kraftvoll etwas entgegensetzen zu können, braucht es manchmal Unterstützung von außen: Coaching oder Therapie.

Gehen wir einmal davon aus, ein Redner ist in der Lage, eine akzeptierende Haltung auch gegenüber den inneren Quälgeistern einzunehmen:

«Ja, ich habe wirklich Angst vor dem Sprechen vor Publikum. Ich habe in meiner Familie gelernt, dass mein Platz in der zweiten Reihe ist, und mit dieser Botschaft ist es natürlich schwer auf der Bühne. Kein Wunder, dass ich immer so aufgeregt bin!»

Hat man einen akzeptierenden Umgang gefunden, können Neueinstellungen von inneren Teammitgliedern sinnvoll sein. Leicht gesagt und manchmal schwer gemacht. Wie es gehen kann, dazu wiederum Kapitel 4.3.1. Für Neueinstellungen – neue Einstellungen – innerer Teammitglieder bieten die umrissenen humanistischen Kernkompetenzen, aber auch systemische Theorien, Psychoanalyse und die Humanistische Psychologie Anregungen. Es geht nicht um den Austausch (wie denn auch?), sondern um eine Ergänzung und Erweiterung des Inneren Teams. Zum Beispiel könnten folgende Teammitglieder wertvolle Gegengewichte sein:

Der Auftragnehmer: Dieses Teammitglied hat statt der Bewertung der eigenen Person den Auftrag im Blick. Und es weiß: Der Auftrag heißt nicht, toll gefunden zu werden. Und er heißt auch nicht, keine Fehler zu machen oder von allen gemocht zu werden, sondern ein bestimmtes Thema aus einem bestimmten Grund mit einem bestimmten Ziel zu vermitteln.

Der Themenverbundene: Der Themenverbundene ist ein Bruder des inneren Experten. Während dieser Zahlen, Daten, Fakten sammelt, hat jener den persönlichen Bezug zum Vortragsthema herzustellen. Er fragt sich: «Was verbinde ich mit dem Thema, was verbindet mich mit dem Thema? Wo bin ich leidenschaftlich, angerührt, begeistert, wo habe ich eine Haltung und Position, welche Werte? Wie ist mir das Thema in meinem Leben begegnet, welche Erfahrungen habe ich gemacht? Was habe ich aus eigener Kenntnis dazu zu sagen?»

Der Interessierte: Der Interessierte kann das Publikum sehen, hat Herz und Augen offen. Er starrt nicht wie das Kaninchen auf die Schlange, sondern versucht, im Realkontakt eine Einfühlung in sein Publikum zu bekommen. Er hat echtes (statt manipulatives: «Wie kann ich euch für mich gewinnen?») Interesse an seinem Gegenüber: «Wer seid ihr? Was denkt ihr? Was löst das Thema bei euch aus?»

Die dritte Position: Die dritte Position einnehmen zu können bedeutet, die Gesamtsituation von außen zu betrachten. Als könnte man einen Augenblick die Vogelperspektive einnehmen und sich selbst, die anderen und das Geschehen zwischen ihnen anschauen und analysie-

Mögliche Neu-Einstellungen

ren. Diese Position ermöglicht es, sich Fragen zu stellen wie: «Was sagt es, dass ich mich hier so besonders leicht gekränkt und beschämt fühle, möglicherweise über das System, in dem ich mich gerade bewege?» Oder: «Was heißt das, dass ich auf einmal so müde werde und das, was ich gestern noch interessant fand, mir auf einmal selbst todlangweilig vorkommt?» So kann man die eigenen Gefühle (ein Psychoanalytiker würde sagen: die Gegenübertragung) zum Verständnis der Situation nutzen, statt durch sie gelähmt zu werden. Emotionen wie Scham oder Ärger werden zum wertvollen Hinweis auf etwas vielleicht unter der Oberfläche verborgenes Wesentliches.

Der Gewinn ist neben dem besseren Verstehen des Geschehens die Entlastung von paranoidem Größenwahn: Nicht alles hat mit mir zu tun. Nicht jedes Gähnen ist Signal für lähmende Langeweile, die ich verbreite. Nicht jeder Angriff wird durch meine Unzulänglichkeit ausgelöst, nicht jedes «Scheitern» liegt in meiner Verantwortung.

Im heiklen Ernstfall (wenn wirklich etwas schief geht im Vortrag) kann man die dritte Position für Interventionen nutzen. Wie das geht, dazu Kapitel 7.3 «Umgang mit schwierigen Situationen».

Der Selbstwertbewusste: Dieses innere Teammitglied ist ein Synonym für den «Container für narzisstische Nahrung». Es wächst und gedeiht in dem Maß, wie der Mensch ein Gefühl für den eigenen Wert erwerben, speichern und situationsübergreifend halten kann. Es weiß – und kann glauben und fühlen –, dass der Wert eines Menschen nicht erarbeitet werden muss und nicht abgesprochen werden kann. Dinge können schief laufen, Vorträge in die Hose gehen, man kann Fehler machen und haben: Das ist nicht immer unbedingt schön und nur manchmal lustig … Aber es ist auch nicht tragisch!

Durch die psychoanalytische Terminologie inspiriert könnte man von einem weiteren Teammitglied sprechen, das es braucht, um den Selbstwertbewussten erwerben zu können:

Die gute Mutter – oder *den guten Vater* natürlich. Dieses Teammitglied ist ein positives Introjekt; das heißt, man muss es zunächst von außen erleben, um es dann «verinnerlichen» zu können. Idealerweise die Mutter, manchmal die Therapeutin oder ein anderer Mensch vermittelt spürbar und glaubwürdig: «Was auch immer passiert, wie auch immer du bist und was auch immer du tust: Ich bin da! Du kannst mich durch nichts verlieren.» Es ist die Art bedingungsloser Liebe und Akzeptanz, die Carl Rogers als wesentliches Element von Heilung in der Therapie betrachtet. Wenn man diesen akzeptierenden Blick auf sich selbst haben und halten kann, wird der Selbstwertbewusste geboren.

Die skizzierten Neueinstellungen (die für Sie vielleicht teilweise gar nicht neu, sondern alte Hasen Ihres Inneren Teams sind) sind als Anregungen gedacht, nicht als für alle gleichermaßen erstrebenswerte Vorgabe. Nicht jeder *muss* das Gleiche lernen, und nicht jeder *will* das Gleiche lernen.

Selbst wenn Sie unseren «humanistischen Teamentwurf» ideal und sehr wohl erstrebenswert finden sollten, gilt: Die innere Realität ist und wird selten ideal, und das Einschlagen neuer Entwicklungsrichtungen ist meist zähe Millimeterarbeit. Ziel ist aus unserer Sicht nicht der alte Perfektionismus im neuen humanistischen Deckmantel, sondern die vorsichtige Suche nach persönlich passenden und lohnenden Entwicklungsrichtungen.

2.4 Ein Beispiel: Als Psychologin unter Ärzten

Am folgenden Beispiel möchte ich versuchen, die Idee der (miteinander verzahnten) Kernkompetenzen einerseits und der dahinter stehenden Haltung andererseits anschaulich zu machen.

Ich habe vor nicht allzu langer Zeit einen Vortrag auf einem Ärztesymposium über das Thema «Möglichst schnell und möglichst billig?! – Über die manchmal schwierige Verbindung zwischen Effizienzdenken und Menschlichkeit» gehalten. Anlass war die Ehrung eines Chefarztes, der sich das Symposium zur Feier seines Abschieds vom Berufsleben gewünscht hatte. Er war es auch, der diesen Vortrag als Baustein inmitten anderer, medizinischer Vorträge wollte; er war mein Auftraggeber.

Zunächst zur **Auftragsorientierung**. Vor dem Vortrag steht der Auftrag. Auftragsorientierung ist nicht alles – aber ohne Auftragsorientierung ist alles nichts. Bei unserem ersten Treffen habe ich den Jubilar ausführlich befragt, wozu er diesen Vortrag haben wolle, wieso zum Zeitpunkt seines Weggangs und mit welchem Ziel genau. Was er sagte, konnte ich gut nachvollziehen, ich bin «warm geworden». Ich habe nicht nur äußerlich, sondern zuerst und als Voraussetzung innerlich den Auftrag angenommen. Sein Anliegen war es, in Zeiten des Umbruchs, der finanziellen Knappheit, der stärker werdenden Konkurrenz beiden Werten einen Platz zu sichern: dem notwendigen, durch die Realität geforderten Effizienzdenken einerseits und andererseits der «altmodischen» menschlichen Zuwendung und Einfühlung.

Meine *innere Auftragnehmerin* sagte dazu ungefähr Folgendes: «Ich soll mit meinem Vortrag dazu beitragen, dass die offenbar in letzter Zeit teils belächelte, diffamierte oder schlicht unter dem ökonomischen

Maud nimmt einen Auftrag an

und zeitlichen Druck zu kurz kommende Menschlichkeit im Krankenhaus gestärkt wird. Den Auftrag nehme ich gerne an, da er doch mit meinen Überzeugungen einerseits (ohne Menschlichkeit ist Heilung undenkbar, da Körper und Seele eins sind) und mit meinen Werten andererseits (Menschlichkeit ist ein Wert an sich) konform geht.»

Mit dem «Vorglühen» des inneren Drahts zum Auftrag wird gleichsam die **Persönliche Präsenz** «erwärmt». Zunächst dadurch, dass ich, wenn ich den Auftrag angenommen habe, den persönlichen Bezug zum Thema ausleuchte. Meine *innere Themenverbundene* meldete sich: «Das ist ja ein echtes Maud-Thema! Schließlich sind von meinen Freunden viele Ärzte und erzählen oft genau von dem Spagat zwischen Menschlichkeit und Effizienzdenken. Sie kriegen zwar Schulungen in Kundenorientierung, aber keine Supervision! Dazu etwas sagen zu können ist mir ein Herzensanliegen. Und: Als potenzielle Patientin möchte ich auch lieber von Ärzten behandelt werden, die mich trotz des enormen Drucks noch als Mensch sehen können.»

In dem beschriebenen Beispiel hat sich neben dieser zum Thema, Auftrag und Zielgruppe loyalen inneren Stimme auch noch eine skeptischere gemeldet; ich nenne sie hier mal salopp die *innere Angsthäsin*: «Auweia, ich als einzige Psychologin unter lauter Ärzten, o Schreck! Was tut man denn um Gottes willen auf Ärztekongressen und, fast wichtiger, was nicht? Dann noch die einzige weibliche und jüngste und gänzlich titellose Rednerin ... und der Beamer wird mir den Rest geben, püh! Und obendrein noch das Thema Menschlichkeit, da wollen die sich bestimmt nichts sagen lassen von einer Nicht-Ärztin. Püh!»

Diese Stimme hat mich dazu gebracht, mir kompetente Unterstützung zu suchen: Ich habe den Vortrag einer befreundeten Ärztin probeweise gehalten und ihr Löcher in den Bauch gefragt – mehr dazu im Kapitel 4.3.5.

Auch der **Kontakt zum Publikum** lässt sich schon im Vorfeld «anspüren». Zunächst durch den Beziehungsfaden, der sich zum Auftraggeber anspinnt – in diesem Fall ein sehr herzlicher, reißfester Faden. Zweitens fragte ich meinen Auftraggeber im Vorgespräch ganz konkret: Wer wird dort sitzen mit welchen Vorerfahrungen und vermutlich welcher Haltung zum Thema? Was muss ich schon vorher über Stimmung, ungeschriebene Regeln, den Vortragskodex bei einem Symposium, auch über die äußere, finanzielle Situation wissen, um verstehen zu können, was «in der Luft liegt»? Ziel war es, eine Vor-Einfühlung in die Lage der Kongressteilnehmer und deren Haltung zum Vortragsthema und zu mir zu bekommen, um herauszufinden, welche Art der Ansprache, welches Kontaktangebot mir stimmig erscheinen würde. Meine *innere Interessierte* kam mir hier leicht und schnell zu Hilfe: «Was für ein sympathischer und integerer Auftraggeber! Jetzt bin ich gespannt, wer da außerdem sitzen wird und wie die wohl reagieren. Außerdem habe ich in letzter Zeit viele Seminare für Ärzte gemacht und schöne Erlebnisse gehabt. Das kann doch eine wirklich fruchtbare Begegnung sein, wenn Ärzte eine Psychologin einladen, um über das Miteinander im Krankenhaus zu sprechen!»

Zuletzt, wenn ich quasi in vorweggenommener Tuch- und Einfühlung mit Auftrag, mir selbst und den Zuhörern bin, plane ich konkret, was ich wie sage. Die **Thematische Anregung** ist also – anders als gewöhnlich – eher der letzte und nicht der erste Planungsschritt. Entlang der ausgewählten Inhalte und des Auftrags habe ich mir einen Aufbau überlegt.

Von diesem Aufbau seien im Folgenden ein kleiner, aber wesentlicher Teil der Einleitung wörtlich zitiert sowie die inhaltlichen Herzstücke umrissen.

Zur Einleitung: Ich hatte zu entscheiden, was von meiner inneren Wahrheit (mehr zur «Wahrheit der Situation» im Kapitel 6.3.1) ich auf welche Weise öffentlich machen würde. Persönliche Präsenz heißt, mit dem eigenen Sein und Empfinden in der Vortragssituation professionell umzugehen. Stimmig zu mir selbst und zum Rahmen, weder absolut authentisch (dann hätte ich unter anderem genau das, was die Angsthäsin sagt, ausgesprochen) noch rollenmaskenhaft (dann hätte ich nichts davon gesagt). Herausgekommen ist ungefähr folgende Passage in meiner Einleitung:

«Als mich Herr Dr. X fragte, ob ich zum Thema Effizienzdenken und Menschlichkeit sprechen wolle, hatte ich zwei Seelen in meiner Brust. Eine, die sagte: ‹Wunderbar und gern! Viele meiner Freunde sind Ärzte, ich mache Seminare und Teamentwicklungen mit Ärzten und weiß oder ahne zumindest, unter welchem Druck, unter welchen Bedingungen und überhaupt wie viel die meisten von Ihnen wahrscheinlich arbeiten. Ich höre, wie die neuen Abrechnungsmodalitäten Ihnen das Leben schwer machen und wie viele der kleineren Häuser schließen oder fusionieren müssen. Das sind stürmische Zeiten für Sie. Wie schön, dass Sie dennoch und vielleicht gerade deswegen Interesse daran haben, hier über das Thema Menschlichkeit zu sprechen, ganz in meinem Sinn! Ich hatte allerdings auch eine andere Seele in der Brust, die ein bisschen vorsichtiger war, und sie sagte: ‹Na, ob Sie jetzt Sinn dafür haben, sich ausgerechnet von einer Nicht-Ärztin Ideen für das Krankenhaus anzuhören, ich weiß nicht ... Und ich weiß es auch wirklich nicht, bin aber höchst interessiert an Ihrer Resonanz. Von mir aus kommen Sie also sehr gerne auch zwischendurch mit Ihren Fragen und Anmerkungen. Auch dann, wenn Sie eine andere Haltung oder andere Erfahrungen haben als das, was ich Ihnen gleich vortragen werde!›»

Alle Vorüberlegungen haben mich schließlich (unter Beteiligung der *inneren Expertin*) zu folgenden inhaltlichen Herzstücken meines Vortrags geführt:

1. Das Modell des Wertequadrats

Die Idee, dass Werte komplementäre «Schwestertugenden» brauchen, stammt von Helwig und wird auf S. 97 ff. ausführlich beschrieben. Das Wertequadrat erklärt, warum es so wichtig ist, dass Effizienzdenken *und* Menschlichkeit im Krankenhaus gleichermaßen gut positioniert sein müssen: damit pures Effizienzdenken ohne Menschlichkeit nicht in eine eisige, ethik- und gefühlsfreie medizinische Zone mündet, in der die einzig relevante «Lohnt sich das?» ist. Damit aber auch andererseits die «reine» Menschlichkeit ohne Bewusstheit für die wirtschaftlichen und organisatorischen Erfordernisse nicht sang- und klanglos untergeht, von der Realität verweht wird.

2. Das Prinzip der Ambivalenzspaltung

«Kippende» Wertequadrate gehen oft mit dem Phänomen «Ambivalenzspaltung» einher. Teams spalten sich häufig in Vertreter des einen oder anderen Werts («Weicheier» versus «Ultraharte») und bekämpfen einander. Dabei blenden beide Seiten aus, dass allermeistens alle Mitarbeiter beide Werte in sich tragen und sich erst in der Gruppendynamik polarisieren (darin liegt die Ambivalenzspaltung). Der innere Kampfplatz wird nach außen verlegt. Dies jedoch geschieht auf Kosten des Teams und (gegen das erklärte Interesse beider Parteien) auf Kosten *beider* Werte.

3. Das Bild des Inneren Teams

Die (psycho-)logische Konsequenz heißt die Zurückverlegung der Auseinandersetzung vom äußeren ins Innere Team (das ich exemplarisch skizziert hatte), um so – statt einander zu bekämpfen – miteinander in gemeinsamer Verantwortung für beide Werte und für das gesamte System konkrete Entscheidungen für das Krankenhaus treffen und Strategien entwickeln zu können.

Die Art der Präsentation dieser Inhalte habe ich nach den Prinzipien der folgenden Kapitel geplant und durchgeführt.

3. Kernkompetenz Auftragsorientierung

«Frei sein ist wenig, ist nichts – ohne ein Wozu;
aber auch verantwortlich sein ist noch nicht alles –
ohne ein Wovor.» VICTOR FRANKL

3.1 Was ist damit gemeint?

Der Kompass als Wegweiser für den Redner

Das «Wozu?» als Kompass

Kompetenz in der Auftragsorientierung zu haben heißt im Wesentlichen: zu wissen, wohin die Reise geht! Der Redner muss das Ziel kennen, um einen guten Weg zu finden. Dabei hilft ihm ein Kompass; mit diesem richtet er sich auf ein Ziel aus. Der Weg, den er sich nun bahnen muss, ist aber nicht immer gerade. In der Natur muss man Hindernisse umgehen: durch Täler, über Berge, um Felsen herum oder durch Unwetter. Im übertragenen Sinn ist es bei Vorträgen ganz ähnlich. Es kann zu unvorhergesehenen Unterbrechungen, persönlichen Verstimmungen, Missverständnissen und inhaltlichen Exkursionen kommen. Das ist alles in Ordnung, solange das Gesamtziel weiterhin leitend ist. Wenn der Redner aber an einer Stelle auf die Frage «Wozu machen wir das jetzt?» keine Antwort mehr weiß, dann ist ihm sein Kompass abhanden gekommen – er hat das Gesamtziel aus den Augen verloren. Das kann bei Vorträgen sehr viel schneller passieren, als man denkt. Es wirken so viele Kräfte auf den Kompass ein, dass die kleine Nadel durch andere Kraftfelder abgelenkt wird – oder man ganz vergisst, auf sie zu achten. Erinnern Sie sich an die ein oder andere Situation, wo es Ihnen einmal so ergangen ist? Mir selbst fallen einige ein ...

Wenn wir mit der Auftragskompetenz als erster von vier Kernkompetenzen beginnen, dann, weil Sie als Vortragender auch hier beginnen müssen: Schauen Sie immer erst auf das «Wozu», bevor Sie das «Was» und das «Wie» in den Blick nehmen: Was soll erreicht, was verändert werden durch den Vortrag? Was soll hinterher anders sein als vorher? Was will der Auftraggeber damit bewirken? Was wollen Sie selber bewirken? Die Frage nach dem Wozu hat bei der Vorbereitung und Durchführung eines Vortrags eine Art Kompassfunktion. An ihr richten sich die Inhalte und die Art der Präsentation aus. Sie ist der wahre rote Faden des Vortrags. Wenn Sie dem Kompass dann konsequent folgen, wird diese Ausrichtung auch für den Zuhörer deutlich und spürbar.

Die Ziele im Fokus

In der Regel hat man es bei einem Vortrag mit unterschiedlichen Zielen auf verschiedenen Ebenen zu tun. Je transparenter dem Vortragenden dieses Zielgeflecht ist und je mehr er für Klarheit in der Definition der Ziele sorgt, desto leichter wird es ihm auch fallen, die Ziele im Auge zu behalten und zu erreichen. Klarheit über die Ziele verschafft sich der Vortragende in einem Gespräch mit dem Auftraggeber. Auftraggeber für Vorträge sind bei Angestellten in der Regel die Vorgesetzten, in Ausnahmen, zum Beispiel in der Projektarbeit, auch einmal die Kollegen. Wenn Sie einen Beruf haben, zu dem Vortragen als fester Bestandteil gehört (Lehrer, Pastor usw.), dann entfällt das Gespräch.

Wichtig ist: Der Auftraggeber (und kein anderer) muss das Ziel (mit Unterstützung des Vortragenden) formulieren können. Er muss quasi belegen, dass die von ihm angesetzte Vortragsveranstaltung Sinn macht. Nicht immer haben die Auftraggeber ein klares Bild ihrer Ziele. Deswegen ist der Vortragende in der Vorklärung immer auch als Berater gefragt. Und daher passt es gut, wenn er in dieser Phase den *Auftragnehmer* in seinem Inneren Team zur Verfügung hat und in den Vordergrund stellt (siehe Kapitel 2.3). Dieses Teammitglied hat nämlich weniger die (gute) Bewertung der eigenen Person im Blick, sondern vielmehr die Eingrenzung der Ziele und Themen. Wenn nun der Redner auf diese Funktion verzichtet und übereifrig Aufträge annimmt, von denen er im Grunde im Vorfeld schon weiß, dass sie der Zielerreichung nicht dienen, ist er zwar ein bequemer, aber ein schlechter Berater. Die beste Kundenorientierung besteht in der Orientierung am Ziel des Kunden und im ehrlichen Rat, was nach bestem Wissen und Gewissen zielförderlich ist und was nicht. Und darüber sollte der Redner mehr wissen als der Auftraggeber – er hat die «Wegekompetenz»!

Zur Beratung im Vorfeld ein Beispiel: Stellen Sie sich vor, Sie bekommen als Führungstrainer folgende Anfrage: «Können Sie als Auftaktveranstaltung für eine Seminarreihe einen Vortrag für Führungskräfte zum Thema Konflikte halten?» Vielleicht springen Sie sofort an, Ihnen fallen die unterschiedlichsten Theorien und wichtige Kernaussagen ein. Sicher hätten Sie eine Menge dazu zu sagen und könnten einen Fünf-Stunden-Vortrag problemlos füllen. Vielleicht fällt Ihnen spontan etwas zum Thema Mobbing ein. Oder zum Thema Konfliktmediation. Oder aber Sie kennen gute Erklärungsmodelle für die Entstehung von Konflikten oder die Unterscheidung von Konfliktarten. Dann gibt es auch noch systemische Ansätze, paradoxe Interventionen, Teufelskreismodell … Und so weiter. Aber: Noch wissen Sie nichts über die Hintergründe und Anlässe der Vortragsanfrage! Sie müssen etwas in Erfahrung bringen über das «Wozu» des Vortrags. Ansonsten spielen Sie Lotto: Vielleicht landen Sie einen Treffer, aber die Chancen stehen schlecht …

Es könnte nämlich sein, dass Sie bei der Auftragsklärung erfahren, dass die Führungskräfte untereinander verstrickt sind und teilweise gegeneinander arbeiten. Nun sind Sie als Berater gefragt: Was schlagen Sie vor, um das Ziel – verbesserte Zusammenarbeit der Führungskräfte untereinander – zu erreichen? In diesem Fall raten Sie wahrscheinlich von einem Vortrag ab und empfehlen eine Teamentwicklung für das Führungsteam. (Wobei auch Teamentwicklungen durch Vorträge eingeleitet werden können, die die Teilnehmer für die Teamentwicklung anwärmen und sie dafür aufschließen.)

Gehen wir hier aber einmal davon aus, Sie erhalten auf die Frage «Wozu?» die Auskunft: «Der Vortrag soll dazu dienen, Führungskräfte für Konflikte zu sensibilisieren und zur Konfliktfreude zu ermuntern.» Noch immer wissen Sie nicht genug, um zu entscheiden, ob ein und welcher Vortrag zielführend ist. Sie fragen weiter: «Warum sollen sie denn sensibilisiert und zu Konfliktfreude ermuntert werden?» Die Antwort des Auftraggebers könnte lauten: «Ich bin überzeugt davon, dass Konfliktfähigkeit bei Führungskräften der Förderung und Entwicklung von engagierten Mitarbeitern dienlich ist. Ich will keine Duckmäuser, sondern konfliktfähige Mitarbeiter auf allen Ebenen, damit unser Innovationspotenzial wächst. Wir brauchen mehr neue Gedanken!» Sie entscheiden, ein Vortrag passt zur Zielsetzung des Auftraggebers, und wählen aus der Vielzahl der möglichen Themen einige aus.

Es hätte aber auch heißen können: «Da wir demnächst fusionieren, stehen schwere Gefechte an, und unsere Leute sollen ordentlich gewappnet sein!»

Das Kennen und Benennen weiterer Ziele des Vortrags hat eine kraftvolle Wirkung. Sie werden merken, wie Sie auf die beiden zuletzt genannten Varianten in unserem Beispiel unterschiedlich reagieren und andere Themen in Ihrem Vortrag platzieren würden.

Zielhierarchie

Zielgeflechte sind oftmals viel komplexer als in unserem Beispiel. Wir möchten Sie ermuntern, diese komplexen Gebilde gründlich zu untersuchen. Vor allem lohnt es sich, die «Ziele von Zielen» zu hinterfragen. Geben Sie sich nicht mit Zielen der sichtbaren Ebene ab, sondern versuchen Sie auch etwas über die inoffizielleren, tiefer liegenden und versteckteren Ziele zu erfahren. Da erschließt sich einem oft erst der eigentliche «Kern» der Anfrage.

Manche Ziele sind wichtiger als andere, dementsprechend auch die Inhalte. Bei der Themenauswahl gilt das Kriterium: Der wichtigste Inhalt ist der, der das wichtigste Ziel umsetzt.

Die Ziele bestimmen die Inhalte

Erst wenn Ihnen die Ziele bekannt sind, können Sie wirklich entscheiden, was den Vortrag inhaltlich ausmachen soll. Also das, was Sie auf die Frage «Was sollen die Zuhörer wirklich am Ende gehört und verstanden haben?» antworten. Im obigen Beispiel (Variante: Konfliktfähigkeit dient der Förderung und Entwicklung von engagierten Mitarbeitern) entscheiden Sie sich vielleicht für folgende Auswahl: Die Führungskräfte sollen verstehen:

A: Konflikte sind «normal» und keine Schande.

B: Ohne Konflikte können sich weder Menschen noch Systeme entwickeln.

C: Um das konstruktive Potenzial von Konflikten auszuschöpfen, sind bestimmte Haltungen und Gesprächstechniken förderlicher als andere.

Die Entscheidung *für* bestimmte Inhalte ist immer auch eine Entscheidung *gegen* andere. Für beides sind Sie, der Redner, gleichermaßen verantwortlich.

Stolpersteine

Auf dem Weg zur Ziel-Definition und zur Inhaltsauswahl lauern einige Stolpersteine, über die man zu fallen droht, wenn man nicht ganz genau hinsieht und rechtzeitig aufräumt:

In unserem Beispiel haben Sie zunächst eine überschaubare Menge von Inhalten gewählt: die drei Kernthesen A, B und C, die natürlich jeweils durch Unterpunkte erläutert werden. Viele Redner sind verführt, viel zu viel in einen Vortrag zu packen, nach dem Motto «Kompetenzdemonstration durch Masse»! Bei einer zu großen **Vielfalt von Inhalten** besteht die Gefahr, sich zu verfransen und den Zuhörer zu überfrachten. Von dem Zu-Vielen bleibt am Ende – nichts. Es gilt als Redner abzuwägen, wie viele Unterthemen in einen Vortrag passen, verträglich und verständlich sind, und ab welcher Grenze es einfach zu viel wird und wichtige Einzelaussagen in einem riesigen Potpourri untergehen.

Auch scheinen sich die einzelnen Inhalte im Beispiel gut zu vertragen. Was ist aber, wenn ich noch den Inhalt hinzunehme:

D: Konfliktfähigkeit ist schwer erlernbar?

Dies wäre ein durchaus wichtiger Inhalt. Nun stehen sich aber Inhalt C («Bestimmte Haltungen und Techniken sind förderlicher als andere») und Inhalt D («Diese sind jedoch schwer erlernbar!») gegenüber. Hier kommt es zu einer **Widersprüchlichkeit von Inhalten**. Wenn Ihnen Inhalt D aber wichtig ist, da Sie sonst uneinlösbare Erwartungen wecken würden, sollten Sie den Widerspruch in Kauf nehmen, benennen und den Zuhörern zumuten, zum Beispiel in der Form: «Zwar kann man persönliches Konfliktverhalten nicht durch Übungen von heute auf morgen grundlegend verändern, aber dennoch sollen die folgenden Anregungen ein erster Anstoß sein.»

Bei ungenauer Auftragsklärung kann es zu **Widersprüchlichkeiten zwischen Zielen** kommen. Und damit automatisch zu Widersprüchen zwischen Zielen und Inhalten. Häufig geschieht dies dann, wenn der Auftraggeber zum Thema zwei Seelen in der Brust hat. Im Beispiel könnte ein weiteres – von mir als Auftragnehmer ignoriertes oder nicht abgeklärtes – Ziel lauten: «Der Vortrag soll dazu beitragen, dass es bei uns keine Konflikte mehr gibt!» Dann kollidiert dieses Ziel mit dem Inhalt A «Konflikte sind normal», denn dieser Inhalt folgt dem zuvor benannten Ziel «Konfliktfähigkeit fördern»! Solche Widersprüchlichkeiten können sich bei der Vorbereitung und im Vortrag selbst hemmend auswirken. Überdies führen sie höchstwahrscheinlich zu unzufriedenen Auftraggebern («Das war nicht, was ich wollte!»). Wenn man bei der Vorbereitung immer wieder merkt, dass etwas «hakt», dass irgendetwas «nicht stimmt», dann lohnt es, noch einmal auf die Ziele zu schauen oder sie erneut zu hinterfragen.

Übung
Eine Ziel- und Inhaltsanalyse
Sie brauchen circa 20 Minuten Zeit für die folgende Übung. Stellen Sie sich einen Ihrer nächsten Vorträge vor. Beantworten Sie sich dazu folgende Fragen:
- Was sind die Ziele?
- Welches Ziel ist am wichtigsten?
- Versuchen Sie, für den Vortrag eine Überschrift zu finden.
- Was sind aufgrund dessen die definierten Inhalte? Was sollen die Zuhörer verstehen? Listen Sie alles auf.
- Stellen Sie sich die Frage: «Wenn ich wüsste, vom Vortrag bliebe nur eine These hängen, welche wäre mir die wichtigste?»
- Überprüfen Sie, ob die Gesamtzahl der Inhalte überschaubar und «verdaubar» ist im Rahmen eines Vortrags und der vorgegebenen Zeit. Sonst: Entsprechend der Zielhierarchie streichen!
- Überprüfen Sie am Ende: Ist das Inhalts- und Zielgeflecht Ihnen nun klar? Folgt es einer inneren Logik? Oder gibt es Widersprüche? Wo?

3.2 Das gemeinsame Zielverständnis: Redner, Zuhörer und Auftraggeber im selben Boot

Welche Vorteile bringt das Bestimmen von Zielen und Zweck eines Vortrags? Aus unserer Sicht führt diese Kompetenz beim Redner zu einem gesunden, tragfähigen Fundament für die Vortragssituation. Bildlich gesprochen: Alle finden sich in einem Boot wieder und wissen, wohin die Reise geht. Und: Der Redner behält den Kompass im Blick und das Ruder in der Hand.

Auftragsmotiviertes Vortragen

Auf Seiten des Redners zieht das durch den Auftrag motivierte Vortragen folgende Besonderheiten und Vorteile nach sich:

Dienstleistungsverständnis

Wie in Kapitel 1 schon angedeutet, sollte im Mittelpunkt der Vorbereitung eines Vortrags nicht die Frage stehen: «Wie kann ich den Vortrag bestmöglich nutzen, um mich gut darzustellen?» Vielmehr sollte das Gewicht auf der Auftragsorientierung liegen:

- Kann dieser Vortrag für die Zuhörer etwas leisten?
- Ist der Vortrag überhaupt das beste Medium in diesem Zusammenhang?
- Oder wäre ein Workshop besser?
- Was wäre überhaupt anders, wenn die Zuhörer den Vortrag *nicht* hören würden; was macht den Unterschied?

Das Ernstnehmen des Auftrags und ein Dienstleistungsverständnis gegenüber dem Auftraggeber und der Zuhörerschaft sind im idealen Fall die hauptsächlichen Motivatoren des Vortragenden. Er prüft, ob das Thema gebraucht wird und ob es von Nutzen sein kann. Das soll nicht heißen, dass der Vortrag nicht bunt und witzig sein darf oder dass ein stimmungsvolles Vortragen unerwünscht ist. Aber die Priorität liegt beim Wozu, erst danach kommt das Was und Wie. Im schlimmsten Fall hält man am Ende einen leidenschaftlich-peppigen Vortrag über die Vorzüge der vegetarischen Ernährung vor Rinderzüchtern!

Ins Gehege kommt man mit sich selbst als Dienstleistender häufig bei realistischen oder unrealistischen Ansprüchen wie: «Ich muss Geld verdienen» oder: «Professionell sein heißt alles können, nichts ablehnen!» Diese Sätze stehen der Frage nach dem Sinn eines Vortrags oftmals entgegen und verleiten dazu, schnell «Ja, gerne!» zu sagen, bevor man genauer hingeschaut hat. Die dahinter stehende Befürchtung lautet: «Wenn ich erst mal den Sinn und Zweck in Frage stelle, verliere ich den Auftrag und mein Ansehen als Profi.» Hier bedarf es eines Umdenkens: Ich bin gerade dann ein guter Auftragnehmer, wenn ich meine Beraterfunktion ernst nehme.

Schutz vor Wiederholung

Für alle die, die häufig vortragen und auch noch oft zu denselben Themen sprechen: Zunächst einmal ist es ja ein schönes Gefühl, «Routinier» zu sein. Man kennt seinen Vortrag annähernd auswendig, fühlt sich als wahrer Experte zum Thema, und in der Regel hat der Vortrag fest eingebaute Pointen. So geht man sicher und vielleicht sogar mit Freude ans Rednerpult und weiß, eigentlich kann nichts schief gehen! Aber nach einer bestimmten Anzahl von Wiederholungen kann das Routinier-Gefühl einen schalen Beigeschmack bekommen: Ich höre mich immer wieder dasselbe reden, eigentlich rappele ich es nur noch runter, es wird mir selber langweilig und damit den Zuhörern auch! Hier braucht es ein «Reengineering» des Vortrags.

An dieser Stelle noch einmal neu zu beginnen, auch bei einem bewährten und eingeschliffenen Vortragsthema, kann erfrischend und belebend sein – für einen selbst und damit auch für den Zuhörer. Die erneute Überlegung «Wozu trage ich das eigentlich vor?» kann dem Thema eine neue Wendung oder Perspektive verleihen.

Zum Beispiel referiere ich häufig in Seminaren zu «Grundlagen zwischenmenschlicher Kommunikation» über Appelle. Diese sind (laut Schulz von Thun 1981) neben anderen Aspekten ein bedeutsamer Teil zwischenmenschlicher Kommunikation. Ich könnte immer dieselben Fakten hierzu vortragen und immer dieselben Beispiele heranziehen. Sinnvoller ist es zu überlegen, wozu die jeweilige Zuhörerschaft das wissen muss. Eine Gruppe aus dem Pflegepersonal muss nämlich wissen: Gefühle sind appellresistent! Man kann niemanden wirklich trösten mit den Worten: «Nun sei mal nicht mehr so traurig!» Oder beruhigen mit den Worten: «Jetzt reg dich mal ab!» Der Betroffene ändert allenfalls sein Verhalten – innerlich bleibt er auf seinen Gefühlen sitzen, die verändern sich durch Appelle nicht. Für eine Gruppe von Führungskräften kann folgende Information wichtiger sein: Es ist gut, wenn Appelle direkt ausgesprochen und nicht indirekt in den Raum gestellt werden, damit Mitarbeiter klare Anweisungen hören und verstehen können! Schwierig sind versteckte Appelle wie: «Man wundert sich hier schon über die Haltung zum Thema Ordnung!» Besser hingegen ist es zu sagen: «Herr Müller, so können wir keine Kunden empfangen! Ich wünsche, dass Ihr Schreibtisch bis heute Nachmittag aufgeräumt ist!» Beide Aspekte sind zum Thema «Appelle in der Kommunikation» richtig und wichtig, aber in der Ausrichtung auf das Gesamtziel des jeweiligen Vortrags erhalten sie in der Zielhierarchie sehr unterschiedliche Rangplätze.

Sinnerleben

Je mehr das, was ich vortrage, auch getragen wird von einer inneren Überzeugung, die da lautet: «Ja, das ist wichtig und macht an dieser Stelle und mit diesen Menschen einen Sinn, dass ich es vortrage!», desto kraftvoller und lebendiger werde ich meinen Vortrag halten. Mitreißende Vorträge sind häufig die, bei denen der Redner durch eine hohe Passion oder Mission mit dem Thema verbunden ist. Umgekehrt gilt: Alle inneren «Gegenstimmen», «Zweifler» und «Rebellen» werden mir das Vortragen erschweren, den Kontakt zu den Zuhörern vernebeln und die Gesamtaussage in Frage stellen.

Auftragsorientierung heißt in diesem Sinn: Ich muss den Auftrag genau kennen und verstehen, damit ich entscheiden kann, ob er zu mir passt – zu meiner Person, meinen Kenntnissen, meiner Haltung im Leben. Nicht jeder Vortrag muss von Leidenschaft und sprühendem Enthusiasmus getragen sein. Schwierig wird es aber, wenn das, was ich verkünde, nichts mit meinen Überzeugungen zu tun hat oder, schlimmer, ihnen sogar widerspricht. Das kann man kurze Zeit durchhalten, aber langfristig wirkt sich dieser Widerspruch nicht nur auf die Vorträge, sondern auf die eigene Gesundheit schädlich aus. Victor Frankl, Begründer der Logotherapie, hat die These vertreten, dass der Verlust von Ziel- und Sinnorientierung eine der Hauptquellen für die Entstehung psychischer Störungen ist.

Glaubwürdigkeit

Zudem fühlen einem die Zuhörer bei Vorträgen auf den «Glaubwürdigkeitszahn»: «Glauben Sie selber an das, was Sie da sagen?» In der Regel wird diese Frage höflicher formuliert, aber der Gehalt ist: «Glaubst du selber an den Sinn des Ganzen?» Als Redner sollten wir uns prüfen und uns diese Frage beantworten, bevor wir einen Vortrag halten.

Der rote Faden

Wenn ich das Ziel oder die Ziele des Vortrags kenne, dann richte ich mich in meiner Vorbereitung daran aus. Inhalte, Beispiele, Übungen und auch der organisatorische Ablauf sind nicht beliebig, sondern der Zielorientierung unterworfen. Sie beginnt schon mit der Begrüßung und Vorstellung.

Während des Vortrags ist es leichter, bei allen Formen von Abweichungen den roten Faden in der Hand zu behalten, wenn man das Ziel gut kennt. Was, wenn plötzlich nur die Hälfte der Zeit zur Verfügung steht? Dann ist es gut, die wesentlichen Ziele innerlich klar zu haben und die wichtigsten Aussagen auch in Kürze und in ihrer Priorität zu kennen. Was, wenn viel Diskussionsbedarf offenkundig wird, viel mehr als eingeplant? Gut zu wissen, inwieweit dies dem Erreichen des definierten Gesamtziels zuträglich ist oder unterbunden werden muss, oder bei welchen Themen diskutiert werden sollte.

Das Wozu genau zu kennen sorgt also im Verlauf des Vortrags für einen guten Überblick. Auch im Getümmel habe ich eine Vogelperspektive zur Verfügung, die ich jederzeit einnehmen kann und die mir Orientierung verschafft: Wo stehen wir gerade? Wo müssen wir noch hin? Hierzu brauche ich das in Kapitel 2.3 beschriebene innere Teammitglied *Die dritte Position*, das die Fähigkeit verkörpert, das Gesamtgeschehen von außen zu betrachten.

Sinnmotiviertes Zuhören

Warum sollen wir Zuhörer zuhören? Wozu dieser Vortrag an dieser Stelle? Warum erzählen Sie uns das? Die Frage nach dem Wozu bei einem Vortrag ist für den Zuhörer eine nicht nur berechtigte, sondern im wahrsten Sinn des Wortes sinn-volle Frage. Häufig verstehen Redner die Frage – wenn sich denn jemand traut, sie zu stellen – eher als Querulantentum und störende Unterbrechung. Betrachtet man sie jedoch einmal anders, kann diese Frage nur begrüßenswert erscheinen. Erst wenn Zuhörer verstanden haben, wozu sie etwas anhören, stellt sich Motivation ein. Sei es dadurch, dass man **Orientierung** gewinnt, einen **Gewinn** erkennt oder eine **Affinität** zu einem Thema spürt. Das sollte der Redner ernst nehmen und anerkennen. Ich kann als Redner zwar keine Motivation «herstellen», aber ich kann viel dafür tun, dass sie wahrscheinlicher wird.

Orientierung

Als Zuhörer ist es wichtig zu wissen, wie der Vortrag eingebettet ist, woher er kommt und wohin er führen soll. Solange diese Fragen ungeklärt, schwammig oder ganz offen sind, beschäftigen sie den Zuhörer unterschwellig und ziehen Energie vom eigentlichen Geschehen ab. Zuhörer machen sich ihren eigenen Reim auf das Ganze, manchmal einen Reim, der sie widerspenstig oder ärgerlich werden lässt. Daher nehmen wir zu Beginn eines Vortrags angenommene Befürchtungen der Teilnehmer vorweg und beziehen Stellung zu ihnen. Zum Beispiel: «Wenn Sie schon mal gehört haben, dass man bei Psychologen nicht aus dem Raum kommt, ohne etwas von sich preisgegeben zu haben, so kann ich Sie beruhigen: Das müssen Sie hier nicht.»

Eine gründliche Orientierungsmöglichkeit für den Zuhörer ist gleichzeitig eine gute «Reaktanz-Prophylaxe»: Reaktanz beschreibt das Phänomen, dass Menschen, die sich in ihrer Selbstbestimmung eingeschränkt fühlen, zum Schutz der Autonomie mit Ablehnung reagieren.

Je mehr

- der Vortrag von etwas überzeugen soll oder die Rede Appellcharakter hat: «Mach doch mal ...», «Denk mal so ...», «Seien Sie nicht so, sondern ...»,
- der Zuhörer dem Redner persönlich oder Vortragenden im Allgemeinen misstrauisch gegenübersteht,
- die Ziele verschleiert werden und die Anlässe im Dunkeln bleiben,

desto wahrscheinlicher entsteht Reaktanz, innerlich und äußerlich. «Eine der wesentlichen Bedingungen für das Auftreten von psychologischer Reaktanz liegt bei Fremdeinengung unseres Erachtens darin, dass die Person die Freiheitseinengung als illegitim ansieht und sich ihr ausgeliefert fühlt», schreiben die Sozialpsychologen Frey und Irle (1984). Durch Orientierung ermögliche ich es dem Zuhörer, sich selbstbestimmt den Inhalten und Zielen zu nähern und ihre Legitimität zu überprüfen: «Aus den und den guten Gründen trage ich Ihnen Folgendes vor ... und empfehle folgende Handhabung ...» Nun kann der Zuhörer entscheiden, wie er sich zu den Fakten und Aufforderungen stellt. Je mehr der Redner die Ziele und Appelle zu verheimlichen sucht, desto eher «riecht» der Zuhörer «den Braten», fühlt sich (zu Recht) manipuliert und reagiert mit gänzlicher Ablehnung. Ausführlich beschreibt Friedemann Schulz von Thun die Vorteile von offenen gegenüber verdeckten Appellen in «Miteinander Reden 1» (1981).

Orientierung führt manchmal zu Desillusionierung – vielleicht hat der Zuhörer etwas ganz anderes erwartet. Dann ist es gut, wenn man gleich zu Anfang die Chance bekommt, sich auf etwas Neues einzustellen. «Das Neue» ist dann eine Ent-Täuschung in doppeltem Sinn:

- im positiven: «Oh, das ist ja vielversprechender, interessanter ... als erwartet!»,
- im negativen: «Oh, dass man hier auch noch in Übungen verwickelt wird, das gefällt mir gar nicht» oder: «Von dem Thema hatte ich mir ganz was anderes versprochen.» Diese Enttäuschung wird größer und schlimmer, wenn sie sukzessive geschieht. Frühe Ankündigungen sind die einzige Chance zu einem inneren Umschwenken auf etwas Neues.

Manchmal erleben Zuhörer die Orientierung als Bestätigung: «Ja, genauso habe ich mir das vorgestellt!»

Gewinn

Wenn mir als Zuhörer erklärt wird, gleich am Anfang, wozu ich eigentlich zuhöre und warum sich das lohnen mag, so ändert sich die Motivationslage: Der Nutzen liegt bei mir! Es lohnt sich zuzuhören, und zwar für mich! Nicht für meinen Chef, nicht für den netten, witzigen Vortragenden, sondern für *mich selber* höre ich zu. Es kann sein, dass es Sinn macht, etwas zu verstehen, weil ich es in der nächsten Prüfung können muss, weil ich das Thema im beruflichen Leben anwenden kann (Fortbildung) oder weil es in meinem Leben einen Bedarf, eine Anwendung dafür gibt (über Kindererziehung als Eltern, über Stadtteilpolitik als Bürger ...).

Affinität

finden Zuhörer dort, wo sie – unabhängig von einem konkreten Nutzen – innerlich «andocken» können. «Das interessiert mich einfach!» ist ein Ausdruck von Affinität. Es gibt Menschen, die verpassen keinen Vortrag über die Kunst des 20. Jahrhunderts. Andere bekommen leuchtende Augen, wenn es um Walmusik oder Drachenfliegen geht.

3.3 Wie Sie Ziele finden und fixieren können

An drei Stellen gilt es, den Blick für die Auftragsorientierung zu schärfen und der Ausrichtung des Kompasses Aufmerksamkeit zu widmen: in der Auftragsklärung, in der Vorbereitung des Vortrags und im Vortrag selbst.

3.3.1 Die professionelle Auftragsklärung im Vorfeld

Fragen Sie!

Was für Beratungsprozesse im Großen gilt, gilt auch für einen Vortragsauftrag im Kleinen: Fragen, die am Anfang nicht gestellt werden, holen einen später ein! So kann sich hinter einer als Fachvortrag angefragten Veranstaltung eine Motivationsmaßnahme verbergen. Das allein ist noch nicht schlimm. Zumindest nicht, wenn ich vorher darauf komme und reagiere. Somit lohnt es sich, Fragen zu stellen. Auch und gerade dann, wenn sie den Auftraggeber zu befremden scheinen. Wenige Auftraggeber rechnen mit vielen Fragen, wenn sie Arbeit zu vergeben haben, aber man kann das Stellen der Fragen ja auch erklären und einbetten, etwa in: «Ich würde Ihnen zu Ihrer Anfrage gerne noch einige Fragen stellen. Das dient mir zur Orientierung und Erlangung eines besseren Verständnisses des Gesamtkontextes, sodass ich exakter planen und auf Ihre Bedürfnisse eingehen kann. Wäre Ihnen das recht?»

Mögliche Fragen

Die nun folgende Aufzählung enthält mögliche Fragen an den Auftraggeber, die bei der Auftragsklärung Sinn machen können. Es geht auf keinen Fall darum, alles abzuhaken. Picken Sie sich für Sie relevante Fragen heraus! Noch besser: Entwickeln Sie eigene, zu Ihrer Situation passende Fragen!

Und wenn es bei Ihnen keinen Auftraggeber oder Chef gibt, wenn Sie vielleicht Ihr eigener Auftraggeber sind, oder Sie sind Lehrer, Pastor oder interner Trainer und können nicht bei jedem Vortrag erneut anfragen – es kann bereichernd sein, sich die folgenden Fragen einmal selbst zu stellen: Kann ich sie mir klar beantworten? Oder hakt es? Wenn es irgendwo hakt: An welcher Stelle gibt es Klärungsbedarf? Nehmen Sie Ihre Unsicherheit ernst und verfolgen Sie diesen Strang; er kann Sie zu wichtigen Erkenntnissen über Ihre tägliche Arbeit führen!

Wozu?

Fragen zu den Zielen sind unumgänglich: «Wozu soll der Vortrag dienen?», «Was soll hinterher anders sein?», «Was versprechen Sie sich davon?», «Was soll erreicht werden?», «Was muss passieren, damit Sie zufrieden sind?», «Was steht hinter diesem Ziel; warum ist es Ihnen wichtig?»

Warum ich?

Diese Frage ist manchmal ganz schnell beantwortet: weil der Dienstplan es so vorsieht, weil ich die Ergebnisse als Einziger kenne und somit präsentieren kann etc. Manchmal aber ist das gar nicht so klar. Wie kommt der Chef, der Auftraggeber, der Anfragende ausgerechnet auf mich? Und dann lohnt es sich, nachzufragen. Es gibt verschiedene Möglichkeiten, und die eigenen Annahmen sind oft weit entfernt von der Realität. «Sie sind der Beste für den Job», «Ihr Kollege hat Sie mir empfohlen», «Sie haben Übungsbedarf», «Sie haben den Ruf, noch den allerletzten Skeptiker zu überzeugen», «Um Ihrem Kollegen eins auszuwischen» etc. Man sollte überprüfen, ob die Antwort für einen stimmt oder ob hier schon eine Schieflage besteht. Werde ich manipulativ eingesetzt? Als jemand gesehen, der ich nicht bin? Falsch eingeschätzt? Es ist gut, das auf dem Vorweg zu klären, sonst begleitet es störend.

Warum jetzt?

Manchmal ist auch dies völlig klar: die Osterpredigt zu Ostern! Es gibt Vorträge, die mit bestimmten Anlässen verbunden sind: einer Eröffnung, einer Feier, einem Gedenktag etc. Andere Vorträge lassen ihre Anlässe nur ahnen. War gerade eine Abteilungskasse gut gefüllt und das Geld sollte schnell und sinnvoll irgendwie ausgegeben werden (damit nächstes Jahr das Budget nicht gekürzt wird)? Handelt es sich um eine alte Tradition, zu einem bestimmten Zeitpunkt Redner einzuladen, aber eigentlich gibt es keinen aktuellen Bezug? Das Erfragen der Anlässe kann Aufschluss über den Auftrag geben: «Warum jetzt und nicht in einem halben Jahr? Was wäre dann anders/zu spät/verloren?» Hier kann ich unter Umständen Hinweise auf Brisanz und Notwendigkeit des Vortrags gewinnen. Wenn es in einem Jahr genauso geht, wie wichtig ist es dann?

Warum für diese Zuhörerschaft?

«Könnte noch jemand dazukommen? Warum ja? Warum nein?», «Warum ist die Nachbarabteilung nicht dabei? Warum der Chef nicht? Was ist mit Kollegen X und Y?», «Was soll gerade für diese Menschen nach dem Vortrag anders sein?»

Warum dieses Thema?

«Warum Thema X und nicht Y?», «Was wäre anders, wenn dieses Thema nicht gehört würde?», «Was bedeutet Ihnen als Auftraggeber dieses Thema?», «Gibt es innerhalb dieses Themas Tabus? Dinge, die nicht angesprochen werden sollten?»

Zirkuläre Fragen

Zirkuläre Fragen sind eine Interventionstechnik aus der systemischen Beratung, die sich im engeren Sinn auf Beziehungen richten («Wie sehen Sie die Beziehung der Mitarbeiter zu Ihrem Chef?») und im weiteren Sinn auf alle Unterschiede, die man in Systemen ausmachen kann (Königswieser und Exner 1998, S. 37). Sie dienen dem Generieren breiterer Informationen und haben dadurch, dass die Betroffenen angeregt werden, *anders* über ihr System zu denken und zu sprechen, bereits Interventionscharakter. Hier nur eine kleine Auswahl. Für Interessierte an dieser Stelle empfehlen wir folgende Bücher: «Zirkuläres Fragen» von Fritz B. Simon und Christel Rech-Simon und «Lehrbuch der systemischen Therapie und Beratung» von Arist von Schlippe und Jochen Schweitzer (siehe auch Literaturverzeichnis).

- Zu den oben genannten Aspekten zur «Wahrheit der Situation» kann der Auftraggeber auch aus Zuhörersicht befragt werden: «Wenn man die Zuhörer fragen würde, was würden diese dazu sagen/vermuten?» So bekommt man auch noch Hinweise auf Stimmung und Einstellung der Zuhörerschaft zum Vortrag, genau genommen: von den Vermutungen des Auftraggebers über die Gedanken der Zuhörer.

- «Auf welche Frage soll dieser Vortrag eine Antwort sein?» Ich fordere den Auftraggeber auf, eine Frage zu formulieren, die den Zweck des Vortrags deutlich macht. Vielleicht bekomme ich folgende Frage genannt: «Wie muss ein Manager im Jahr 2007 ausgebildet sein, um seine Aufgaben in einem produzierenden Betrieb gut wahrnehmen zu können?» Oder: «Wie können Gruppenleiter die Arbeitsfähigkeit ihrer Teams verbessern?» Oder: «Wie kann unser Unternehmen auch in wirtschaftlich schwierigen Zeiten bestehen, ohne andauernd Umstrukturierungen erleiden zu müssen?» Anders als bei der Frage nach dem Thema zwinge ich hier den Antwortenden zu einer Art von Essenz: Häufig sind Themen in der Erstausschreibung sehr breit und unscharf formuliert. Auf diese Weise kann ich Schwerpunkte und Hauptziele herausfiltern.

- «Wenn Sie morgen früh aufwachen würden und alles wäre, wie Sie es sich wünschen, wie wäre es dann?» Dies ist die so genannte Wunderfrage. Mögliche Antworten: «Dann hätten die Zuhörer keine Angst mehr vor Veränderungen.», «Dann gäbe es kein Mobbing mehr bei uns.», «Dann würden alle in die Kirche eintreten.», «Dann hätten alle Schüler Lust auf Algebra.» Eine Antwort auf diese Frage bringt genauer ans Licht, welche offiziellen und auch heimlichen Erwartungen der Auftraggeber an Sie und den Vortrag hat.

Umgang mit «schwierigen Antworten»

Wenn Sie nun nach und nach Antworten bekommen, die Ihnen die Lust auf den Vortrag vermiesen, die Sie befremden oder Sie in eine unglückliche Position bringen, dann sollten Sie nicht darüber hinweggehen. Es gilt:

1. Nehmen Sie sich selber ernst! Gehen Sie nicht über Ihre eigene Wahrnehmung hinweg. Lassen Sie Zweifel, Skepsis und Misstrauen zu. Wischen Sie es nicht weg, weil Sie meinen, dafür wäre keine Zeit mehr oder es läge nur an Ihnen. Leise innere Stimmen sind wertvolle Signalgeber, nur leider oft überhörte. Wann haben Sie zuletzt gedacht: «Hätte ich doch auf meine Intuition gehört!»?
2. Bringen Sie das «Schwierige» in den Kontakt ein! Benennen Sie es (auf angemessene Art) gegenüber dem Auftraggeber.
   Möglicherweise bekommt man nicht immer ganz zutreffende oder umfassende Antworten auf seine Fragen. Das ist zunächst nicht so schlimm. Denn als Auftragnehmer werde ich am Ende der Auftragsklärung mein Verständnis der Situation zusammenfassen und mir dieses «absegnen» lassen: «Wenn ich Sie in allem richtig verstanden habe, dann heißt das also …» Die Verantwortung für die Auskünfte bleibt beim Auftraggeber.
   Sollten Sie trotz allem misstrauisch bleiben oder dem Frieden nicht trauen, so können Sie das zurückmelden: «Bei allem, was ich verstanden und gehört habe, erscheint es mir noch gar nicht einleuchtend, dass …», «Was mir bei dem Ganzen ein ungutes Gefühl bereitet, ist …» So entsteht die Chance zu einer neuen «Schlaufe» in der Auftragsklärung.

Ein drastischeres und wirksames Mittel zur Konfrontation des Auftraggebers mit «schieflagigen» Aufträgen ist das «ungeschminkte Spiegeln», in etwa so: «Verstehe ich Sie jetzt richtig: Ich soll vor einer Gruppe von Mitarbeitern, von denen die meisten gerade erfahren haben, dass sie innerhalb der nächsten zwei Jahre ihren Arbeitsplatz verlieren werden, zum Thema Motivation sprechen, und Sie erhoffen sich davon, dass die Mitarbeiter daraufhin die nächsten zwei Jahre bei der Stange bleiben?»

3. Ziehen Sie Konsequenzen daraus!
   Wenn Sie die vorherzusehenden Schwierigkeiten an- und die Befürchtungen ausgesprochen haben, können Sie unterschiedlich vorgehen:
   Man kann den Auftrag annehmen im Bewusstsein dessen, was daran schwierig oder «schräg» ist. Vielleicht ist in der Auftragsklärung deutlich geworden, dass an mich als Vortragendem eine ungeliebte Arbeit delegiert werden soll, nach dem Motto: «Können Sie den Arzthelferinnen bitte mal mit Autorität verklickern, dass sie kundenorientierter denken und handeln sollen?» Oder aber: Es ist deutlich geworden, dass die Führungskräfte eines Unternehmens eigentlich eine klärende Teamentwicklung benötigen, aber da das zu heikel anmutet, möchte man es erst mal bei einem Vortrag belassen. Vor manche Karren lasse ich mich gerne spannen, vor andere nicht. Für manche Ziele darf man mich instrumentalisieren, für andere nicht. Ich muss den Karren nur gut kennen, dann weiß ich auch, wozu genau ich «Ja» sage.
   Wenn Ihnen zu vieles unstimmig und schwierig erscheint, der Karren Ihnen nicht passt, so versuchen Sie, mit dem Auftraggeber etwas Passenderes, das heißt Zielgemäßeres, zu entwickeln. «Nun, da wir das Ziel genau kennen, was halten Sie von folgender Idee?» An dieser Stelle besteht immer die Möglichkeit, kreativ zu gestalten. Vielleicht gibt es andere Themenschwerpunkte für den Vortrag – oder aber ein Vortrag ist überhaupt nicht angemessen und es braucht eine gänzlich andere Maßnahme.
   In allerletzter Konsequenz kann man den Auftrag ablehnen. Meist hat man sowohl als Selbständiger als auch als Angestellter mehr Freiheiten, als man selber glaubt und sich nimmt. Ein guter Chef hat ein offenes Ohr, wenn ein Mitarbeiter den Sinn eines Vortrags

kritisch hinterfragt. Aus eigener Erfahrung und von vielen Berater-Kollegen wissen wir: Wir arbeiten dann am besten, wenn der Satz «Ich kann jederzeit den Auftrag oder die Fortführung des Auftrags ablehnen» innerlich so weit wie möglich gedeckt ist. Dies ist ein Schritt, der einem eher Respekt einbringt als Gesichtsverlust, denn der Auftraggeber fühlt sich nicht abgelehnt, sondern gut beraten.

3.3.2 Die konsequente Umsetzung in der Vorbereitung

In der Vorbereitung des Vortrags orientiert sich der Redner an seinem Kompass und erarbeitet einen maßgeschneiderten Vortrag. Er hat jetzt die gesetzten Ziele vor Augen und wählt die Inhalte entsprechend aus. Nachdem er den Auftraggeber gefragt hat, befragt er sich selbst. Hier steht die Auseinandersetzung mit dem Thema «Persönliche Präsenz» an (Kapitel 4). Danach richtet er sich innerlich auch in der Vorbereitung auf die Zuhörer aus (Kapitel 5): Was werden diese erwarten und wünschen? Was müssen sie hören, um innerlich anknüpfen und lernen zu können? Und wie kann man das auf befruchtende Art und Weise verbinden mit den definierten Zielen? Auch in der methodischen Konzeption (Kapitel 6) arbeitet er mit Blick auf den Kompass: Wie soll der Vortrag auf dem hier definierten Fundament aufgebaut werden?

3.3.3 Den roten Faden halten bei der Durchführung

Auch wenn man sich nach allen Regeln der Kunst vorbereitet hat, indem man den Auftraggeber und sich selbst befragt und einen Vortrag maßgeschneidert hat, gibt es dennoch keine Garantie für einen reibungslosen Ablauf. Intensive Auftragsklärung und Vorbereitung sind sicher eine sehr gute «Störanfälligkeitsprophylaxe» – aber keine Prognosen für das wahre Geschehen vor Ort. Im Vortrag selbst wird «nachjustiert»; einiges wird weggelassen, anderes fällt einem spontan ein. Um Ruth Cohn (1990, S. 206) zu zitieren: «TZI-Strukturierung bedeutet: Vorplanen mit allen bekannten Fakten und Wahrscheinlichkeiten und

Offen-Sein für Wahrnehmung im Hier-und-jetzt des Prozesses, um notwendige Umstellungen vornehmen zu können. Starre Planung und Planlosigkeit sind gleichermaßen unbrauchbar.»

In der Einführung des Vortrags (wie in Kapitel 6 noch ausführlich beschrieben) geht es darum, die selbst definierten Ziele und Vorannahmen darzulegen und zu erklären, bevor man in das Thema einsteigt. Hier kann es zu ersten «Störmeldungen» kommen: «Das stand doch ganz anders in der internen Ausschreibung», «Nein, es stimmt nicht, dass wir alle Bankausbilder sind, zur Hälfte sitzen hier auch Fachreferenten!» Auch im weiteren Verlauf des Vortrags, inklusive der Übungen oder Diskussionen, muss nicht alles nach Fahrplan laufen.

Dann gilt es, Auftragsorientierung und Prozessorientierung in Balance zu halten (ausführlicher in Kapitel 5). Prozessorientierung ist das Gegenstück zur Auftragsorientierung und meint die Ausrichtung des Redners an dem Geschehen vor Ort, zum Beispiel das Einbeziehen von Fragen, die Integration aktueller Themen aus der Gruppe, Eingehen auf «Störungen» etc. Die Fähigkeit zur Auftragsorientierung scheint auf den ersten Blick in der Vorklärung und Vorbereitung einen übergroßen Platz einzunehmen. Die Gefahr besteht aber, dass im Trubel des Geschehens der Blick für sie verloren geht, und die Versuchung ist groß, den Gesetzen vor Ort nachzugeben. Aber: Je genauer der Redner weiß, worauf es in der abgesteckten Zeit wirklich ankommt, desto klarer wird ihm auch sein, wie er auf veränderte Bedingungen reagieren kann und muss. Dieser Blick für die Auftragsebene ist somit von unschätzbarem Wert auch und gerade beim Vortragen.

Übung
Schärfung der Auftragsorientierung

Hier kommt eine kurze Übung. Stellen Sie sich bitte folgende Fragen:

Wie ist Ihr «Wachheitsgrad» für die Auftragsorientierung? Neigen Sie mehr oder weniger dazu, den Blick für den Kompass im Vortrag zu verlieren?

Wenn Sie sich selbst als (zu) wenig zielorientiert einstufen:

- Schenken Sie bei der Vorbereitung Ihres nächsten Vortrags diesem Kompetenzfeld besondere Aufmerksamkeit!

- Vielleicht können Sie einen Gegenstand (Kompass?) mit in den Vortrag nehmen, der Sie vor Ort an die Ziele erinnert.
- Schreiben Sie ein Flipchart mit den Zielen des Vortrags, stellen Sie dieses den Zuhörern vor und lassen es dann sichtbar hängen: So kennen die Zuhörer die Ziele, und Sie selber können sie nicht vergessen – sie hängen ja da!

3.4 Sicheren Grund unter den Redner-Füßen: Der Kompass hinter dem Kompass

Vom Ziel zum Wert

Wir möchten an dieser Stelle noch einen wesentlichen Gedanken vortragen, zum einen, weil er unmittelbar Einfluss auf die Auftragsorientierung hat, zum anderen weil er anscheinend wachsende Brisanz und Bedeutung besitzt. In den vergangenen Jahren ist uns im Coaching, in Seminaren und bei Vortragsanfragen, in supervisorischen und beratenden Kontexten immer häufiger etwas begegnet, das wir den «Kompass hinter dem Kompass» nennen. Damit meinen wir das, was uns nicht nur in einem Vortrag, sondern überhaupt im Leben leitet. Nicht nur beim Vortragen, sondern auch bei allem anderen Handeln sind wir konfrontiert mit der Sinn- und Wertefrage: Stimmt das für mich? Will ich das? Wozu leiste ich einen Beitrag? Wozu trage ich mit meinem Tun bei? Ist mein äußeres Tun und Handeln getragen von inneren Überzeugungen? Immer? Meistens? Oder selten?

Diese Fragen tauchen nicht jeden Tag auf, aber doch immer wieder im Leben. Man spürt die Sinnfrage besonders in Entscheidungs- und Krisensituationen: «Will ich für die Karriere ins Ausland gehen?», «Traue ich mich schon in die Selbständigkeit?», «Was mache ich, wenn die Kinder aus dem Haus sind?» In unseren Seminaren stellen wir fest, dass sich hinter den konkret vorgebrachten Anliegen («Wie kann ich ...») häufig existenzielle Sinnfragen verbergen.

Zum Beispiel: In einem Seminar hatte eine Führungskraft als per-

Werte als Basis für sicheres Vortragen

sönliches Anliegen die Frage: «Wie kann ich meine berufliche Zukunft im Unternehmen planen?» Auf Nachfragen stellte sich zunächst heraus: Der Teilnehmer hatte bereits erfahren, dass er in Kürze befördert werden sollte. Er hatte sich um die frei gewordene Stelle nicht beworben, war aber von verschiedenen Seiten vorgeschlagen worden, weil er als kompetenter und zuverlässiger Mitarbeiter galt. Nun hatte er auf der für ihn anvisierten Hierarchieebene schon lange beobachten können, wie aufreibend, verantwortungsvoll und zeitfressend die Aufgaben dort waren. Auf weiteres Nachfragen stellte sich nun heraus, dass er weder die Verantwortung scheute noch an seiner eigenen Kompetenz zweifelte, sondern Angst hatte, sich seine Gesundheit und sein Familienleben zu ruinieren. Es ging also im Kern um einen Wertekonflikt: Familie – Gesundheit – Karriere.

Die Frage, welche Werte ich über andere stelle, geht über das hinaus, was wir mit der Frage nach dem Auftrag und Zweck eines Vortrags beschrieben haben. Aber sie setzt genau dort an: «Während nun der Sinn an einmalige und einzigartige Situationen gebunden ist, gibt es darüber hinaus Sinn-Universalien, die sich auf die *condition humaine* als solche beziehen, diese umfassenden Sinnmöglichkeiten sind es, die Werte genannt werden.» (Frankl 2003, S. 238) Das bedeutet, dass an dieser Stelle «Ziele letzter Ordnung» hinzukommen: die der Werte.

Wertekatalog: Eine beispielhafte Auflistung möglicher Werte

Erfolg / Leistung
intellektuelles Wachstum
Seelenfrieden
Toleranz
Treue
Ästhetik
Ehre
Würde
Verlässlichkeit
Freiheit
Gerechtigkeit
körperliche Gesundheit/ Unversehrtheit
Status
Autonomie
Verantwortung
soziales Engagement
Aufrichtigkeit
Bedürftigen dienen
Glaubwürdigkeit
Recht auf Arbeit
Pflicht zu Arbeit
Respekt vor allen Menschen
finanzielle Unabhängigkeit
Freundschaft
religiöser Glaube
Kreativität, Dinge erschaffen
Spiritualität
Integrität
Naturverbundenheit

Für Petzold und Heinl (1983) sind unsere Werte eine Säule (sie gebrauchen ursprünglich den Begriff «Support») unserer Identität. Sie bestimmen zu einem Teil unser Selbstbild: So einer bin ich! Dazu sage ich ja! Dazu sage ich nein! Durch unsere Handlungen werden auch die Werte deutlich, für die diese Handlungen stehen. Werte sind – bildlich gesprochen – der Boden, aus dem unsere Identität und unsere Handlungen hervorgehen. Schwierig wird es für uns im Leben immer dann, wenn wir Dinge tun, die nicht in persönlichen Werten verankert sind. Im Extrem fühlt man sich dann fremdbestimmt – marionettenhaft, ausgebrannt und unmotiviert. Hohes Engagement für eine Sache, Arbeit mit Leib und Seele kommen nur vor bei Menschen, deren Handeln von inneren Werten gedeckt ist. Nicht, dass es nur Schwarz und Weiß gäbe: entweder «erfüllt» oder aber «ausgebrannt», entweder «enthusiastisch» oder «gleichgültig» ... Dazwischen liegt eine riesengroße Grauzone, die das Leben bereithält: Vielleicht hat der Wert «Ordnung» in Ihrem Leben einen Platz und dennoch haben Sie noch nie mit Leidenschaft Ihre Küche geputzt? Vielleicht finden Sie, dass Kinder nicht zu viel am Computer sitzen sollten, aber wenn Sie an letzten Sonntag denken ... War es da nicht drei Stunden sehr ruhig bei Ihnen? Vielleicht finden die meisten Handlungen unseres Lebens in solch einer diffusen Zone statt, in der Werte mit «mittlerer» Verankerung im Spiel sind.

Ganz schwierig wird es aber, wenn es extreme Abweichungen zwischen inneren Werten und äußeren Anforderungen gibt. Zum Beispiel, wenn Sie als Führungskraft vor Ihren Mitarbeitern eine Firmenstrategie vertreten müssen, für die Sie innerlich nicht einstehen, die Sie sogar ablehnen! Und wie verbinden Sie Ihre Überzeugung mit Ihrem Wert der «Loyalität» Ihrem Arbeitgeber gegenüber? Besonders in Situationen, wo Sie Anfeindungen der Mitarbeiter ausgesetzt sind? Denn für diese verkörpern in erster Linie Sie – und kein anderer – die ungeliebte Strategie! Da kommt mancher in eine innere Teufelsküche ...

Jeder muss immer wieder schauen, überprüfen und entscheiden: Will ich das so? Und er muss dafür sorgen, dass Fremdbestimmung kein zu großes Gewicht bekommt. Nach Reinhard K. Sprenger besitzen wir alle mehr Wahlfreiheit und mehr Möglichkeiten zur Selbstbestimmung, als wir gelernt haben zu glauben und uns selber einräumen: «Die Lebensumstände sind es also nicht, die Sie zu dem machen, wer Sie sind. Die Umstände machen lediglich sichtbar, wer zu sein Sie gewählt haben.» (2000, S. 196)

Übung
Eine «Be-Sinnung»

Bei dieser Besinnung sollen Sie einige Bilder und Ideen zum Thema «persönliche Werte» generieren: Für welche Werte stehen Sie? Nehmen Sie sich genügend Zeit (mindestens 30 Minuten) und sorgen Sie dafür, dass Sie ungestört sind. Es kann auch jemand die Besinnung vorlesen (dann bitte langsam, mit langen Pausen zum Schweifenlassen der Gedanken). Vielleicht machen andere gleich mit, dann können Sie sich im Anschluss über Bilder und Ideen austauschen.

Immer, wenn Ihnen zu den einzelnen Fragen etwas in den Sinn kommt, machen Sie sich Notizen. Vielleicht möchten Sie auch erst ganz am Ende das Wesentliche notieren. Sie brauchen also Stift und Papier.

Bevor es losgeht und Sie sich mit den Fragen auseinander setzen: Kommen Sie erst einmal zur Ruhe. Setzen Sie sich möglichst entspannt hin. Nehmen Sie bewusst zehn tiefe Atemzüge.

Gehen Sie nun innerlich in die Haltung eines Sammlers: Da, wo Sie auf bestimmte Fragen nichts finden, da halten Sie sich nicht lange auf, aber da, wo Fragen anregend sind, begeben Sie sich auf intensive Suche! Wir haben die Fragen in sechs Blöcken zusammengestellt.

1. Wenn Sie zunächst einmal an Ihre Kindheit denken: Was haben Sie in Ihrer Ursprungsfamilie und dem Umfeld, in dem Sie aufgewachsen sind, darüber gelernt, was im Leben wirklich wichtig ist, was wirklich zählt? Was war eine wichtige Tugend: So sollte oder musste man sein? Was durfte man auf keinen Fall sein oder tun? Für welche Werte stand das? Welche Sätze klingen Ihnen heute noch in den Ohren – weil sie immer fielen und einem familiären Grundgesetz Ausdruck gaben? Bei was gab es großen Ärger? Was war verpönt, und was war tabu? Worauf war man stolz, weil man dafür stand?

2. Wie wurde in Ihrer Umgebung auf die Welt und auf die Menschen geschaut? Welche Werte wurden Ihnen – vielleicht unausgesprochen – vorgelebt? Gab es Menschen, die Ihnen auffielen, weil

sie für andere Werte standen? Sowohl im Positiven, weil Sie die Werte übernommen haben, wie auch im Negativen, weil Sie sich dagegen aufgelehnt haben? Schauen Sie in aller Ruhe auf Eltern, Lehrer, Geschwister, Pastoren oder Priester, Paten, Großeltern, vielleicht auch politische oder historische Personen ... Was haben Sie von ihnen mitbekommen? Welche Glaubenssätze haben Sie in Ihrer Kindheit und Jugend begleitet und geleitet? Was ist aus ihnen bis heute geworden?

3. Nun schauen Sie auf heute und sich in Ihrem Leben. Welche Werte leiten Sie? Das können alte, übernommene oder selbst definierte sein. Was ist Ihnen wirklich wichtig? Wofür engagieren Sie sich? Wo finden diese Werte eine Umsetzung in Ihrem Leben, wo finden sie sich wieder? Wo können Außenstehende diese an Ihnen finden oder an Ihnen erkennen? Oder haben diese Werte im Alltag keinen Platz gefunden? Gibt es innere Werte, die Ihrem realen Leben sogar widersprechen?

4. Welchen Sinn sehen Sie in Ihrem Beruf? Wozu machen Sie das, was Sie machen? Neben den Inhalten: Wofür setzen Sie sich dabei ein? Was ist daran wichtig? Was ist anders in der Welt, weil Sie das machen? Was an Ihrem Beruf deckt sich gut mit Werten, die Ihnen wichtig sind? Was widerspricht ihnen? Wenn Sie über Ihre Arbeit nachdenken: Werden Sie eher leicht, stolz, glücklich? Oder schwer, verzagt, unglücklich?

5. Wie wünschen Sie sich Ihre Zukunft? Was würden Sie bedauern, nicht getan oder erlebt zu haben? Wo werden Sie landen, wenn Sie einfach so weitermachen? Und wie zufrieden wären Sie damit? Welche Sehnsüchte haben Sie, und wie gehen Sie damit um? Gibt es ein verloren gegangenes «Lebensprojekt», das Ihnen gerade wieder einfällt?

6. Wenn Sie alt sind und Ihre Mitmenschen reden über Sie, was sollen diese sagen in dem Satz: «Er oder sie stand auf einmalige Weise für ...»? Wie nah daran sind Sie da heute? Welche konkreten Entscheidungen in Ihrem Leben haben Sie zu treffen und

was müssen Sie daher noch klären? Welchen Preis zahlen Sie für welche Entscheidung?

Lassen Sie alle Gedanken, die Ihnen gerade gekommen sind, in Ruhe durch Geist und Seele wandern und betrachten Sie am Ende, was sich beim Sammeln und Notieren alles angefunden hat.

Tauschen Sie sich mit anderen darüber aus!

Verantwortung

Die Verantwortung für die Erfüllung von Sinn und Werten kann immer nur beim Einzelnen selber liegen. Wer, wenn nicht ich, soll dafür sorgen, dass ich ein sinn- und wertvolles Leben führe? «Denn sobald wir uns in das Wesen menschlicher Verantwortung vertiefen, erschauern wir: es ist etwas *Furchtbares* um die Verantwortung des Menschen – doch zugleich etwas *Herrliches*! *Furchtbar* ist es: zu wissen, dass ich in jedem Augenblick die Verantwortung trage für den nächsten; dass jede Entscheidung, die kleinste wie die größte, eine Entscheidung ist ‹für alle Ewigkeit›; dass ich in jedem Augenblick eine Möglichkeit, die Möglichkeit eben des einen Augenblicks, verwirkliche oder verwirke. Nun birgt jeder einzelne Augenblick Tausende von Möglichkeiten, ich aber kann nur eine einzige wählen, um sie zu verwirklichen. Alle anderen habe ich damit auch schon gleichsam verdammt, zum Nie-Sein verurteilt, und auch die ‹für alle Ewigkeit›! Doch *herrlich* ist es: zu wissen, dass die Zukunft, meine eigene und mit ihr die Zukunft der Dinge, der Menschen um mich, irgendwie – wenn auch in noch so geringem Maße – abhängig ist von meiner Entscheidung in jedem Augenblick. Was ich durch sie verwirkliche, was ich durch sie ‹in die Welt schaffe›, das rette ich in die Wirklichkeit hinein und bewahre es so vor der Vergänglichkeit.» (Frankl 2003, S. 216)

Unsere Entscheidungen, in einer bestimmten Weise zu handeln, fällen wir nicht immer bewusst, aber wir fällen sie ständig. Das läuft oft automatisiert und verselbständigt ab. Aufstehen, duschen, Tee trinken, Müsli essen, ins Auto, ins Büro ... Und dabei fragen wir uns nicht: «Will ich das wirklich?» oder: «Habe ich mir mein Leben so gewünscht?» In solchen Momenten befragt, hätten wir darauf häufig auch keine gute und wohl auch keine richtige Antwort parat. Es braucht Abstand, eine Vogelperspektive, aus der heraus man erst wirklich sieht, ob das eigene Handeln «stimmig» ist. Aber morgens und müde befragt, käme wohl ein knurriges «Was soll denn die blöde Frage!» zur Antwort, mit etwas Distanz betrachtet sehe ich jedoch vielleicht: «Na, doch; es bringt mir den Erfolg, den ich mir immer erträumt habe, und sichert zudem die Existenz meiner Familie!»

Wunderbar, wenn man in Seminaren, im Urlaub, an einem «Auszeit-Wochenende» oder zu irgendeinem sonst wie gearteten Anlass sich die Zeit nimmt, um über solche Fragen nachzudenken. Denn oftmals gehen die Jahre ins Land, man macht «irgendwie immer so weiter» und merkt zu spät, dass das alles nicht das war, was man wirklich wollte. In unserem Leben stellen wir ständig Weichen, bewusst und unbewusst, und es lohnt sich, einmal innezuhalten und gestellte Weichen zu überprüfen und unter Umständen über Veränderungen von «Einstellungen» nachzudenken. Nichts erleben wir als trauriger und tragischer in unserem Beruf, als wenn Menschen mit Reue und Bedauern, manchmal auch mit großer Traurigkeit und Verzweiflung auf ihr Leben zurückblicken und sagen: «Ach, hätte ich doch ...» Oftmals hat der Verzicht auf etwas eigentlich Ersehntes einen hohen Preis gekostet; körperliche und seelische Gesundheit leiden unter sinnverfehltem Leben.

Vortrag und Werte

Es ist Aufgabe des Redners, sich mit der Sinn-Frage eines Vortrags auseinander zu setzen: Warum dieses Thema? Kann und will ich für diesen Moment und in diesem Rahmen auf eine bestimmte Art zu einem Thema sprechen? Wofür lasse ich mich bezahlen? Von wem? Wem dient das? Und die Werte-Frage dahinter lautet dann: Stimmt das für mich? Will ich das?

Übung
Finden eines Vortragswertes
Dieses ist eine etwa zehnminütige effektive Übung, um herauszufinden, welcher Wert einer Handlung (hier: dem Vortrag) zugrunde liegt. Man braucht dazu idealerweise einen Interviewpartner, kann aber auch den Dialog mit sich selber führen. Derjenige, der etwas über die hinter seinem Vortrag stehenden Werte erfahren möchte, beginnt mit dem Satz: «Ich halte einen Vortrag zum Thema ...» Der andere reagiert mit: «Wozu tust du das?» Auf die nun folgende Antwort reagiert er wieder mit: «Wozu?»
Das folgende Beispiel (Vortrag zum Thema «Zielvereinbarungen») verdeutlicht die Durchführung:

«Ich halte einen Vortrag zum Thema Zielvereinbarungsgespräche.»
«Wozu?»
«Damit Führungskräfte diese Gespräche auch gut umsetzen können.»
«Wozu?»
«Damit sie ihren Auftrag gut erfüllen können.»
«Wozu?»
«Damit das Unternehmen den neuen tariflichen Anforderungen gerecht werden kann.»
«Wozu?»
«Damit es im Wettbewerb bestehen kann.»
«Wozu?»
«Damit Arbeitsplätze gesichert sind.»
«Wozu?»
«Damit Menschen finanziell und in ihrer Würde bestehen können.»
«Wozu?»
«Das ist für mich ein Wert an sich.»

Manchmal entstehen nach einem «Wozu?» mehrere Stränge, weil sich mehrere «Damits» ergeben – verfolgen Sie ruhig diese Stränge! Irgendwann landet man bei «letzten Werten», bezogen auf das ausgewählte Thema. Da ist dann Schluss. An die glaubt man, denen misst man Bedeutung zu, aber sie müssen, können und sollen nicht mehr begründet werden. (Welch Paradoxon: Wie soll man auch etwas ***be-gründen***, das ein letzter ***Grund*** ist?!)

Achten Sie bei der Übung vor allem darauf: Ist für Sie an einer Stelle kein tieferer Wert erkennbar? Oder einer, der Ihren persönlichen Werten widerspricht? Das sind die heiklen, ernst zu nehmenden Punkte: Denn hier kann es «haken»; hier kann sich bei der Vorbereitung und beim Halten des Vortrags rächen, dass man nicht genauer hingeschaut hat. Die eigene Präsenz, die Glaubwürdigkeit, langfristig die seelische Gesundheit – all die erwähnten Faktoren – können unter dem Mangel der Werteverankerung leiden.

4. Kernkompetenz Persönliche Präsenz

«Törichte Sterbliche, was über euch ist, ist nicht für euch! Kehret den Blick in euch selbst! In euch sind die unerforschten Tiefen, worinnen ihr euch mit Nutzen verlieren könnt. Hier untersucht die geheimsten Winkel ... Hier begreift und beherrscht das einzige, was ihr begreifen und beherrschen sollt; euch selbst.» GOTTHOLD EPHRAIM LESSING

4.1 Was ist damit gemeint?

Der Redner selbst ist sein wichtigstes Medium

«The medium is the message»: Der Redner selbst ist im besten Sinn sein wichtigstes Medium zur Übermittlung der Botschaft. Das gilt auch und besonders, wenn das Thema eines Vortrags ein menschlich-zwischenmenschliches ist oder die Rolle des Vortragenden per definitionem eine unterstützend-begleitende. Ein Kommunikationstrainer, der über Konfliktmanagement spricht und im kritischen Ernstfall im Seminar «einknickt» oder aggressiv wird, ist wenig glaubwürdig: *«The medium is the message.»*

Der Mathematiklehrer, der behauptet, an den Schwachen in der Klasse interessiert zu sein, macht «dumme» Schüler dümmer, wenn er sie seine Ungeduld, gar seine Verachtung spüren lässt. Der Pastor, der Demut predigt und dabei gleich einem donnernden Racheengel spricht, lehrt seine Schäfchen nicht Demut, sondern Angst. Aber auch der Politiker, der zur notwendigen gemeinsamen Kraftanstrengung die berühmte «Blut-Schweiß-und-Tränen-Rede» hält, sich selbst aber gerade die Diäten erhöht hat, lädt nicht zum Ärmelaufkrempeln, sondern zum Lobbydenken ein. Vom Topmanager, der sich in der Notlage seines Unternehmens eine riesige Abfindung gönnt, dabei aber harte Einschnitte gepredigt hat, ganz zu schweigen. Sie alle hinterlassen zudem verbrannte Vertrauens-Erde für den nächsten Redner.

Ob eine Präsentation Wirkung entfaltet oder verhallt, hängt eben auch davon ab, ob der Redner als integer, glaubwürdig, authentisch, lebendig wahrgenommen wird. Solche Qualitäten sind nicht «herstellbar», sondern nur (er-)lebbar.

Persönliche Präsenz ist kein Synonym für Charisma. Sollten Sie eine charismatische Ausstrahlung haben – wunderbar! Das schadet sicherlich nicht, weder beim Vortragen noch sonst. Allerdings: Ich glaube nicht, dass die schwer fass- und definierbare Eigenschaft Charisma notwendige Bedingung für das Halten guter Vorträge ist. Charisma ist nicht, wie ein Systemiker sagen würde, der «Unterschied, der einen Unterschied macht». Es hat vielleicht Einfluss darauf, ob ich als guter Redner gelte, ob ich fasziniere; und möglicherweise ist Charisma meine persönliche Brücke zum Publikum. Aber Gott sei Dank gibt es noch viele andere! Ich kann schüchtern sein, Lampenfieber haben, zweifeln, verletzlich sein – und dennoch und vielleicht sogar gerade deswegen anregen, einladen, ankommen. Mensch sein heißt ja immer, Fähigkeiten und Grenzen zu haben. Wenn ich es schaffe, beides vorzuleben, dass ich großartig *und* begrenzt bin, souverän *und* verletzbar, Profi *und* Mensch – und dass das so völlig in Ordnung ist –, dann habe ich wirklich eine Meisterleistung vollbracht. Denn damit eröffne ich Räume für all das Begrenzte und Großartige, das die Zuhörer ihrerseits in sich tragen, und gebe ein unübliches Vorbild dafür, wie mit dem Spagat «Professionalität und Menschlichkeit» umgegangen werden kann. Statt um Entweder-oder geht es um Sowohl-als-auch.

«Ich selbst bin mein wichtigstes Vortragsmedium», das bedeutet auch, dass ich dieses Medium gut kennen lernen, pflegen und entwickeln sollte. Wir nennen das entsprechende Aufgabenfeld des Redners «persönliche Präsenz».

Unter «persönlicher Präsenz» verstehen wir also den professionellen Umgang des Redners mit dem eigenen Sein und Empfinden in der Vortragssituation.

Damit stellt sich natürlich die Frage: Was heißt «professionell»? Schließlich kann ich mir nicht aussuchen, was ich am Rednerpult fühle – oder doch? Unsere Antwort lautet unbedingt: «Nein!» Aus unserer Erfahrung und Grundhaltung raten wir wirklich davon ab, die «richtigen» Gefühle künstlich herzustellen. Wer sich morgens vor dem Spiegel dreimal kräftig «Ich bin großartig und werde Erfolg haben» zuruft, plustert sich narzisstisch auf und verliert mit einer gewissen Wahrscheinlichkeit fast vollständig den Kontakt zu sich selbst und zum Publikum. Das Fatale an dieser Methode ist die implizite Botschaft: «Was du fühlst und wie du bist, reicht nicht und ist zum Scheitern verurteilt, deswegen – sei anders!» Und genau sie schwächt letztlich den Redner und lässt ihn noch mehr Angst vor den Zuhörern haben.

Zur weiteren Angstreduktion vermeidet er innerlich den realen Kontakt mit den Zuhörern und kontrolliert ihn mit dem Ziel, dass er die Oberhand behält, indem er das Publikum zum Beispiel innerlich lächerlich macht und entblößt: «Stellen Sie sich das Publikum einfach in Unterhose vor!» Die so erreichte Situationskontrolle ist äußerst fragil, da die vermeintliche Souveränität keine wirkliche ist: Der Redner als «Störfaktor Mensch» ist sich selbst im Weg, und das zeigt sich häufig als Blackout, Stimmzittern, Aggression oder sonst wie. Selbst wenn die Kontrolle stabil sein sollte, bleibt der Preis für die Schattenseite des narzisstischen Vortragsstils (siehe Kapitel 1) in voller Höhe zu entrichten.

Die Alternative soll aber auch nicht heißen «Sei einfach du selbst» (außerdem: Was heißt schon «einfach»?!). Schließlich möchte man als Zuhörer nicht unbedingt empfangen werden mit den Worten: «Guten Tag, liebe Leute! Bevor ich loslege, muss ich leider sagen: Ich hab derartig die Hosen voll, das ist schrecklich! Mir schlottern die Knie, am liebsten würde ich im Mauseloch verschwinden, weil ich fürchte, dass Sie mich wohl kaum akzeptieren werden. Aber da ich das Honorar brauche und im Thema zu Hause bin, lege ich mal los ...» Auch wenn diese Einleitung unter Umständen die innere Ausgangslage eines Redners treffend beschreiben könnte.

Professionell *und* menschlich

«Professionell» in unserem Sinne heißt: Ich habe Bewusstheit für meine Rolle, die Erwartungen und Anforderungen, die daran geknüpft sind. Und ich habe Kontakt zu mir selbst und zum Thema, bin als «Mensch im Rollenmantel» für mich und andere spürbar. Beides prägt mein Verhalten; ich zeige mich «stimmig», weder als Privatperson noch als inkarnierter Prototyp, sondern in *meiner* Art, als Redner die Situation zu gestalten und das Thema zu behandeln.

Persönliche Präsenz bedeutet: Ich bin als Mensch im Rollenmantel für mich selbst und andere deutlich.

- **Mit dem Herzen bei der Sache**
  Ich halte den Vortrag auf meine Weise über die Inhalte, die mir im Rahmen des Auftrags wichtig scheinen. Selbst wenn wir über das gleiche Thema reden, werden Sie das völlig anders als ich machen. Humanistische Rhetorik heißt, eine Brücke zu schlagen vom Thema zum Menschen, und über diese Brücke soll der Redner exemplarisch selbst gegangen sein. (Nur) In dem Maß, in dem er das getan hat, ist sein Vortrag menschlich fundiert und erleichtert es auch den Hörern, über diese Brücke zu gehen.
  Mein Anliegen und Auftrag als Redner ist es, etwas anzuregen, das für die Zuhörer wichtig sein kann. Dafür prüfe ich zunächst, was mir persönlich an dem Thema etwas bedeutet, mich angeregt hat. Ich weiß, dass ich andere nur berühren, interessieren oder engagieren kann, wenn ich selbst berührt, interessiert oder engagiert bin. Wenn ich als Redner keinen persönlichen Kontakt zum Thema finden und gestalten kann, ist die Chance gering, dass es meinem Zuhörer gelingt. Ich muss also erforschen: «Wie stehe ich, Pastor Meier, zu dieser Bibelstelle? Kann ich etwas damit anfangen – wenn ja, was? Und wenn nicht: Was hindert mich?» Vielleicht werden dann ausgerechnet die Hindernisse der wesentliche Teil meiner Predigt, die sonst eine hohle «Gardinenpredigt» geworden wäre. Dies ist kein Plädoyer für thematische Selbstoffenbarungsorgien. Das Thema hat im Vortrag Vorrang und ist der Leitstern. Aber die Beziehung des Redners zu seinem Thema und dessen Unteraspekten

Der Mensch im Rollenmantel

soll durch den Vortrag «hindurchleuchten» und, wo es passt, auch explizit werden.

- **Stimmig**
  Neben meinem persönlichen Bezug zum Thema prägt mein Selbstkontakt die Art der Persönlichen Präsenz. Einen Teil von dem, was nach außen von mir sichtbar wird, kann ich bewusst steuern, anderes «zeigt sich». Das Ideal ist nicht kontrollierte Perfektion, sondern selektive Authentizität. Ruth Cohn (1989) definiert diese: «Was ich sage, soll echt sein, jedoch nicht alles, was echt ist, soll gesagt werden.»

Das bedeutet für den Redner, wahrhaftig zu sein und dabei ein Gespür für die Rolle zu haben und zu halten. Rollen sind definiert durch Erwartungen, die an eine Position gerichtet werden. Von einem Vortragenden wird – unabhängig von seiner inneren Wahrheit! – zum Beispiel erwartet, dass er kompetent ist und wirkt, dass er die Bühnensituation meistern und gestalten kann. Die Ausstrahlung von Kompetenz und Souveränität sind klassische Erwartungen, die zur Rednerrolle gehören. Gegen Erwartungen zu verstoßen verunsichert ein Publikum, sogar die Legitimation des Redners kann dann in Frage gestellt werden.

Manchmal verhindern ungünstige innere Teamaufstellungen, dass die durchaus vorhandene Kompetenz auch äußerlich sichtbar wird: dann nämlich, wenn der *innere Kompetente* von anderen Teammitgliedern unterdrückt oder paralysiert wird. Eine innere Teamentwicklung (statt «Nachrüstung» des Wissensarsenals) tut dann Not. Anregungen und Übungen hierzu beschließen dieses Kapitel.

Souveränität kann man unterschiedlich füllen: Friedemann Schulz von Thun (2003) spricht von «Souveränität 1. und 2. Ordnung». Souveränität 1. Ordnung meint die totale Kontrolle jeder Unsicherheit. Diese Art von Souveränität ist mit echtem Selbst- und Fremdkontakt unvereinbar. Die Souveränität 2. Ordnung hingegen verkörpert der «Profi mit menschlichem Antlitz». Wie eine solche Professionalität gefüllt und gelebt werden kann, ist roter Faden dieses Buchs.

Je nach Kontext gibt es weitere Erwartungen, die an den Redner (meist unbewusst und unausgesprochen) gestellt werden. Vielleicht soll er witzig oder ernsthaft sein, pompös oder bescheiden auftreten, maximal zehn oder mindestens 45 Minuten sprechen ...

«Ich» sein zu wollen und zugleich rollenkonform bedeutet: Als Redner akzeptiere ich einen Spagat zwischen Ausdrucks- und Wirkungsorientierung. Ausdrucksorientierung heißt: Ich zeige, was in mir ist. Wirkungsorientierung heißt: Ich zeige mich im Hinblick auf das, was ich erreichen will. Dieser Spagat ist kein Fauxpas und seine Bewältigung keine standardisierbare Kleinigkeit, sondern eine individuelle Herausforderung, die in der Profirolle angelegt ist. Gelingt er, dann ist Stimmigkeit erreicht, wie sie Friedemann Schulz von

Thun (1981) als «die doppelte Übereinstimmung sowohl mit mir selbst als auch mit dem Charakter der Situation» definiert.

Wie ich mich zeige, liegt in meiner Verantwortung, das kann ich gestalten. *Nicht* in meiner Verantwortung und außerhalb meiner Kontrolle liegt, wie die Zuhörer darauf reagieren. Allerdings bin ich zuständig dafür, diesen Reaktionen ein Forum zu verschaffen, sodass sie ausgedrückt werden können.

Wenn es um den «Menschen im Rollenmantel» geht, stellt sich natürlich die Frage: Wie bin ich denn? Und was mache ich, wenn ich in mich hineinfühle und auf ein chaotisches, lustloses, frustriertes oder ängstliches Inneres Team treffe? Oder noch schlimmer: niemand zu Hause? Zunächst geht es aber um die Frage: Was soll das? Wieso soll ich erstens beim Reden fühlen und das zweitens auch noch zeigen?

4.2 Gute Gründe für eine manchmal schwierige Haltung

Mit Fug und Recht darf man sich fragen: Wieso soll ich in einer Situation fühlen, bei mir sein, selektiv authentisch präsent sein – wo es doch gar nicht um mich, den Redner, geht? Und wo das Fühlen auch nicht nur angenehm ist? Soll ich erst eine Therapie machen, bevor ich das nächste Mal Bruchrechnen erkläre, oder was? Wir würden sagen: Eine Therapie muss es nicht gleich sein, aber für das Interesse an inneren Vorgängen, auch in der Rednerposition, plädieren wir nachdrücklich aus den folgenden drei guten Gründen.

Persönliche Präsenz hält den Redner lebendig

Das vorsichtige Lupfen des Vorhangs, das achtsame Hineinfühlen in sich selbst (gerade für diejenigen unter Ihnen, die viele Vorträge halten müssen) ist der allerbeste Schutz gegen Ausbrennen, übergroße

Angestrengtheit, Abstumpfen und Stillstandserleben, den wir kennen. Auch das Thema wird erst wahrhaft lebendig und interessant, wenn ich mich auf die Suchbewegung des «Was hat das mit mir zu tun?» einlasse. Neben möglicherweise unliebsamen Empfindungen wie Angst, Unzulänglichkeitsgefühlen oder Nervosität gibt es echte Perlen zu entdecken: Leidenschaft für das Thema vielleicht oder kreative Übungsideen, Sprachbilder und Beispiele, die Ihnen während des Vortrags einfallen können; am Ende macht Ihnen das Reden gar Spaß – aber nur, wenn Sie offen für Ihre Empfindungen sind.

Persönliche Weiterentwicklung geschieht als lebendiges Lernen nahezu von selbst: Jeder meiner Vorträge ist dann ein bisschen anders, ich sammle unterschiedliche Erfahrungen, statt «linientreu» immer perfekter meinem Rednerideal entsprechen zu wollen.

Besonders wichtig ist hier auch der Zusammenhang mit einer anderen humanistischen Kernkompetenz, einem anderen Aufgabenfeld des Redners: Kontakt zum Publikum setzt Kontakt zu sich selbst voraus. Wenn ich mich selbst verliere, kann ich auch die anderen nicht mehr finden (die werden dann die gefürchtete «graue Masse»). Warum der Kontakt zur Zuhörerschaft auch im Vortrag essenziell ist, verdeutlicht Kapitel 5.

Persönliche Präsenz als Kontaktvorbild

Neben den im eigentlichen Wortsinn dialogischen Angeboten an den Zuhörer, die in Kapitel 5 beschrieben werden, stellt schon allein das Maß an Authentizität des Redners ein besonderes Kontaktangebot dar. Der Redner ist *immer* normsetzend und richtungsweisend für die Art des Umgangs miteinander. Schließlich ist er derjenige, der coram publico gleichsam demonstriert, wie «man» spricht, was «man» zeigt – und was nicht. Er bekommt am meisten Aufmerksamkeit, hat den größten und den offiziellen Raum, der Gruppe seinen Stempel aufzudrücken. Wenn ich meine Rolle als die eines «Entwicklungsbegleiters» auffasse, tue ich gut daran, in meiner Art, mich zu zeigen, ein menschliches Vorbild zu sein. Und Vorbild bedeutet eben gerade *nicht,* perfekt zu sein nach den Regeln der (Rhetorik-)Kunst ohne sichtbare Eigenart. Jedenfalls nicht, wenn ich meine Zuhörer zum Nachdenken über sich selbst, zum In-Bewegung Kommen mit eigenen Themen einladen will. «Vorbildlich» bin ich nach diesem Verständnis vielmehr, wenn ich echte statt klischeehafte Begegnung anbiete, mich als Mensch mit Stärken und Grenzen zeige, wenn ich mich nicht klein machen, aber auch nicht aufplustern muss. Also nicht Wasser predige und Wein trinke; nicht über die Bedeutung von Authentizität und stimmiger Kommunikation vortrage und dabei hektisch als Entertainerin agiere.

Vielleicht haben Sie manchmal Gelegenheit zu beobachten, wie Redner die Atmosphäre auf die eine oder andere Weise regelrecht aufladen: Noch in der Pause nach dem Vortrag ist beim einen ein großes Gähnen zu spüren, alle wirken müde und erschlagen. Beim anderen ist die Atmosphäre persönlich, auch einander Unbekannte reden über Themen, die sie wirklich beschäftigen. Oder ein ganzer Raum ist zum Fanclub geworden, es herrscht Jubelstimmung; manchmal trifft man auf eine Pressesprecheratmosphäre: Wo man auch hinhört, geht es darum, was die Einzelnen schon Großes geleistet haben.

Welche Atmosphäre wünschen Sie sich als gutes Lernklima? Und was können Sie mit Ihrer Art der Persönlichen Präsenz dazu beitragen?

Persönliche Präsenz belebt auch den Zuhörer

Die meisten Zuhörer schätzen einen lebendigen Vortrag mehr als einen perfekten. Es ist interessant, den Redner auch ein wenig als Menschen sehen zu können, und ein Thema bekommt mehr Farbe, wenn ich spüren kann, dass mindestens ein Mensch davon überzeugt ist, dass es nützlich, wertvoll und interessant ist: der Redner. Oder anders: Wie soll ich als Zuhörer Interesse für einen Gegenstand entwickeln, der nicht einmal den ausgewiesenen Experten zu berühren scheint?

Auch lässt sich das Gehörte leichter mit eigenen Erfahrungen und Erlebnissen verbinden, wenn es nicht «kalt», sondern wahrhaftig berichtet wird. Die Gefühle des Redners wärmen den Raum dann regelrecht an und lassen mich als Zuhörer leichter Kontakt zu eigenem Erleben finden. Es geht uns wohlgemerkt nicht um das manipulative Herstellen von bestimmten erwünschten Emotionen. Was wir meinen, lässt sich gar nicht so leicht beschreiben, ist aber in jedem Fall ganz unspektakulär. Vielleicht haben Sie es selbst schon einmal erlebt, dass ein Redner spürbar war und Sie damit berührt hat. Dass seine Art zu sprechen Ihr gedankliches und emotionales Kopfkino angeworfen hat, sodass Sie am Ende des Vortrags keine Show gesehen, sondern innere Bilder erlebt haben, durch eigene Gedanken angeregt waren. Dass es um Sie ging, obwohl Sie nicht Thema waren.

Last, but not least, das Spektrum, mich auch als Zuhörer menschlich zeigen zu können, wird erweitert, wenn der Redner es vorlebt. Eine glatte Fassade lädt tendenziell zu Unterordnung oder Powerplay ein. Gerade Vorträge über Zwischenmenschliches, zum Beispiel über Kommunikation oder Konfliktmanagement, bleiben dann oft nur theoretisch. Beim Zuhörer entsteht das Gefühl: «Wie man's richtig machen sollte, weiß ich jetzt – aber ich kann es nicht umsetzen, weil ich wohl irgendwie falsch fühle.»

Bei jemandem, der interessant, interessiert, dabei aber «einer von uns» ist, kann ich leichter «dumme» Fragen stellen, mich in Übungen und Austausch trauen, Ungewohntes ausprobieren. Wenn der Redner sich als Mensch zeigt, der klug ist und dennoch auch selbst innere Teammitglieder hat, die ihm manchmal das Leben schwer machen – und wenn er gerade mit diesen inneren Teammitgliedern einen akzeptierenden Umgang vorlebt –, dann kann ich als Zuhörer Hoffnung schöpfen, dass auch bei mir trotz ungeliebter Eigenanteile das Kind noch nicht in den Brunnen gefallen ist.

Sollten Sie unsere Ansichten über die Bedeutsamkeit des Menschlichen im Professionellen teilen, stellt sich natürlich die Frage: Wie kann man diesen Aspekt entwickeln oder in einer Vortragssituation nicht verlieren?

4.3 Wie Sie Persönliche Präsenz auf- und ausbauen können

Wenn wir nicht drüberstehen, sondern mittendrin

Stellen Sie sich vor (oder erinnern Sie sich an eine Situation), Sie sollen einen Vortrag halten und haben ein mulmiges Gefühl. Wie fühlt sich das an? Wo in Ihrem Körper merken Sie es, wie äußert es sich? Wie bewerten Sie den «Mulm»? Wie gehen Sie damit um? Vorweg: Wir finden es ausgesprochen menschlich, sich in so einer Situation einfach nur anders, nämlich sicher fühlen zu wollen. Was aber tun, wenn es nun einmal «mulmt»?

Wenn Sie dazu (weil es vielleicht ein besonders wichtiger Vortrag oder aber ein wiederkehrendes Gefühl ist) ein Coaching anfragen würden, hätte ein guter Coach ungefähr folgende Haltung: «Ihnen ist also mulmig in der Situation. Das bedeutet: Irgendwelche Gefühle oder Gedankengänge, wahrscheinlich mehrere verschiedene, wollen sich Gehör verschaffen. Ich bin wirklich interessiert daran, welche das sind, und bin sicher, sie bedeuten etwas, sind Informationen Ihrer Seele.

Sie können Ihnen etwas verraten über Ihr ‹Strickmuster› (zum Beispiel darüber, welche Bewertungen Sie vermuten, wenn Sie im Mittelpunkt stehen). Falls Sie Angst haben: wovor genau? Ist das eine alte ‹Kinderangst› oder ein Zeichen für eine reale Bedrohung?

Ihr Erleben kann auch etwas über Ihren Draht zum Thema signalisieren, wie sicher oder lebendig Sie sich im Thema bewegen und an welcher Stelle Sie wirklich ‹erwärmt› sind (etwa wie beim Kinderspiel Topfschlagen, wo die anderen Kinder ‹Warm!› brüllen, wenn das blind suchende Kind in die Nähe des Schatzes gerät).

Was Sie empfinden, kann aber auch etwas aussagen über die Zuhörer und deren Welt: Welche Stimmung, welche ungeschriebenen Regeln spüren Sie? Das können wertvolle Hinweise sein auf das System, dem Sie begegnen.

Auch können Gefühle ein Signal dafür sein, dass am Auftrag etwas ungewöhnlich oder unstimmig ist.

Nur wenn Sie erforschen, was Sie erleben, können Sie diese Informationen lesen und nutzen, deswegen lassen Sie uns zunächst gemeinsam versuchen zu verstehen, was Sie bewegt. In einem zweiten Schritt sehen wir, welche Entwicklungsrichtung Sie einschlagen wollen und was Sie unterstützen könnte, einen Schritt in diese Richtung zu gehen.»

Ein Buch ist kein Coaching und kann im psychologischen Ernstfall auch keines ersetzen – aber es kann doch anregen und helfen, sich selbst etwas besser zu verstehen. Dazu sollen die folgenden Vorschläge dienen. Ähnlich wie bei einer Supervision beziehen sie sich auf das Davor und das Danach eines Vortrags, also auf die Vorbereitung und die Nachbereitung, um einen entwicklungsrelevanten Mehrwert daraus zu ziehen.

Während des Vortrags gilt auf der Grundlage sorgsamer und «vierfach kompetenter» Vorbereitung natürlich eines: atmen (mehr dazu siehe Seite 202f.)! Was wie eine esoterische Platitude klingt, ist eine psychologische *Conditio sine qua non*: Flaches Atmen ist der sicherste und häufig automatisierte Weg, den Kontakt zu sich selbst und zum Publikum zu verlieren, sich von sich selbst abzuspalten. Vielleicht kennen Sie den Effekt: Man hört sich dann selbst reden, fast, als sei man ein anderer.

4.3.1 Auf dem Weg: Meilensteine der Persönlichkeitsentwicklung

Wenn man sich in seiner Persönlichkeit weiterentwickeln möchte, folgt das Lernen oft folgendem Muster:

1. Bewusstheit erlangen über das, was ist: die emotionale Wahrheit des Moments erfassen.
2. Verständnis entwickeln, warum es ist, wie es ist: den «guten Grund» begreifen.
3. Akzeptanz finden für das, was ist, und Perspektiven, Ideen, Entwicklungsrichtungen entdecken: zu mir passende neue Möglichkeiten sehen lernen.
4. Üben, Ausprobieren, Feedback einholen und sich bei Bedarf Supervision geben lassen: kalkulierte Risiken eingehen und sich Unterstützung suchen.

4.3.2 Schritt 1: Bewusstheit erlangen über das, was ist

Es ist ein bekanntes Paradoxon, dass Veränderung mit Selbsterkenntnis beginnt. Allein dadurch, dass ich mir das, was ohnehin unterschwellig vorhanden ist, bewusst mache, verändert es sich häufig schon ein wenig: Das Mulmige wird klarer, das Peinliche menschlich, das Unfassbare fassbar, das Unsägliche vielleicht sogar sagbar. Wenn dazu ein Veränderungswunsch kommt – sei es aus Sehnsucht, Einsicht oder Neugier –, hat man schon den ersten psychologischen Millimeter auf dem Weg zurückgelegt. Übrigens: Gut, wenn Sie eigene und fremde Millimeter sehen und würdigen können. Es gibt zwar Quantensprünge der Entwicklung, aber sie sind sehr selten und nicht immer stabil. Daher gebührt aller Respekt der soliden Millimeterarbeit!

Feedback und Introspektion

Um sich selbst in einer konkreten Situation auf die Schliche zu kommen, gibt es mindestens zwei anregende Methoden. Die eine: Bitten Sie jemanden um Feedback! (Wie man sich ein gutes Feedback holt, siehe S. 210ff.). Fragen Sie nach Ihrer persönlichen Wirkung und Ausstrahlung im Vortrag. Was wird von Ihnen als Person sichtbar? Welche Gefühle, Eigenarten, Haltungen, Werte? Was ist «typisch» für Sie?

Beachten Sie, dass beim Feedback immer ein Teil der Rückmeldung ausschließlich mit dem Betrachter zu tun hat, ein anderer Teil mit Ihnen. Wenn Sie mehrere Personen um Feedback fragen, wird Ihr persönlicher Anteil deutlicher. Feedback kann eine interessante Anregung zur Introspektion sein: Finde ich das, was äußerlich sichtbar wird, innerlich wieder?

Für die Introspektion ist – als zweite Methode der Selbsterkenntnis – das Innere Team ein wunderbares Modell (siehe S. 24ff.). Es ist ein praktisches Werkzeug zur inneren Sortierarbeit, eine Art Seelen-Mikroskop. Die Verwirrung, der Mulm, lässt sich damit entwirren.

Feedback möglichst von mehreren

Auf dem meist langen, nicht nur leichten, aber selten langweiligen Weg zu mehr innerer Klarheit besteht der erste Schritt, die erste Leistung darin, sich für das Innere Team – für *alle* inneren Teammitglieder – zu interessieren, einmal innezuhalten, Ideale beiseite zu legen, Ziele zu vergessen und sich zu fragen: Wie ist es? Statt: Wie sollte es sein?

In diesem Buch geht es um Sie in der Rolle als Rednerin oder Redner. Daher möchten wir Ihnen die Möglichkeit geben, sich selbst in der Rolle als Redner ein wenig zu erforschen und Ihrem Inneren Team einen Besuch abzustatten. Als sichtbares Ergebnis für Sie soll eine Skizze Ihres inneren Rednerteams entstehen, gleichsam ein emotionales Polaroid. Das könnte dann zum Beispiel so – oder ganz anders! – aussehen:

Skizze eines inneren Rednerteams

Übung
Die emotionale Wahrheit des Moments erfassen

Falls Sie es einmal ausprobieren möchten, brauchen Sie jetzt zwei Blätter und einen Stift und ungefähr 20 Minuten Zeit. Die folgende Übung ist eine Besinnung und besonders geeignet zum Ausprobieren mit einem Zweiten oder innerhalb einer Arbeitsgruppe («Peer-group»). Sollten Sie einen solchen Zweiten auftreiben können, schlagen wir vor, dass er die folgende Anleitung vorliest, möglichst langsam und mit vielen Pausen. Dann können Sie sich ausschließlich auf Ihr Innenleben fokussieren und müssen zwischendurch nicht lesen.

«Zunächst machen Sie es sich bequem ... Entspannen Sie sich ein wenig, atmen Sie in Ihren Bauch ... Spüren Sie, wie sich Ihre Bauchdecke beim Einatmen hebt, beim Ausatmen senkt ... Tauchen Sie in Ihren Körper ein ... Falls Sie Muskelverspannungen bemerken, lassen Sie etwas lockerer ...»

(Wenn Sie selbst lesen: Richten Sie zwischendurch immer wieder Ihre Antennen nach innen, seien Sie achtsam mit dem inneren Erleben.)

«Nun suchen Sie sich eine Vortragssituation aus, in der Sie Ihr Inneres Team erforschen wollen. Eine Situation, die vor oder hinter Ihnen liegt ... Sind Sie sehr oft in der Rednerrolle, können Sie auch von einer konkreten Situation abstrahieren und sich sich selbst in der Rednerrolle vergegenwärtigen.
Haben Sie eine Situation? Gut. Dann brauchen Sie nun das erste Blatt Papier. Ich werde gleich ein paar Anregungen geben, und immer, wenn Ihnen ein oder mehrere innere Teammitglieder in den Sinn kommen, machen Sie sich eine Notiz auf dem Blatt, schreiben Sie den Namen oder die Botschaft des entsprechenden Teammitgliedes auf (falls Ihnen nicht bei jeder Anregung eines einfällt, ist das völlig in Ordnung).

Rufen Sie zunächst die Situation, die Sie sich ausgesucht haben, vor Ihr inneres Auge. Wie sieht es da aus? ... Was für Bilder tauchen in Ihrem Kopf auf? ... Wie ist die Geräuschkulisse? ... Wenn Sie ein bisschen Kopfvideo schauen: Was sehen Sie?

Wenn Sie sich die Situation so vergegenwärtigen: Welches innere Teammitglied meldet sich zuerst, wen kriegen Sie direkt zu fassen? (Jetzt geht es los: Machen Sie sich Notizen.)

Vielleicht haben Sie ein inneres Teammitglied dabei, das in dieser Situation eine wichtige Stärke darstellt, auf das Sie sich verlassen können, das Sie ‹rüberrettet›?

Vielleicht haben Sie eines dabei, das Ihnen das Leben in der vorgestellten Situation schwer macht, bei dem Sie denken: ‹Wenn ich das nicht hätte, wär's leichter›?

Vielleicht haben Sie ein inneres Teammitglied, das den Erfordernissen und Anforderungen von außen entsprechen will, eines, das sich bemüht, den Erwartungen anderer gerecht zu werden?

Möglicherweise haben Sie auch ein Teammitglied dabei, das eine eher kindliche Qualität hat, ein mauliges, lustiges, mickriges, bedürftiges – eines, das sich gleichsam klein anfühlt?

Es kann sein, dass Sie einen inneren Antreiber dabeihaben, ein Teammitglied, das Ihnen sagt, wie Sie in der Situation sein sollten, vielleicht auch sagt, was Sie alles falsch machen. Wenn ja: Was sagt dieses Teammitglied genau? Und in welchem Tonfall?

Eventuell gibt es auch ein Mitglied in Ihrem Inneren Team, das Sie noch gar nicht richtig zu fassen bekommen, dessen Existenz Sie aber ahnen? Falls ja: Hat es Konturen? Wie macht es sich bemerkbar? Haben Sie eine Vermutung oder einen Verdacht, was das für eines sein könnte?

Manchmal hat man auch ein inneres Teammitglied dabei, das einem peinlich oder unangenehm ist, das am liebsten keiner sehen soll, und wenn man könnte, würde man es rausschmeißen...

Nehmen Sie sich noch ein paar Minuten, um auf Ihren Zettel zu schauen und die bereits gefundenen Teammitglieder auf innere Vollständigkeit zu überprüfen: Haben Sie die in der Situation wichtigen erfasst? Und bleiben Sie nur bei den real vorhandenen, nicht bei den Wunschkandidaten. Ergänzen Sie gegebenenfalls Ihre Liste.

Jetzt brauchen Sie das zweite Blatt.
Fertigen Sie eine Skizze an von Ihrem Inneren Team in der ausgewählten Situation. Dafür brauchen Sie circa 15 Minuten.

Malen Sie zunächst einen dicken Bauch mit Platz für alle (sollten Sie mehr als zehn gefunden haben, nehmen Sie nur die zehn wesentlichen).

Danach skizzieren Sie die Teammitglieder mit ihren jeweiligen Namen, indem Sie sich die folgenden Fragen – nicht ‹wissenschaftlich›, sondern intuitiv – beantworten (wer nicht zeichnen kann oder mag, kann die inneren Teammitglieder ganz einfach eintragen):

Wer steht vorne auf der Bühne, wer eher hinten (oder sitzt sogar im Verlies)? Vorne heißt: Er ist leicht fass- und spürbar, oft auch nach außen für andere sichtbar. (Er steht unten auf dem Blatt; die hinteren stehen entsprechend weiter oben.)

Skizze: Inneres Team

Welche sind größer, welche kleiner? Gibt es innere Riesen?

Gibt es welche, die Koalitionen bilden oder aber einander hemmen oder bekämpfen?

Und wenn Sie innerlich Kontakt mit den Einzelnen aufnehmen: Was sagen die genau? Was sind die Kernbotschaften der Einzelnen? Schreiben Sie diese in Sprechblasen dazu.

Vielleicht finden Sie für einzelne Teammitglieder auch Symbole oder Gesichtsausdrücke, die deren Qualität verdeutlichen.

Wenn Sie diese Skizze fertig haben, betrachten Sie das Blatt eine Weile und beobachten Sie Ihre innere Resonanz auf folgende Fragen (ohne an dem Blatt etwas zu verändern):

1. Was fällt Ihnen auf, wenn Sie Ihre Skizze anschauen?
2. Wen von den Teammitgliedern mögen Sie, wen nicht?
3. Wer ist Ihnen gut bekannt, ein innerer ‹alter Hase›?
4. Was würden Sie sagen: Wo liegt der Hund begraben, welches Teammitglied oder welche Kombination macht die Situation schwer?
5. Wenn das Team ein Theaterstück aufführen würde: Wie wäre der Titel? Und wer führt Regie?»

Wenn Sie mögen, können Sie die Skizze natürlich auch einem anderen zeigen und erklären. Wichtig ist, jemanden zu finden und so zu instruieren, dass er Ihnen interessiert zuhört, ohne Ihre inneren Teammitglieder zu bewerten. Besonders wichtig: ohne Ihnen Lösungen vorzuschlagen, denn innere Teammitglieder wollen nicht gelöst, sondern erlöst werden – das ist eine psychische Integrationsleistung, keine Reparaturaufgabe. Interessant kann allerdings sein, auch dem Zuhörer die Fragen 1, 4 und 5 vom Ende der Besinnung zu stellen und seine Resonanz darauf zu erfahren.

Falls Ihnen das Instrument «Inneres Team» als Introspektionshilfe liegt, haben Sie möglicherweise schon den ersten Millimeter Weg hinter sich, denn Sie haben ein wenig mehr Bewusstheit erlangt über das, was in Ihnen ist und wirkt.

4.3.3 Schritt 2: Verständnis dafür entwickeln, warum es ist, wie es ist

Man kann schwerlich mal eben schnell entschlüsseln, was genau dazu geführt hat, dass man nun dort steht, wo man steht. Schließlich hat es dazu eine ganze Weile gebraucht, und die unterschiedlichsten Einflüsse haben darauf eingewirkt. Einen Teil hat man selbst beigesteuert, davon wiederum einen kleinen Anteil bewusst und gewollt. Dazu sagt Ruth Cohn (1990, S. 120): «Menschliche Erfahrungen, Verhalten und Kommunikation unterliegen interaktionellen und universellen Gesetzen. Geschehnisse sind keine isolierten Begebenheiten, sondern bedingen einander in Vergangenheit, Gegenwart und Zukunft.»

Zweierlei prägt die menschliche Entwicklung: *was* uns geschieht und *wie* wir das Geschehene verarbeiten. Die persönlichen Verarbeitungsmodi sind das, was uns auszeichnet, unser Charakter. Denn sie gestalten die Erfahrungen, die wir machen; sie sind der aktive Part in unserem Schicksal. Was nicht bedeutet, dass wir uns bewusst aussuchen, wie wir Situationen erfahren, verarbeiten, interpretieren. Wir tun das vielmehr «eigenartig», auf die uns eigene Art und Weise; und diese uns eigene Weise hat einen guten Grund. Der gute Grund liegt nicht immer im Hier und Jetzt: Oft und gerade dann, wenn wir anderen und uns selbst ein Rätsel sind, unlogisch und irrational erscheinen («Wieso bin ich bloß so aufgeregt, es geht doch um nichts?»), liegt er in der Vergangenheit.

Es wäre überheblich, wir würden uns überheben, hätten wir den Anspruch, ein Buch könne Ihnen die tausend guten Gründe für Ihre individuelle Entwicklung ins Bewusstsein rufen. Das ist auch gar nicht unser Ziel.

Vielmehr geht es uns darum, Sie anzuregen, überhaupt über die Herkunft der inneren Teammitglieder nachzudenken und eine liebevolle, mindestens interessierte Haltung sich selbst gegenüber einzunehmen – auch und besonders da, wo Sie sich selbst zunächst als vernagelt, peinlich oder unprofessionell empfinden. Alle inneren Teammitglieder haben einen guten Grund für ihre Existenz, sonst wären sie nicht da. Und deswegen erheben sie Anspruch auf Gehör. Wenn man versucht, sie wegzudrücken, rebellieren sie und torpedieren Sie sogar. Schon allein deswegen: Hören Sie zu, was die inneren Teammitglieder zu sagen haben, *besonders die ungeliebten,* und lernen Sie alle zu verstehen. Möglicherweise sogar zu mögen. Wie bei einem richtigen Team liegt darin die größte Chance, sie zu Teamplayern zu machen. Nur wer sich integriert und akzeptiert fühlt, lässt sich führen.

Übung
Interview mit inneren Teammitgliedern

Jetzt brauchen Sie nochmals circa 15 Minuten. Wenn Sie mit dem Inneren Team als Werkzeug gut zurechtgekommen sind, können Sie nun damit weiterarbeiten. Treten Sie dafür in einen inneren Dialog mit einzelnen inneren Teammitgliedern. Interviewen Sie besonders Ihre befremdlichen, noch fremden Teamer. Antworten bekommen Sie, wenn es Ihnen gelingt, in Gedanken oder psychodramatisch die Rolle mit dem Befragten zu tauschen, sich in ihn oder sie hineinzuversetzen. Was könnte zum Beispiel der innere Mickerling, der denkt, «Andere können es ohnehin besser», antworten, wenn Sie ihn fragen:

- Erzähle mal mehr über dich, was bist du für einer?
- Wie kommst du darauf, dass ... (zum Beispiel andere «es» besser können)? Welche Erfahrungen hast du gemacht? Was hast du zu hören bekommen, an welche Aussagen von anderen über dich erinnerst du dich?
- Was genau ist deine Befürchtung? Was wäre, wenn sie einträfe?
- Wofür sorgst du, warum bist du da?
- Wie ist dein Dasein im Inneren Team, wie fühlst du dich: gesehen, gehört, wertgeschätzt?
- Was brauchst du, um dich heimisch zu fühlen?

Die Methode des inneren Dialogs erfordert, wenn man sie ohne Unterstützung durch einen Coach durchführen will, relativ viel Introspektionsfähigkeit und Übung. Falls es Ihnen gelingt, beobachten Sie, was Sie erleben, wenn Sie sich in ein inneres Teammitglied einfühlen, und wie Sie darauf reagieren.

Eine andere Methode, Vorstellungen über die Herkunft der persönlichen Verarbeitungsmodi zu entwickeln, besteht im Nachdenken über bisherige Erfahrungen in thematisch relevanten Situationen. Thematisch relevant für das Thema «Vortragen» sind Erfahrungen, die damit zu tun haben, im Mittelpunkt zu stehen, vor anderen zu sprechen, Bühnenerfahrungen im weitesten Sinn. Denkanstöße kann die folgende Übung geben.

Übung

Die eigene Geschichte als Redner oder Rednerin

Wenn Sie mögen, können Sie sich vor der Übung einen Augenblick Zeit nehmen, um Ihre Aufmerksamkeit nach innen zu lenken, ruhig und achtsam zu werden. Was Sie außerdem brauchen, ist ein Blatt Papier, ein Stift und circa eine halbe Stunde Zeit.

1. Familie

Wenn Sie sich an Ihre Herkunftsfamilie erinnern: Wer gehört dazu? Skizzieren Sie alle wichtigen (damals anwesenden und fehlenden relevanten Familienmitglieder) auf dem Papier, und zwar so nahe zueinander oder entfernt voneinander stehend, wie es Ihnen momentan in der Betrachtung der Vergangenheit als «wahr» erscheint. Sie können Symbole für die Qualität der Beziehungen einzeichnen.

Wenn Sie sich selbst anschauen: Wie ist Ihre Rolle im System Familie? Wofür waren Sie zuständig, was war Ihr Part, wofür haben Sie gesorgt? Notieren Sie sich Schlagworte zu Ihren Eindrücken.

Erinnern Sie sich an konkrete Situationen oder einfach an Ihre Gefühle, wenn es darum ging, sich zu zeigen, vor anderen zu stehen oder zu sprechen, im Mittelpunkt zu stehen: Welche Botschaften, welche Aufträge haben Sie ausgesprochen oder unausgesprochen von jedem einzelnen Familienmitglied (anwesend oder nicht!) empfangen? Geben Sie Ihren Familienmitgliedern auf dem Papier entsprechende Sprechblasen mit den Kernaussagen über Sie oder über das «Im-Mittelpunkt-Stehen» im Allgemeinen. Dort könnte zum Beispiel stehen «Sei etwas ganz Besonderes!» und «Spiel dich nicht so auf!» – übrigens durchaus bei derselben Person. Welche dieser Botschaften hat der kleine Junge, das kleine Mädchen, das Sie waren, besonders aufgenommen? Welche haben ihn oder sie verwirrt, welche gestärkt, welche geschwächt?

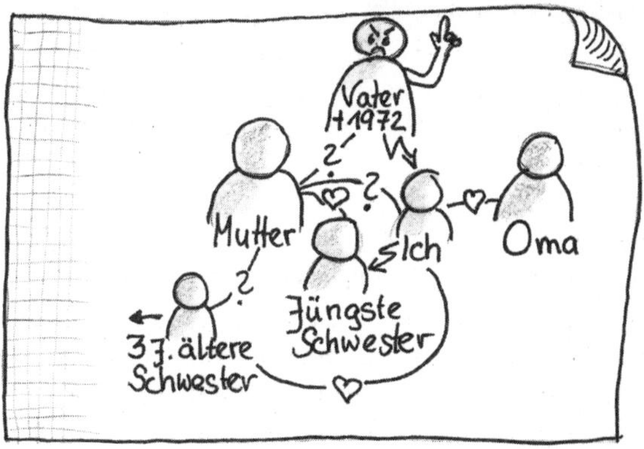

Skizze: Familienatom

2. Schule und Ausbildung
Wenn Sie sich an Ihre Schulzeit erinnern: Was war Ihre Rolle in der Klasse? Was haben Sie in der Schule gelernt: über sich selbst, Ihre Talente und Begrenzungen und Ihren Wert, Ihre Position im System? Was darüber, wie man mit eigenen und fremden Schwächen, Empfindlichkeiten, Blößen umgeht? Machen Sie sich auch dazu Notizen.
Und wie sind Sie als Rednerin, als Redner «angekommen»? An welche Erfahrungen erinnern Sie sich mit Referaten, Theaterstücken, Reden?
Gibt es weitere wichtige Erlebnisse im Verein, in der Kirche oder einfach im Freundeskreis, die Ihr Selbstbild als Rednerin oder Redner beeinflusst haben?
Sie im Mittelpunkt, auf der Bühne, im Fokus der Aufmerksamkeit anderer: Wie war das in Ihrer weiteren Ausbildung, in der Lehre, im Studium? Vielleicht waren Sie im Ausland und haben dort besondere Erfahrungen gemacht? Welche Spuren hat das hinterlassen?

> 3. Heute
> Und heute? Welche Position in welchem (beruflichen, gesellschaftlichen, familiären) System haben Sie sich ausgesucht? Ist es eine Vorder- oder Hintergrundsposition? Was hat Sie diese Position wählen lassen? Und wenn Sie sich in dieser Position anderen zeigen, sich in den Mittelpunkt stellen, indem Sie zum Beispiel eine Rede halten: Was erleben Sie dann? Und was davon ist altbekannt? Wenn Sie Ihr Blatt betrachten: Was von Ihrem heutigen Erleben in Vortragssituationen macht Sinn, wenn Sie Ihre Vergangenheit einbeziehen, und hat einen guten Grund? (Falls es keinen Sinn macht, haben Sie versteckte oder geleugnete Botschaften und Aufträge noch nicht zu fassen bekommen.) Welche alten «Aufträge» erfüllen Sie? Welche Botschaften hören Sie auch heute noch, eingeflüstert jetzt durch ein inneres Teammitglied? Wie strukturieren die alten Erfahrungen das heutige Erleben?
> Und wenn Sie auf Ihr aktuelles Umfeld schauen: Welche Anforderungen herrschen dort real? Welche Normen und Erwartungen an Sie gibt es? Und welche nicht?
> Welche Ähnlichkeiten gibt es mit Ihren alten Systemen, welche Unterschiede?

Möglicherweise haben Sie nun die eine oder andere Idee, was Ihr Erleben als Redner geprägt hat, welche Einflüsse der Vergangenheit heute noch wirksam sind. Vielleicht sind Sie erleichtert, vielleicht erschrocken. Vielleicht geht Ihnen solches Herumstochern im Nebel der Vergangenheit auch schlicht auf die Nerven. Wo Sie auch gelandet sein mögen, hoffentlich bleibt eines hängen:

Wie immer Ihr Erleben in Vortragssituationen ist, es ist niemals «unsinnig», niemals grundlos. In der Vortragssituation ist ein einziger Blick auf Sie wirklich entscheidend, und das ist Ihr eigener. Wenn dieser Blick sehr streng oder gar verächtlich ist, wenn Sie sich selbst keine Chance einräumen – dann ist das fatal. Bestenfalls ist dies ungeheuer anstrengend, schlimmstenfalls macht es jede gute Vorbereitung und Expertise zunichte.

Sich nur aus dem Hier und Jetzt verstehen zu wollen ist nicht hilfreich. Menschen sind keine Maschinen. Für Vortragende gibt es vieles, was sie in einem ganz technischen, pragmatischen Sinn einfach üben können (auch viele Anregungen aus diesem Buch), wo es um Handwerkszeug geht. Persönliche Präsenz gehört nicht dazu. Sollten Sie es auf Dauer alleine nicht schaffen, einen großzügigeren Blick auf sich selbst zu entwickeln, dann holen Sie sich Unterstützung durch andere, falls Sie häufig präsentieren müssen oder wollen. Der Preis, den Sie sonst zahlen, ist einfach zu hoch.

4.3.4 Schritt 3: Das Bestehende akzeptieren und neue Möglichkeiten sehen lernen

Noch einmal wollen wir Ruth Cohn (1990, S. 120) zitieren: «Freie Entscheidung geschieht innerhalb bedingender innerer und äußerer Grenzen. Erweiterung dieser Grenzen ist möglich.»

In Präsentationstrainings machen Teilnehmer häufig zwei Erfahrungen, die bei der Akzeptanz so ungeliebter Empfindungen wie zum Beispiel Lampenfieber helfen: Erstens sehen sie, dass die anderen – und scheinen sie noch so selbstsicher und kompetent – ebenfalls unsicher sind. Und zweitens entdecken sie, dass dieses «Menscheln» den Zuhörer meist gar nicht stört.

Diese Erfahrung können wir Ihnen hier leider nicht vermitteln, wir können nur von ihr berichten. Und wir können ein wenig aus unserem Nähkästchen plaudern: Wir sind seit mehr als zehn Jahren Trainerinnen. Obwohl es sehr viel weniger geworden ist: Wir sind immer wieder aufgeregt am Beginn von Seminaren oder beim Vortrag. Manchmal weniger, manchmal mehr. Manchmal merken es die Teilnehmer, manchmal nicht. Hier ein «todsicherer» Tipp, wie Sie Ihr Lampenfieber so richtig anheizen und fast zur Rotglut bringen können: Wenn Sie ohnehin schon aufgeregt sind, dann halten Sie sich unbedingt vor Augen: «You never get a second chance to make a first impression.» Falls Sie nun zwischen Harakiri und beruflicher Umorientierung schwanken, hat er funktioniert. Wir haben es selbst ausprobiert …

Das Einzige, was wirklich auf Dauer hilft, ist die Haltung: «Es ist erleichternd, wenn es aufregend sein darf.» Oder anders: Wenn Sie, wie so viele andere, Lampenfieber haben, müssen Sie es ja nicht gleich genießen (das ist dann für Fortgeschrittene), aber der Versuch, dieses Gefühl zu unterdrücken, raubt Ihnen zusätzlich Energie, die Sie für den Vortrag brauchen, und macht Sie hölzern. Der Anspruch, nicht aufgeregt zu sein, schwächt Sie und macht Sie aufgeregter, weil damit automatisch kein wohlwollender, sondern ein – und zwar Ihr – fehlerfixierter Blick auf Sie fällt.

Es hilft nichts: Wenn Sie vor anderen stehen und sprechen wollen und wenn Sie das professionell *und* lebendig tun möchten, dann gehört Lampenfieber (respektive Ängste, Unsicherheiten, Aufregung) nun einmal dazu. Mag sein, dass es durch Erfahrung weniger wird, aber rechnen Sie damit, dass es Sie immer wieder erwischt. Das jedenfalls ist unsere eigene Erfahrung; und unsere Kollegen berichten auch nichts anderes.

Wenn es Ihnen gelingt, Ihre innere Ausgangslage im Vortrag zu akzeptieren, verändert sie sich damit schon. Sie stärken damit bereits Ihre Persönliche Präsenz.

Wenn Sie sich von dieser Grundlage aus auf dem Feld der Persönlichen Präsenz weiterentwickeln möchten, haben wir dazu zwei Anregungen. Falls Sie Ihr Inneres Team erhoben und skizziert haben, baut die erste Anregung darauf auf.

Übung
Innere Teamentwicklung initiieren

Sie brauchen die bereits angefertigte Skizze Ihres Inneren Teams und circa eine halbe Stunde Zeit. Legen Sie Ihre Skizze mit den inneren Teammitgliedern vor sich hin. Während Sie diese betrachten, überlegen Sie:

Wen von den inneren Teammitgliedern mögen und akzeptieren Sie am wenigsten? Was bräuchte dieses Teammitglied, was müsste es hören, damit es sich «beruhigt»? Falls Sie Lampenfieber haben: Schauen Sie doch einmal, was dieses Teammitglied mit dem Lampenfieber zu tun hat. Es kann gut sein, dass es der innere «Hauptverantwortliche» dafür ist.

Wenn es einen Teamentwickler für Innere Teams geben würde: Um wen müsste dieser sich kümmern? Wer von den inneren Teammitgliedern müsste integriert oder umgestellt werden, wer neu eingestellt oder gestärkt? (Allerdings: Rauswurf verboten, da unmöglich. Die Verdrängten werden immer machtvoller.)

Auch bei dieser Übung ist es gut, wenn Sie jemanden haben, mit dem Sie sich darüber austauschen können. Was würde der andere für eine Teamentwicklung vorschlagen?

Wenn Sie Ideen für eine «Neueinstellung» (eine neue Einstellung also) haben: Wie heißt das neue Teammitglied? Was sagt es? Wie sagt es das? Was erleben Sie, wenn Sie sich vorstellen, Sie hätten dieses Teammitglied zur Verfügung?

Bekommen Sie einen Zipfel des «Neuen» zu fassen, haben Sie ihn oder sie bereits in psychischen Spurenelementen zur Verfügung? Wenn ja: Wie können Sie dieses Teammitglied in Zukunft stärken und «trainieren»? Wenn nein: Wer könnte Ihnen helfen, es zu finden und zu entwickeln?

Wenn sich Neueinstellungen als besonders wichtig erweisen sollten, bringen Sie doch einmal die «Neuen» zu Papier: Wie heißen sie, wie sehen sie aus, was müssten sie sagen, um hilfreich zu sein? Was ist ihre zentrale Botschaft?

Entwurf einer neuen Einstellung

Wenn Sie in Ihrem Inneren Team eine Umstellung und verbesserte Zusammenarbeit wollen: Wie kann das gehen? Es kann sein, dass Sie dafür mit allen oder einzelnen Teammitgliedern regelrecht verhandeln müssen (zur Einberufung einer inneren Teamkonferenz siehe Schulz von Thun 2004a, S. 84 ff.).

Neben allen detaillierten Entwicklungsplänen: Was ist Ihr wichtigster Entwicklungsschritt? Und wie können Sie den tun?

Die zweite Anregung, um persönliche Entwicklungsrichtungen zu finden, bietet das Werte- und Entwicklungsquadrat (Helwig und Schulz von Thun, zitiert nach Schulz von Thun 1989).

Exkurs: Das Werte- und Entwicklungsquadrat

Die Grundidee des Wertequadrats ist eine dialektische: Werte, Tugenden, positive Charakterzüge kippen ins Negative, werden zur «entwertenden Übertreibung» (Schulz von Thun 1989), wenn man nicht auch die komplementäre «Schwestertugend» zur Verfügung hat. Diese Idee findet sich auch in den «Antipoden» des Inneren Teams wieder: Jedes innere Teammitglied hat einen Zwilling, der entweder erlaubt oder abgespalten wird.

Wenn ich als Lehrer ausschließlich unterstützend und akzeptierend bin, ohne konfrontieren und fordern zu können, wird die Akzeptanz zur Anbiederei oder Selbstaufgabe des Lehrers – mit der Folge der Orientierungslosigkeit für die Schüler, des Martyriums und Autoritätsverlustes für den Lehrer. Wer hingegen ständig konfrontiert und fordert, ohne auch akzeptierend und unterstützend zu sein, wird zum aggressiven Richter – mit der Folge, dass die Schüler Angst haben und in ihrem Selbstwertgefühl Schaden nehmen können. Für diesen Lehrer ist das Leben ein Kampf, in dem es gilt, gut gerüstet die Oberhand zu behalten. Dauerhaft einen Panzer zu tragen ist aber anstrengend und nicht besonders freudvoll.

Formal – so entsteht das Quadrat – erscheinen die beiden komplementären Werte oben und die jeweiligen entwertenden Übertreibungen darunter. Als Beispiel nehmen wir die komplementären Werte (nicht nur) für Redner «Authentizität» und «Situationsbewusstsein», die sich in Ruth Cohns (1990) berühmter Forderung wiederfinden: «Sei authentisch und selektiv in deinen Kommunikationen.»

Authentizität Im Kontakt mit dem Inneren Team, auch der «Hintermannschaft», mit eigenem Interesse am und Draht zum Vortragsthema	**Situationsbewusstsein** Wissen um Rollenerwartungen, Ansprüche des Kontexts, «Kodex» der Zuhörerschaft, Ziel der Veranstaltung
Seelenstriptease kindliche Unverblümtheit	**militärische Disziplin** Roboterhaftigkeit, maskenhafte «Nachrichtensprecherart»

Folgen für die Zuhörer:

Entzug der Autorität und des Vertrauens; Rollentausch: Zuhörer sorgen sich um den Redner; Chaos	Langeweile, «Aussteigen», inneres Unbeteiligtsein, Kontaktlosigkeit

Ein Wertequadrat wird zum Entwicklungsquadrat, wenn man es ergänzt durch den Gedanken der Entwicklungsrichtung. Wer bei sich selbst etwas feststellt, das ihn stört (also in einem unteren Quadranten, sagen wir: links, gelandet ist), kann zunächst schauen, was das komplette, ebenfalls entwertend übertriebene Gegenstück dazu wäre. Was ist das übertriebene Gegenteil von strengem Perfektionismus zum Beispiel, unter dem ich leide, weil er mir übergroßes Lampenfieber beschert?

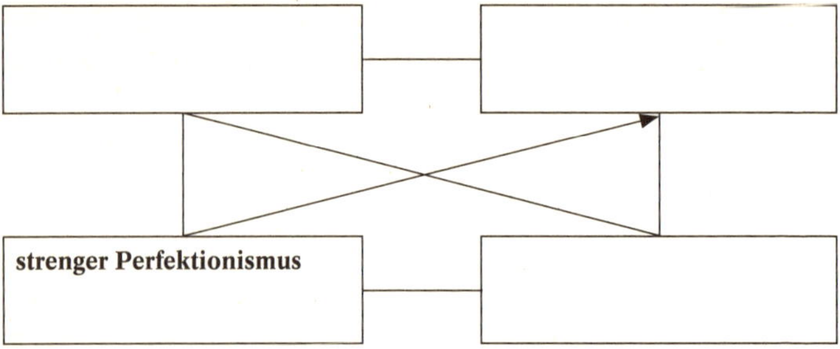

Wenn Sie die spiegelbildliche Übertreibung gefunden haben, tragen Sie sie unten rechts ein. Nun gilt es, die positiven Kerne der beiden Extreme zu finden. Wovon sind die beiden Übertreibungen jeweils «des Guten zu viel»? Tragen Sie die beiden komplementären Tugenden in die entsprechenden oberen Quadranten ein. Vielleicht entsteht etwa folgendes Entwicklungsquadrat:

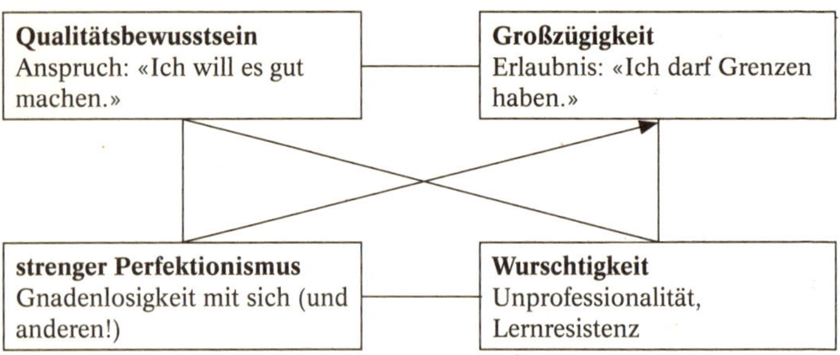

Folgen für die Zuhörer:

verhalten sich streng oder bewundernd gegenüber dem Redner; bekommen Angst, sich mit Schwächen zu zeigen	Wenig Risikobereitschaft, Lethargie oder Ärger

Das Werte- und Entwicklungsquadrat enthält einige Implikationen, die bei der eigenen Entwicklung und bei der Unterstützung anderer in ihrer Entwicklung außerordentlich hilfreich sein können:

1. Negatives gehört nicht ausgemerzt, sondern integriert. Integration geschieht, indem ich etwas hinzuentwickle, sodass der positive Kern der «entwertenden Übertreibung» wieder sichtbar wird.
   Dieser Gedanke ist deswegen hilfreich, weil der Versuch des «Ausmerzens» (das Verdrängen innerer Teammitglieder) das Ausgeschlossene umso machtvoller macht. Das Entwicklungsquadrat bietet eine alternative Strategie des Umgangs mit ungeliebten Eigenanteilen an.
2. Wenn es meine Aufgabe ist, andere in ihrer Entwicklung zu unterstützen, kann mich das Entwicklungsquadrat besser Potenziale und Lernbedarf gleichermaßen erkennen lassen. Außerdem dient es als Formulierungshilfe sowohl beim akzeptierenden als auch konfrontierenden Entwicklungsfeedback. Eine Führungskraft könnte zum Beispiel einem Mitarbeiter sagen: «Was Sie wirklich gut können, ist, Ihren Standpunkt vertreten, eine Meinung haben und sagen. Damit bereichern Sie das Team, ein Duckmäuser sind Sie wirklich nicht. Ich schätze Ihre Ehrlichkeit. Allerdings: Manchmal übertreiben Sie's, da tun Sie des Guten zu viel und merken nicht, wenn Sie einen anderen überrollen und kränken. Was ich mir wünsche, ist ausdrücklich nicht, dass Sie mit Ihrer Meinung hinterm Berg halten, da ginge mir und dem Team etwas Wertvolles verloren, sondern dass Sie sich mehr darum kümmern, wie das Gesagte beim anderen ankommt, und dass Sie Formulierungen finden, die deutlich, aber nicht abwertend sind. Ich bin sogar überzeugt davon, dass auch Sie selbst davon profitieren können, weil Sie sich dann nicht mehr – wie es jetzt teilweise passiert – um die eigene Wirkung bringen, weil die anderen verprellt sind. Können Sie sich etwas darunter vorstellen, wissen Sie, was ich meine?»
3. Für den Vortragenden gilt: Was ich vorlebe, hat Sogwirkung. Ich setze (meist unausgesprochen) eine Norm, indem ich einfach nur bin, wie ich bin. Je mehr ich selbst komplementäre Werte vorlebe, desto mehr Raum eröffne ich für unterschiedlichste Werte, innere Teammitglieder, Gedanken beim Zuhörer.
   Je stärker ich umgekehrt «einseitig» bin, desto mehr treibe ich ins

Extrem: Die Wahrscheinlichkeit ist groß, dass die Zuhörer dann entweder

- sich mit meiner entwertenden Übertreibung verbünden (wir also gemeinsam «Nur die Harten kommen in den Garten» oder «Wir sind ein chaotischer Haufen» spielen) oder
- ihrerseits in das entwertende Gegenteil kippen (dann habe ich die Gruppe gegen mich, und wir beide repräsentieren komplementäre Übertreibungen) oder
- sich spalten: Ich polarisiere, es entstehen zwei Gruppen – die, die für, und die, die gegen mich sind.

  Innere Integration hingegen fördert äußere Vielfalt der Meinungen und Tiefe des Erlebens, weil weniger abgespalten und entwertet werden muss.

  Der Dalai Lama (2001) sagt: «In jedem Menschen existieren, glaube ich, gegenläufige Kräfte. Wenn wir sie aber aneinander annähern und einen Ausgleich zwischen ihnen finden können, sind wir einen Schritt vorangekommen.»

Zurück zum Schritt 3 der persönlichen Weiterentwicklung: Wie können Sie dafür das Entwicklungsquadrat nutzen?

> ***Übung***
> ***Anregungen für Weiterentwicklung entdecken mit dem Entwicklungsquadrat***
> Reservieren Sie sich für diese Übung 15 Minuten.
>
> Welche «entwertenden Übertreibungen» fallen Ihnen ein, wenn Sie an sich als Redner denken? Dafür erinnern Sie sich wiederum an Feedback von anderen oder aber an ungeliebte innere Teammitglieder.
>
> Nun konstruieren Sie ein Wertequadrat, wobei Sie mit der von Ihnen registrierten entwertenden Übertreibung unten links beginnen. Das Feld oben rechts zeigt dann Ihre persönliche Entwicklungsrichtung an.

Falls Sie die Erfahrung machen sollten, dass dieses Quadrat theoretisch leicht zu verstehen, aber persönlich und konkret schwer zu konstruieren ist, wäre das nicht ungewöhnlich. Stimmige Entwicklungsquadrate zu konstruieren ist eine Sache der Übung. Wichtig ist, dass in den oberen Quadranten unbedingt positive, erstrebenswerte Tugenden, Fähigkeiten oder Haltungen stehen, nie negative (sonst haben Sie die komplementäre Tugend schon in ihrer entwertenden Übertreibung betrachtet). Lassen Sie eventuell jemand anderen auf Ihr Quadrat schauen und es auf logische Konsistenz überprüfen.

4.3.5 Schritt 4: Kalkulierte Risiken eingehen und Unterstützung suchen

Drei Meilensteine haben Sie hinter sich, wenn Sie hier angekommen sind: Sie haben sich selbst als Redner ein wenig mehr kennen gelernt, Erkenntnisse gewonnen, warum Sie ein solcher Vortragender geworden sind, hoffentlich einen Millimeter mehr Akzeptanz erreicht und möglicherweise auch Ideen entwickelt, wohin die Reise gehen könnte. Vielleicht haben Sie unterwegs sogar Abschied genommen von Vorstellungen, wie man sein sollte, wie Sie sein müssten, um als Redner bestehen zu können.

Jetzt geht es darum, sich mit einer veränderten Haltung, einem anderen Blick auf sich selbst und das Reden in der Realität auszuprobieren und Erfahrungen zu sammeln. Hilfreich sind dabei Neugier, Experimentierbereitschaft und ein langer Atem. Und Sie brauchen einen einigermaßen geschützten Rahmen, der geeignet ist für kalkulierte Risiken. Manchmal muss man kreativ werden, um sich einen solchen Rahmen zu schaffen. Als Erstes müssen Sie natürlich überlegen: Was zeichnet für Sie geschützte (Vortrags-)Situationen aus? Wo ist das Lampenfieber, die Starre, oder was auch immer Ihre Achillesferse ist, am aushaltbarsten?

Für mich zum Beispiel sind hauptsächlich zwei Dinge angstreduzierend: ein geringes Honorar und wenig Zuhörer. Schlecht besuchte Volkshochschulkurse sind unbestritten finanziell nicht sonderlich attraktiv, aber für Menschen mit ähnlichem Strickmuster wie meinem ein wunderbarer Raum, um Neues auszuprobieren und gewohnte Pfade zu verlassen. Oder um überhaupt anzufangen, die Redner-Rolle einzunehmen. Unter Umständen ist das also eine für alle Beteiligten lohnende Investition!

Sehr gewinnbringend sind für die meisten Menschen auch Möglichkeiten zum «Trockenschwimmen» im Freundeskreis. Dabei schlagen Sie zwei Fliegen mit einer Klappe: Der Rahmen ist geschützt, und Sie bekommen auch noch Rückmeldung. Ich hatte vor kurzem den bereits erwähnten Vortrag auf einem Ärztesymposium zu halten, vor dem ich wirklich aufgeregt war (viele, viele Zuhörer!). Ich habe also eine befreundete Psychiaterin gefragt, ob ich ihr meinen Vortrag einmal zur Probe halten darf und sie mir als Ärztin dann sagt, wie er bei ihr ankommt und ob ich gegen irgendwelche ungeahnten und ungeschriebenen Regeln bei Ärztekongressen verstoße. Ich hatte Glück: Eine bessere Trockenschwimmmeisterin könnte ich mir nicht denken (danke, Susanne!). Was sie für mich so «richtig» gemacht hat, war: Sie ist erstens und hauptsächlich wohlwollend («Toll! Super anregend, und du bist so …»), zweitens und homöopathisch kritisch («Zwei kleine Punkte hätte ich noch …») und drittens gleichzeitig aufklärend und zum Regelverstoß ermutigend («Overhead statt Beamer wird außer dir zwar wohl keiner machen, und die anderen werden circa zwanzigmal mehr Charts haben, auch wird niemand frei sprechen – aber genau das macht Ärztekongresse manchmal so mühsam!»).

Der Prototyp eines geschützten Rahmens mit gleichzeitigem intensivem Feedback ist für viele ein Rhetoriktraining. Besonders gewinnbringend sind Seminare, wo Sie nicht «korrigiert» werden, wenn Sie von gängigen So-spricht-ein-guter-Redner-Klischees abweichen, sondern differenziert zu hören bekommen, was Ihre Art zu sprechen in anderen auslöst (und was übrigens kein Video der Welt zeigen kann). Aber auch Freunde oder Kollegen können «kollegial coachen» und gutes Feedback geben, wenn Sie Ihnen dafür ein bisschen «Gebrauchsanweisung» liefern. Wie das geht, dazu mehr auf Seite 205 ff.: «So holen Sie sich konstruktives Feedback.»

Wenn der Rahmen stimmt und Sie vielleicht darüber hinaus unterstützende (wohlwollende *und* kritische) Rückmelder gefunden haben, probieren Sie aus, experimentieren Sie! Warten Sie mit dem Ausprobieren nicht auf den Tag der Erweckung, an dem Sie keine Angst mehr haben und stattdessen Vorfreude in sich aufkeimen spüren. Pragmatischer und realistischer ist es für die meisten (die Autorinnen zum Beispiel), trotz und mit der Angst oder Aufregung zu sprechen. Platt, aber wahr: Übung kommt nur mit der Übung, Erfahrung wächst nur durch Erfahrung. Genau jetzt brauchen Sie den langen Atem (und unter Umständen einen Coach). Sie müssen sich zugestehen, langsam zu lernen, Sie müssen es aushalten, manchmal theoretisch klug und praktisch vernagelt zu sein – zu wissen, wie es «besser» ginge, und trotzdem nicht zu können. Und Sie müssen es sich verzeihen, wenn Sie den Kontakt zu sich, dem Thema oder den Zuhörern immer wieder einmal verlieren.

Nur so können Sie schließlich herausfinden, wie Ihr Stil, eine für Sie und Ihre Rolle innerlich und äußerlich stimmige Art der Präsentation aussehen und klingen könnte. Und ob es Ihnen am Ende nicht sogar Spaß machen kann, das, was Sie zu sagen haben, auszudrücken und Ihr Publikum damit zu erreichen.

5. Kernkompetenz Kontakt

«Das Antlitz spricht. Die Erscheinung des Antlitzes ist die erste Rede. Sprechen ist vor allem anderen diese Weise, hinter seiner Erscheinung, hinter seiner Form hervorzukommen, eine Eröffnung in der Eröffnung.» EMMANUEL LÉVINAS

5.1 Was ist damit gemeint?

Warum, mögen Sie sich fragen, soll der Kontakt zum Zuhörer ein wesentliches Kompetenzfeld für Redner sein, wo doch gerade im Vortrag vordergründig gar kein Kontakt entsteht? Das Besondere an Vortragssituationen ist ja, dass – obgleich viele Menschen in einem Raum sind – nur einer redet und die anderen «bloß» zuhören. Wir haben es also mit einer monologisch angelegten Situation zu tun, in der zunächst einmal kein Platz für Dialog zu sein scheint, das heißt für Austausch, Aufeinander-Reagieren, Einander-Mitteilen. Man könnte deshalb meinen, Kontakt sei ein Faktor, der außer Acht gelassen werden kann!

Aber genau das Gegenteil ist der Fall: Es geschieht immer etwas zwischen Vortragendem und der Zuhörerschaft, ob nun vorgesehen und forciert oder nicht. Seit Paul Watzlawicks Forschungen in den 1960er Jahren (Watzlawick 1985, S. 53ff.) wissen wir: Wenn Menschen interagieren, stellen sie immer eine Beziehung zueinander her – ob sie wollen oder nicht, mit Worten oder ohne. Und weiter: In einer Vortragssituation hat die Art der Beziehung immer einen Einfluss auf die Zuhör- und Lernbereitschaft der Rezipienten.

Daher gilt es, als Redner diesen Kontakt, der sowieso «irgendwie» da ist, so zu gestalten, dass er einem selbst, den Zuhörern und dem Ziel des Vortrags förderlich ist. Leider werden aber oft schon früh die Weichen in die entgegengesetzte Richtung gestellt: Da empfinden Redner die Zuhörerschaft als eine bedrohliche schwarze Masse, eine Anhäufung von Menschen, die dasitzen, um zu richten und zu urteilen, ob der Redner «gut» war. Der Begriff «Lampenfieber» greift die Vorstellung auf, dass Kontaktlosigkeit auch Angst macht: Er stammt aus der Welt des Theaters, wo der Darsteller auf der Bühne im Scheinwerferlicht geblendet wird und die Reaktion des Publikums im Dunkeln bleibt. Kein Wunder also, wenn eine Einstellung entsteht nach dem Motto: «Wären nur die Zuhörer nicht da, dann wäre alles halb so wild!» Mit einer solchen Grundhaltung wird es schwer fallen, einen lebendigen Vortrag zu halten, denn man ist so innerlich mit der eigenen Angst beschäftigt und äußerlich mit dem «Bezwingen» der Zuhörer.

Die Frage, die ich mir als Redner in diesem Kapitel stelle, lautet: **Für wen?** Was ist das für eine Zielgruppe? Was mag deren Bezug zum Thema sein? Ich muss als Rednerin irgendeine Art von Interesse auch an den Zuhörern haben, mich in deren Welt hineindenken, den richtigen Punkt versuchen zu finden, wo ich sie «abholen» kann. Somit sind auch die Signale aus der Zuhörerschaft keine Störung, sondern willkommene Möglichkeiten zu Kontakt.

Übung
Mit den Augen meiner Zuhörer

Eine gute allererste Vorbereitung zur Planung und Ausrichtung des Vortrags auf die Zuhörer hin – für die Sie ungefähr 15 Minuten benötigen – ist es, sich für einen Moment in diese hineinzuversetzen. Dazu Folgendes:

- Wählen Sie einen bevorstehenden Vortrag, auf den Sie sich noch vorbereiten müssen.
- Setzen Sie sich in Ruhe irgendwohin. Wenn es Ihnen möglich ist, nehmen Sie einen realen Zuhörerplatz in dem realen Vortragsraum ein. Sorgen Sie dafür, dass Sie mindestens zehn Minuten ungestört bleiben.
- Wenn Sie die Zuhörer persönlich kennen, wählen Sie einen konkreten Schüler, Kollegen, Teilnehmer ... aus, in dessen Haut Sie einmal schlüpfen. Dieser sollte ein ganz typischer, nicht ein besonders auffallender sein. (Sie können diese Übung auch variieren: Wählen Sie einen schwierigen Zuhörer oder den wichtigsten – Chef, Jubilar, Auftraggeber ...) Kennen Sie die Zuhörer noch nicht, dann fügen Sie alle Informationen, die Sie aus anderen, ähnlichen Kontexten, aus der Auftragsklärung und aus Ihrer

Lebenserfahrung haben, zusammen und malen sich einen «typischen» Zuhörer aus.

- Verlassen Sie nun allmählich Ihre eigenen Gedanken und Stimmungen und versetzen Sie sich nach und nach in diesen einen Ihrer Zuhörer oder Zuhörerinnen. Wie alt bin ich, der Zuhörer? Was tue ich privat und beruflich? (Füllen Sie das, was Sie nicht wissen, mit Ihrer Phantasie aus!)
- Führen Sie sich möglichst lebendig vor Augen: Wie bin ich, der Zuhörer, hierher gekommen? Warum sitze ich überhaupt hier? Wie stehe ich zu dem Gesamtkontext und wie zu dem Redner? Aufgrund all dessen: Wie ist meine Grundstimmung hier und heute?
- Stellen Sie sich nun folgende Fragen: Was müsste der Redner tun, um mich, den Zuhörer, ins Boot zu holen? Was an dem angekündigten Thema interessiert mich überhaupt? Was darf hier auf keinen Fall passieren? Was wäre das Schönste (wenn auch unwahrscheinlich)? Wie möchte ich hier gesehen und behandelt werden? Wie nicht?
- Machen Sie sich im Anschluss Notizen. Prüfen Sie, was davon in Ihren Vortrag einfließen soll. Auch wenn Sie in Ihrer gemutmaßten Einschätzung nicht ganz «getroffen» haben: Sie haben auf diese Weise schon vor dem realen einen gefühlten Kontakt.

Emotionale und methodische Komponente

Ein monologisch angelegtes Szenario dialogisch zu gestalten ist deswegen gar nicht leicht, weil es nicht wirklich mit Mitteln der Rhetorik herstellbar ist. In allererster Linie ist dies eine Frage des innerlich getragenen «Kontaktangebots», das ich als Vortragender für meine Zuhörerschaft zur Verfügung habe. In meinem Inneren Team brauche ich dafür das in Kapitel 2 erwähnte Mitglied *Der Interessierte*, der offenen Herzens und Auges auf sein Publikum schaut. Ich kann Fragen stellen als Technik oder mit echtem Interesse an der Antwort und damit auch am Zuhörer. Zuhörer haben sehr sensible Antennen für den Unterschied und merken bald, ob der Vortrag wirklich *für sie* gehalten wird oder ob nicht. Und dabei hängt viel ab von meiner Bereitschaft als Vortragender zum Kontakt: Interessiere ich mich für Stimmung, Fragen und Gedanken meiner Zuhörerschaft? Versuche ich mich in die Zuhörer einzufühlen, etwas von ihnen mitzukriegen? Wenn ich als Vortragender nicht wirklich austauschbereit bin, dann ist es besser, ich tue nicht so, als wäre ich es. Der Vortrag leidet dann unter einem unechten Kontaktangebot, das nicht innerlich getragen ist. In der Tat ist ein monologisches einem pseudodialogischen Angebot vorzuziehen.

Wir werden zunächst in diesem Kapitel die kontaktorientierte Haltung näher beschreiben; in Abschnitt 5.3 wird es dann um die Methoden der Kontaktgestaltung gehen, also um konkret anwendbare Maßnahmen, die den Kontakt zum Publikum fördern. Aber diese Methoden sind immer nur unterstützendes Begleitwerk, weder hinreichende noch notwendige Bedingung für die Erfüllung der Kernkompetenz Kontakt. Notwendige Bedingung ist allein die gefühlte, die emotionale Dimension, und nur auf ihr aufbauend sind die Methoden überhaupt wirksam.

Ein Beispiel: Vielleicht haben Sie gelesen, man solle als Redner immer mal im Publikum herumschauen, am besten *in* die Augen der Zuhörer, um so den Kontakt zu halten. Wenn Sie nun eigentlich diesen Kontakt fürchten und vermeiden wollen, in den Augen der Zuhörer so etwas wie Desinteresse oder Langeweile, schlimmstenfalls Widerspruch zu finden, dann werden Sie vielleicht pflichtbewusst immer wieder herumschauen, aber allenfalls *auf* die Augen, ohne wirklich hin(ein)zusehen. Schauen Sie jemandem in die Augen, so bekommen Sie das Gefühl, Sie sähen mehr als nur das physisch sichtbare Auge des anderen und würden Ihrerseits genauer gesehen als nur in Ihrer äußerlichen Existenz. Diese Augenblicke sind selten und kostbar, sie sollen und können nicht einen ganzen Vortrag lang aufrechterhalten werden. Aber gut, wenn es sie gibt. Aus der beschriebenen Grundhaltung heraus passieren solche Momente fast von allein, da braucht es oft keine Technik oder Übung mehr.

Übung

Mit den Augen im Kontakt

Sie brauchen etwa eine halbe Stunde für die folgende Übung. Diese Übung hat es in sich: Sie führt Sie relativ unumwunden zu Ihrer persönlichen Art der Kontaktgestaltung.

- Suchen Sie sich einen Partner für diese Übung. Es kann jemand aus dem Freundes-, Familien- oder Kollegenkreis sein. Bedingung: Beide sollten Lust auf die Übung haben.
- Setzen Sie sich einander gegenüber. Sprechen Sie nicht! Schauen Sie sich in die Augen. Tun Sie nichts als atmen und schauen, fünf Minuten lang. (Damit keiner auf die Uhr schauen muss: Wecker stellen!) Lassen Sie einfach geschehen, was geschieht, und beobachten Sie bei sich selbst und beim anderen, was und wie das ist.
- Austausch. Nach fünf Minuten soll zunächst jeder einzeln berichten (nicht durcheinander, sondern nacheinander):
  Wie schwer oder leicht fiel mir das?
  Welche Gefühle, Impulse und Gedanken hatte ich währenddessen?
  In welcher Reihenfolge hatte ich die?
  Habe ich altbekannte innere Teammitglieder (siehe Kapitel 4) getroffen?
  Zuletzt auch: Was habe ich bei dir gesehen oder vermutet?
- Abgleich der Wahrnehmungen im Dialog:
  Was an dem, was ich bei dir gesehen und vermutet habe, ist so gewesen, was nicht?
  Was an dem, was du bei mir gesehen und vermutet hast, ist so oder ganz anders gewesen?
- Jeder für sich resümierend:
  Gibt es in all dem, was ich gerade erlebt und mitgeteilt habe, Parallelen zu meinem sonstigen Leben und meiner Art im Kontakt mit anderen?
  Was kenne ich schon, und was ist neu für mich?
  Findet sich auch etwas von alldem in meiner Art, Vorträge zu halten?
  Gibt es für mich allgemein oder für Vorträge beim Thema Kontakt einen Entwicklungsschritt? Etwas, was ich ausbauen und erlernen möchte? (Zum Beispiel: mich selbst besser schützen, mehr auf andere zugehen …)

Balance zwischen Prozess- und Auftragsorientierung

Den Kontakt zum Publikum auf förderliche Weise zu gestalten soll und darf nicht heißen, dass man als Redner zum Spielball der Zuhörerschaft wird. Hier lauert die Gefahr, dass die nötige Distanz verloren geht, die man in der Vortragsrolle braucht. Was dann entsteht, kann eine symbiotische Verbrüderung («Ich genau wie ihr!») oder ein «Kaninchen vor der Schlange» werden: Ich als Redner deute (paranoisch) jede Geste, jedes winzige Signal als Kritik am Vortrag und an mir; ich bewege mich mit den tatsächlichen oder vermeintlich wahrgenommenen Regungen des Publikums und nicht entlang meines roten Fadens. Systemische Denker nennen das auch «ins System fallen»: Man folgt den Gesetzen des Systems, in das man als externer Berater, Redner, Trainer oder Sonstiges geraten ist, schwimmt faktisch in ihnen mit. Zu solchen Rollen gehört es, «außen vor» zu bleiben, das heißt immer auch die exponierte Rolle, eine gewisse Distanz, die Vogelperspektive auf das Geschehen und den Kontakt zur eigenen Wahrnehmung beizubehalten. Nur von dieser Warte aus bin ich in der Lage, Entwicklung voranzutreiben.

Aber auch hier ist Vorsicht geboten: Wenn ich es übertreibe mit den Zügeln in der Hand, dann entsteht schnell eine starre, strenge, militärisch-disziplinierte Vortragsstimmung. Wie so oft gilt es also, zwei Werte in gesunder Balance zu halten (siehe «Das Werte- und Entwicklungsquadrat» in Kapitel 4.3.4), nämlich die der Prozess- und die der Auftragsorientierung. Aus diesen Überlegungen ergibt sich folgendes Wertequadrat:

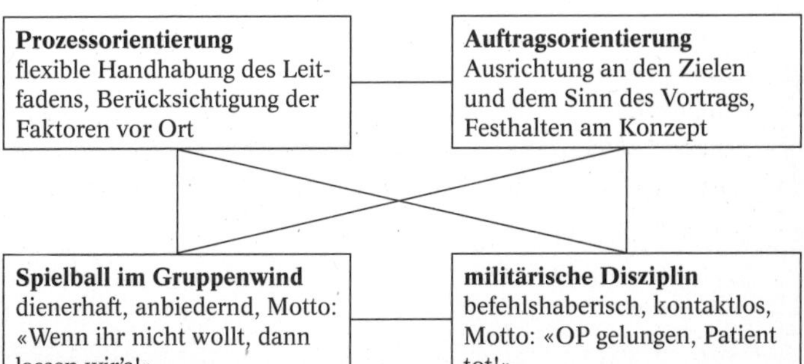

Es geht also darum, als Redner über die beiden positiven Werte Auftragsorientierung und Prozessorientierung möglichst gleichermaßen verfügen zu können (innerlich und äußerlich) und je nach Bedarf das eine oder das andere im Vortrag stärker einzusetzen. Habe ich zum Beispiel eine eher schüchterne und ruhige Gruppe vor mir, so tue ich gut daran, die erste zaghafte Zwischenfrage nicht im Keim zu ersticken – «Das jetzt bitte noch nicht, für Fragen ist erst am Ende Zeit, wenn überhaupt!» –, sondern sie willkommen zu heißen, vielleicht auch und gerade dann, wenn ich eigentlich erst am Ende Zeit und Raum für Fragen eingebaut habe. Im Dienst der Prozessorientierung heißt dies: für die Gruppe das passende Lernklima schaffen.

Andererseits ist folgendes Beispiel denkbar: Vielleicht habe ich am Anfang des Vortrags zu Zwischenfragen geradezu eingeladen, und nun habe ich es mit einer sehr lebhaften Gruppe zu tun, die in kontroversen Diskussionen geübt ist und darin regelrecht aufblüht. Nun entstehen nach jeder vorgetragenen These kleine, hitzige Debatten, durchaus interessant, aber mir gehen der rote Faden und die Zeit verloren. Dann tue ich gut daran, im Sinn der Auftragsorientierung die Zügel in die Hand zu nehmen: «Es freut mich sehr, dass Sie so interessiert anspringen, doch ich würde in Anbetracht der zur Verfügung stehenden Zeit jetzt gerne zunächst den Vortrag ohne weitere Zwischenfragen zu Ende bringen und erst am Ende ...»

Jeder von uns ist als Vortragender in diesem Wertequadrat anders «beheimatet». Dem einen fällt es leicht, prozessorientiert zu arbeiten, und er läuft eher Gefahr, der Gruppe mehr Macht zuzuteilen, als ihr eigentlich zustünde. Der andere hat von Haus aus sein Heimspiel in der Auftragsorientierung und ist mehr der Versuchung ausgesetzt, versteinert, monologisch und unpersönlich den Zuhörern zu begegnen. Die jeweils selbst-fernere Tugend auszuprägen und zu üben ist Entwicklungsaufgabe des Redners.

Übung

Mein Schwerpunkt in der Orientierung des Vortrags

Zehn Minuten brauchen Sie für diese Übung. Wenn Sie auf das Werte- und Entwicklungsquadrat schauen:

- Wo stehen Sie selber zurzeit; wo würden Sie sich selber einordnen? Eher prozess- oder eher auftragsorientiert?
- Mit starkem Hang zu einer Haltung oder nur schwacher Neigung?
- Oder sehen Sie sich bereits in der entwertenden Übertreibung eines Wertes?
- Wo sehen Sie Ihre eigene Entwicklungsrichtung?
- Was gilt es stärker auszuprägen?

Überlegen Sie sich für Ihren nächsten Vortrag eine Veränderung in diese Richtung – und mag sie noch so klein sein. Zum Beispiel: «Ich werde – um prozessorientierter vorzugehen – dreimal unterbrechen und fragen, ob alle noch folgen können und dabei sind.»

Balanceakt zwischen Akzeptanz und Konfrontation

Als Vortragender stehe ich in einem weiteren Spannungsfeld. Lernen bzw. Entwicklung ist nur möglich auf der Basis von Akzeptanz und Konfrontation (vgl. Schulz von Thun 1989, S. 46). Diese Werte sind ebenfalls komplementäre Tugenden:

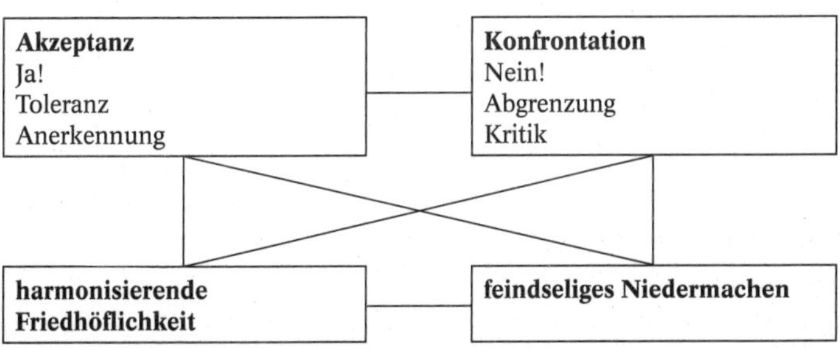

Ich muss mich als Vortragender zu meiner Zuhörerschaft in diesem Spannungsfeld verhalten. Wie viel bringe ich mit an Empathie, Einfühlung, Akzeptanz und Toleranz? Das heißt, im Vortrag zum Beispiel Fragen und Irritationen der Zuhörer ernst und aufzunehmen, sich für Momente in deren Welt zu versetzen und das Eigene hintanzustellen: «Ach so, Frau Ladenburg, das verstehe ich. Wenn Sie hier hören, man soll in der Berufswelt über so etwas wie die Beziehungsebene sprechen, finden Sie das völlig unangemessen, weil das noch nie einer getan hat. Das wäre befremdlich und normbrechend?» Die andere Seite ist: Wie viel bringe ich auch mit an Fähigkeit zur Abgrenzung, zur Konfrontation, zum Nein-Sagen und Gegenhalten? Im Vortrag bedeutet das, den eigenen Standpunkt in aller Deutlichkeit zu vertreten, Grenzen zu setzen und den Zuhörern gegenüber auch einmal «ungemütlicher» zu werden: «Frau Ladenburg! Ich möchte es einmal ganz deutlich aussprechen: So befremdlich Ihnen das auch erscheint, wenn Sie im menschlichen Miteinander, egal ob beruflich oder privat, das Beziehungsgeschehen niemals ansprechen würden und werden, dann zahlen Sie einen Preis dafür. Und dieser Preis ist meines Erachtens sehr hoch!» Ich kann zu jedem Zeitpunkt in einem Vortrag das Gewicht mehr in die eine oder mehr in die andere Waagschale legen. Aber nur die Verbindung von beidem ermöglicht Lernen, Entwicklung, Veränderung. Wenn ich die Fähigkeit zur Konfrontation zu wenig oder gar nicht zur Verfügung habe, dann laufe ich Gefahr, als vortragendes Harmoniemonster ohne eigenen Standpunkt im Fahrwasser der Gruppe mitzuschwimmen. Habe ich die Fähigkeit zur Einfühlung und den Wunsch, die Situation der Zuhörer zu begreifen, verloren, dann erzeuge ich rasch ein eisiges Klima im Vortragssaal. Die Zuhörer fühlen sich mindestens abgelehnt, vielleicht auch niedergemacht, und weisen automatisch das, was ich inhaltlich kundtue, ab. Und zwar relativ unabhängig davon, wie sie diese Inhalte ansonsten objektiv beurteilen würden.

Die Begegnung zweier Expertenwelten

Den Vortrag als Begegnung verstehen

Das als ideal angestrebte Kontaktangebot, das der Redner so nicht unbedingt ausspricht, aber doch ununterbrochen erkennen lässt, könnte in etwa so lauten: «Ich bin Experte auf meinem Gebiet und ihr seid es auf eurem. Wir müssen hier gemeinsam schauen, wie ihr von dem, was ich zu sagen habe und von dem ich überzeugt bin, profitieren könnt. Ich nehme euch ernst, ich interessiere mich für euch und ich freue mich, wenn uns das Erreichen des Ziels gemeinsam gelingt.»

Bei diesen Worten wird zum einen spürbar, dass ein Teil der Verantwortung für den Erfolg der Maßnahme beim Zuhörer bleibt. Und das entspricht ja auch der Realität. Ich kann als Redner nicht zaubern, ich kann nur etwas anbieten, und der Zuhörer wird entscheiden, was er damit macht. Zum anderen schimmert eine gleichberechtigte und respektvolle Haltung zu den Angesprochenen durch.

Hierzu ein Beispiel: Ich hatte den Auftrag bekommen, Führungskräfte eines Industrieunternehmens zu schulen zum Thema «Schwierige Gespräche mit Mitarbeitern führen». Problematisch war dies aus zwei Gründen. Zum einen, weil die Führungskräfte in dieser Maßnahme wenig Sinn sahen, da noch nie irgendeiner ihrer Vorgesctzten ein solches Gespräch mit ihnen geführt hatte. Sie fühlten sich von ihren Chefs im Stich gelassen, und häufig fiel der Satz: «Wir sollen hier etwas lernen, was uns nicht vorgelebt wird!» Und: Sie waren alle durch so viele Seminare im Lauf ihrer Karriere geschleust worden, dass sie diese teilweise schon nicht mehr zählen konnten und sich fragten, ob es wirklich noch etwas Brauchbares zu lernen gebe. Auch zu «meinem» Thema hatte es schon Fortbildungen gegeben. Die Einwände waren also durchaus verständlich! Meine Reaktion darauf war in etwa die folgende: «Ja, die Vorbehalte kann ich gut verstehen. Das, was ich thematisch vorstellen werde, ist eine Möglichkeit von vielen, wie man führen kann – und in anderen Seminaren haben Sie anderes, teilweise zu diesem gar Widersprüchliches gehört. Da Sie nun alle erfahrene Führungskräfte sind, haben Sie doch mal ein kritisches Auge darauf, ob etwas für Sie dabei ist, das Sie in Ihren Führungsalltag integrieren können. Vielleicht auch gerade unter dem Aspekt, der Führungskultur in Ihrem Unternehmen eine andere Couleur zu verleihen. Ob und wie Sie profitieren können, das müssen wir hier gemeinsam sehen.» So angesprochen konnten sich die Teilnehmer auf das Thema einlassen: Ich hatte die Erlaubnis, sogar die Einladung ausgesprochen, selber Spreu vom Weizen zu trennen! Überdies wurden sie auch in ihrem Unmut ernst genommen.

Allerdings nützt es wenig, als Vortragende nach außen so zu tun, als sei einem die Autonomie der Einzelnen bewusst, innerlich jedoch hat man schon den Rohrstock parat für die «Querschießer». Diese Haltung will nicht nur verkündet, sondern muss auch innerlich getragen sein. Hätte ich im obigen Beispiel vielleicht in mir deutliche Stimmen, die sagen «Na ja, jetzt hast du sie ruhig, und nun ziehst du hier dein Programm durch!» und würde erste kritische Anmerkungen rüde zurückweisen, so wäre dies nicht im Sinn eines wahrhaften und lebendigen Kontakts. Denn: Die Zuhörer sind sehr empfindlich – schnell spüren sie (und testen!), wie glaubwürdig ein Vortragender ist!

Erste Falle: Oberlehrer

Wir alle haben die meisten Vorträge in unserem Leben wahrscheinlich in der Schule und unserer weiteren Ausbildung gehört. Dort haben Lehrer die unterschiedlichsten Themen auf unterschiedlichste

Art abgehandelt. Immer aber war der Lehrer oder Dozent der Ältere, Erfahrenere, bei ihm lag die «Autorität» – er hatte disziplinarisch über uns zu richten mit Noten und Urteilen über Versetzung, Abschluss etc. Das Vortragsthema «gehörte» dem Redner, es war «seines» und blieb es meist auch.

Das Tückische an Vorträgen ist nun, dass durch das gesamte Setting Zuhörer und Vortragende dazu verleitet werden, diese so nachhaltig gelernte Beziehungsdefinition Oberlehrer–Schüler wieder aufzunehmen. Ganz besonders dann droht diese Falle zuzuschnappen, wenn ich als Vortragender einen großen Wissens- oder Altersvorsprung gegenüber dem Publikum habe. Das Beziehungsangebot kommt nicht gleichberechtigt, sondern «von oben herab» daher und folgt dem Motto: «Neunmalklug wendet sich an Dummbär»:

Oberlehrerhafte Vortragshaltung

In dieser Haltung gegenüber den Zuhörern stehe ich mehr auf der Seite der Auftragsorientierung als auf der der Prozessorientierung. Ich sorge dafür, dass wir zügig zum (Lern-)Ziel kommen, ich stelle klare Regeln auf und sorge für deren Einhaltung. Jeder, der dennoch «stört», wird gemaßregelt. Der Zuhörer fühlt sich nicht gesehen und gemeint, schnell auch herablassend behandelt.

Zweite Falle: Anbiederung

Eine (zu) starke Orientierung an den Zuhörern und ihren Bedürfnissen ist ebenso fatal. Sie stellt das extreme Gegenteil des oberlehrerhaften Vortragsstils dar: Ich mache den Zuhörer nicht klein, sondern groß. Ich stelle ihn auf einen Sockel und richte mich ganz an ihm aus. Dabei geraten schnell alles Eigene und auch der eigentliche Auftrag aus dem Blick. Diese Haltung hat die entwertende Übertreibung der Prozessorientierung auch gleich im Schlepptau: Ich werde zum Spielball im Gruppenwind.

Anbiedernde Vortragshaltung

Solche Vorträge werden oft eröffnet mit den Worten: «Danke, dass Sie mir Ihre kostbare Zeit zur Verfügung stellen. Ich verspreche, ich werde mich kurz fassen.» Viele Rhetorikkurse ausschließlich für Frauen berücksichtigen explizit diesen Aspekt, nämlich dass Frauen (nicht immer, aber doch häufiger als Männer) in ihrer Sozialisation gelernt haben, ihr Licht unter den Scheffel zu stellen, sich zurückzunehmen und sich für das Wohl der anderen zu engagieren (Berkhan u.a. 1995, S. 50f.).

Der Zuhörer hört aus dieser Floskel die Botschaft: «Ich habe dir nichts Wichtiges mitzuteilen, und es lohnt sich nicht wirklich, mir zuzuhören. Du bist wichtiger als ich oder das Thema, und wenn du nicht willst, dann ist das okay.»

Situationsgerechter und wesensgemäßer Kontakt

Auf der Basis einer respektvollen Haltung zum Zuhörer und einer auf menschlicher Ebene gleichberechtigten Beziehungsdefinition muss ich einen Vortragston finden, der sowohl meiner Person als auch der Situation angemessen ist.

Im Kontakt wird es immer schwierig, wenn ich nach außen etwas spiele, also versuche, eine bestimmte Art von Vortragende zu sein, die ich innerlich (in meinem Inneren Team) aber nicht repräsentiert finde. Darum ist es wichtig, sich selber gut kennen zu lernen. Die Fragen «Was ist denn mir gemäß?», «Was ist überhaupt meine Art?» sind gar nicht schnell zu beantworten, im vorangegangenen Kapitel haben wir sie deswegen ausführlich behandelt.

Hinzu gesellt sich folgender Aspekt: Die Beziehung zu den Zuhörern hängt ebenso von der Situation wie vom Thema ab: Wer sitzt vor mir in welchen Rollen, und worum geht es? Die äußere Situation ist oftmals schneller erfasst als die eigene innere Verfassung – aber auf jeden Fall muss man beides im Blick haben, um den rechten Ton zu treffen. Wenn dies gelingt, dann kann von einem, laut Schulz von Thun (2004a, S. 15) «stimmigen», Kontaktangebot die Rede sein. Denn dieses Angebot steht sowohl in Übereinstimmung mit mir, meiner Art zu sprechen, zu fühlen und zu denken, als auch mit der Situation und dem Thema.

Übung
Den Ton treffen

Stellen Sie sich für einen Moment jeweils den folgenden Vortragsauftrag vor und versuchen Sie einmal, den zu der Situation und den zu Ihnen passenden «Ton» zu finden. Sprechen Sie in diesem «Ton» einmal laut die Begrüßungsworte und die zwei bis drei ersten Sätze. Der Inhalt ist unwichtig, es geht um Ihre Sprechweise:

1. Sie sind in der Marktforschung tätig und haben soeben für einen Automobilhersteller eine Studie zu einem neuen Pkw-Modell durchgeführt. Sie präsentieren Ihre Ergebnisse nun vor hochrangigen Führungskräften aus den Bereichen Marketing, Finanz und Design.
2. Sie sind Germanistikprofessor und Experte für die deutsche Literatur des 18. Jahrhunderts. Sie halten vor zahlendem Publikum in einem Theater den Einstiegsvortrag über Gedichte von Johann Christian Günther (1695–1723), die im Folgenden von einem Schauspieler vorgetragen werden sollen.
3. Als Fachleiterin für die Fächer Physik und Chemie an einem Gymnasium teilen Sie den Oberstufen-Lehrerkollegen die neuesten behördlichen Beschlüsse für die Abiturprüfungen in diesen Fächern mit.
4. Als Gruppenleiter von 16 Mitarbeitern in einem produzierenden Betrieb müssen Sie Ihren Leuten die Leviten lesen: Es gab im vergangenen Monat einen Produktionsrückgang um 4 Prozent, bedingt durch hohen Krankenstand und noch höhere Fehlerquoten in der Produktion.

Gibt es einen Ton, mit dem Sie sich schwer tun? Welche Tonart ist von Haus aus die Ihre? Charakterisieren Sie diese einmal: laut oder leise, fordernd oder zurückhaltend, höflich oder provokant, kumpelhaft oder lehrmeisterlich, autoritär oder non-direktiv …? Was fehlt noch, und was brauchen Sie eigentlich für Ihre Vorträge in Ihrem Tonrepertoire?

Mal bin ich als Redner Zubringer, mal bin ich Experte, mal Verkünder oder Anordner. Die Zuhörer sind wiederum mal die interessierten oder auch kritischen Auftraggeber meines Vortrags, mal gleichrangig Interessierte und mal wieder die hierarchisch Untergeordneten und disziplinarisch Abhängigen. All dies macht einen anderen Ton erforderlich. Dazu kommt: Dieser Ton muss auch noch mir entsprechen! Der eine liest die Leviten eher leise, der andere donnert los. «Der Ton macht die Musik»: Die Art und Weise, *wie* ich rede, definiert maßgeblich das Beziehungsangebot. Die Kunst besteht darin, ein «stimmiges» *Wie* für sich und die Situation zu finden.

Zum Abschluss finden Sie einige Übungen zur vertiefenden Auseinandersetzung mit dem eigenen Kontaktangebot.

Übung
Mein Selbstbild zum Thema Kontakt im Vortrag
Nehmen Sie sich für die folgende Gedankenreise genügend Zeit (mindestens 20 Minuten) und sorgen Sie dafür, dass Sie ungestört sind. Es kann auch jemand die Übung vorlesen (dann bitte langsam, mit langen Pausen zum Schweifenlassen der Gedanken), vielleicht machen andere gleich mit, dann können Sie sich im Anschluss darüber austauschen.
Immer wenn Ihnen zu den einzelnen Fragen etwas in den Sinn kommt, machen Sie sich Notizen. Vielleicht möchten Sie auch erst ganz am Ende das Wesentliche notieren. Sie brauchen also Stift und Papier.
Bevor es losgeht und Sie sich mit den Fragen auseinander setzen: Kommen Sie erst mal zur Ruhe. Setzen Sie sich möglichst entspannt hin. Machen Sie bewusst zehn tiefe Atemzüge.

Gehen Sie nun in Gedanken zu einem Ihrer Vorträge ... Schauen Sie sich in dem Raum um, wie es dort aussieht, wer alles da ist ... Was sehen Sie? (Schließen Sie ruhig für einen Moment die Augen!)

Nun stehen Sie vorne und reden. Wen sehen Sie? Wie ist beim Vortragen Ihr Gefühl für die Zuhörer? Stören sie? Sind sie willkommen? Brauchen Sie sie? Was ist Ihre Grundhaltung ihnen gegenüber? Was erwarten Sie von den Zuhörern? Was trauen Sie ihnen zu, was nicht? Was darf auf keinen Fall jemand tun (was wäre ein Tabu?), welche (unausgesprochenen) Mindestanforderungen («Das müsst ihr hier mindestens leisten!») haben Sie an die Zuhörer? Was bieten Sie an, was nicht? Wozu laden Sie ein, wozu nicht?

Und nun nehmen Sie die Vogelperspektive ein und betrachten Sie sich selbst von außen: Was für eine Art von Vortragender in Bezug auf das Kontaktfeld sind Sie? Welches Klima entsteht durch Ihre Art vorzutragen? Wie fühlt man sich von Ihnen als Redner behandelt? Was von dem, was Sie innerlich spüren, wird äußerlich sichtbar?

Sammeln Sie Ihre Eindrücke in Ruhe. Nach Möglichkeit und Bedarf tauschen Sie sich mit Ihrem Übungspartner darüber aus. Der Austausch kann dann durch die folgende Übung sehr gut ergänzt werden.

Übungen
Fremdbilder zu meiner Art von Kontaktangebot
1.
Wenn Sie wissen wollen, zu welcher Art von Kontakt Sie überhaupt neigen, brauchen Sie Feedback von anderen. Sprechen Sie mit nahe stehenden Menschen darüber: Wie erlebst du mich in meiner Art, Kontakt anzubieten? Ist das eher eine warme Einladung oder eher ein kühles, aber ehrliches Angebot? Komme ich oberlehrerhaft daher? Oder anbiedernd? Habe ich «Verbrüderungstendenzen»? Oder, oder, oder ... Lassen Sie sich von den anderen möglichst konkret anhand von Beispielen beschreiben, wie Sie mit Kontakten umgehen. (Zum Beispiel: «Wenn man bei dir klingelt und du öffnest die Tür, dann stehst du immer mit drei Schritten Abstand und gerunzelter Stirn im Flur, und man fragt sich: ‹Hatte er mich nicht eingeladen?› Die Freude über den Besuch merkt man erst später, wenn du aufgetaut bist ...») Ein Teil davon spiegelt sich mit Sicherheit auch in Ihrer Art, Vorträge zu halten.

2.
Impfen Sie eine Person Ihres Vertrauens, die entweder bei Ihrem Vortrag sowieso dabei ist oder die Sie extra dazu einladen. Geben Sie dieser Person bestimmte Beobachtungsaufgaben, was genau sie während des Vortrags beachten soll. Zum Beispiel: Wie fühlt man sich von mir als Vortragendem angesprochen und einbezogen? Wie ist der Blickkontakt? Welche Art von Klima ist entstanden? Wählen Sie diese Fragen mit Bedacht aus: ***Wozu*** möchten Sie Ihr Feedback? Sie können selbst einen kleinen Fragebogen entwickeln (zum Beispiel in Anlehnung an den auf S. 212), und der Beobachter soll sich zu diesen Fragen Notizen machen. Im Anschluss gibt der Beobachter Ihnen ausführlich Feedback (vergleichen Sie hierzu auch Kapitel 7.2).

5.2 Der Zugewinn auf dem Weg vom Monolog zum Dialog

Mit Blick auf den Redner

Vor kurzem war ich bei einer Lesung in einem Hamburger Theater. Ein literarisch versierter Moderator und der Autor betreten die Bühne. Zunächst redet der Moderator. Er stellt dem Publikum den Autor und einige seiner Werke vor. Beim dritten Werk angekommen vertut er sich: Er redet von einem Buch «Heißer Herbst», das doch in Wahrheit «Heißer Sommer» heißt. Ein Raunen, das allmählich lauter wird, je öfter er den Fehler wiederholt, geht durch den Saal. Das Publikum kennt Autor und Werke, es hat den Fehler längst bemerkt. Irritiert spricht der Moderator dennoch immer weiter, bis der Autor selbst, sehr freundlich, ihn am Arm packt und sagt: «Bei diesen Temperaturen denken wir ja alle an Herbst, aber das Buch heißt ‹Heißer Sommer›!» Eine charmante Rettung!

Der Kontakt hat im Vortrag die Aufgabe eines Thermostaten. Er dient als Messgerät mit Steuerfunktion für alles Geschehen vor Ort und ermöglicht, dass ich als Redner «nachjustiere». Nur im Kontakt liegt die Chance, unmittelbares Feedback zu erhalten für das, was man gerade anrichtet. Ich kann im Kontakt überprüfen: «Verstehen die mich?», «Passt das, was ich erzähle, hierher?», «Erzähle ich zu schnell, zu langsam?», «Ist der Vortrag zu lang, zu kurz?», «Finden die Zuhörer Zugang zu den Inhalten?» Während in der Vorbereitung die Auftragsorientierung der Kompass für alles Vorgehen ist, dient während des Vortrags der Kontakt als wesentliches **Feedback-Instrument**. Der Moderator im Beispiel hätte das Raunen, das er durchaus bemerkte, zum Anlass nehmen können, nachzufragen.

Ich kenne aus manchen Vorträgen folgendes Gefühl: Ich habe keinen Kontakt zu den Zuhörern; dadurch entsteht ein hoher Energieverlust, und das Vortragsthema leidet enorm. Das Erleben eines Vortrags im Kontakt ist vergleichsweise beflügelnd: Ich fühle mich energetisch und lebendig, durch die Blicke und Fragen und Anliegen der Teilnehmer werde ich, wird das Geschehen kreativ. Die Kommentare der Teilnehmer dienen mir als Steilvorlagen für neue Inhalte, und es entsteht ein Klima, in dem man sich Bälle zuwirft. Ich bin von Haus aus nicht gerade jemand, der spontan sehr witzig sein kann. Auch eingebaute Scherze wirken bei mir eher gestelzt. In solchen Momenten aber, wo ich wirklich mit Menschen im Kontakt arbeite und vorankomme, wenn sich dieser «innere Schub» im Vortrag einstellt, ertappe ich mich dabei, dass ich tatsächlich auch lustig und humorvoller werde. Diesen Zugewinn für den Redner könnte man **Energetisierung** nennen – denn tatsächlich kommt es ja, wie vielerorts beschrieben, bei einem guten Kontakt, einer guten Zusammenarbeit zu so genannten Synergie-Effekten: Die Energie der Gruppe ist größer als die Summe aller Einzelenergien!

Das Vortragen im Kontakt stellt ein **Gegengewicht zur Vereinsamung** in der Vortragsrolle dar.

Wer beruflich viel vorträgt und vielleicht, wie zum Beispiel manche Führungskraft oder ein Pastor, auch sonst beruflich eher allein und nicht im Team dasteht, der ist besonders auf den Kontakt zu den anderen angewiesen. Alle, die auf sich allein gestellt sind, sehen sich einer Reihe von Gefahren gegenüber. Die folgende Aufzählung ist beispielhaft und zielt nicht auf Vollständigkeit.

Gefahr 1: Abstumpfen

Zum einen ist es möglich, dass der Redner gegenüber den Zuhörern innerlich immer gleichgültiger wird; was sich einstellt, ist ein Abstumpfen nach dem Motto: «Ist mir doch egal, wie die das finden, Hauptsache, ich mach hier ordentlich meinen Job!» Dies ist häufig eine Folge davon, dass man als Redner die Präsenz und Macht der Zuhörer durchaus spürt und ernst nimmt, aber nie die Erfahrung eines empfundenen Dialogs machen konnte. Gleichgültigkeit ist aber auch eine Kompensation: «Wenn ich schon nicht gut mit denen arbeiten kann, dann eben ohne die!»

Gefahr 2: Ausbrennen

Oder aber man ringt um den Kontakt, ohne Rücksicht auf eigene Verluste, mimt den Scherzbold, macht die Präsentation zu einer explosiven One-Man-Show, immer lächelnd und rundum perfekt (mehr dazu in Kapitel 1). Dabei droht langfristig das Ausbrennen: Innerlich längst leer, bleibt man ohne echten Kontakt zu den anderen und erleidet einen hohen Energieverlust. Nach außen wird nur noch eine (strahlende) Fassade aufrechterhalten, nach innen schwinden die Reserven. Im schlimmsten Fall muss ich mich vor dem Vortrag aufputschen (Alkohol, Tabletten) und nach dem Vortrag wieder «runterfahren» (ebenfalls Alkohol, Tabletten).

Gefahr 3: Eigenarten

Eine weitere Gefahr ist die, eigenbrötlerisch zu werden: Man entwickelt so seinen eigenen Stil, und mit der Zeit wird dieser an manchen Stellen «eigen-artig». Dies passiert zum einen, weil es einem niemand sagt, zum anderen, weil man sich nicht am Beispiel anderer selber abgleichen kann. Typische Vortragseigenarten können sein: bestimmte Sprechweisen (zum Beispiel besonders schnell oder besonders hohe Stimmlage), Worthäufungen (bis mich ein Kollege darauf hinwies, war mein Lieblingsfüllwort «sozusagen» und kam in jedem Vortrag fünfzigmal vor), Theorielastigkeit (Tabellen, Skalen, Zahlen, Daten, Fakten; aber keine lebensnahen Beispiele, Bezüge zur Praxis oder Übungen), Visualisierungsmangel, Oberlehrerhaftigkeit ... Die Eigenart springt jedem ins Auge – außer dem Redner.

Mit Blick auf die Zuhörer

Dadurch, dass der Redner Kontakt zu ihnen herstellt, werden die Zuhörer **zum Thema eingeladen**. Und zwar eingeladen, sich das Thema wirklich anzueignen, zu Eigen zu machen. Hat der Redner keinen Kontakt zu den Zuhörern, so entsteht oft das unausgesprochene Bild: Das Thema gehört dem Redner – er gibt es ja nicht ab! Es bleibt bei ihm, vorne auf dem Rednerpult, es schlägt keine Wellen, wird nicht in die Zuhörerschaft getragen. Fühle ich mich aber eingeladen mitzudenken, werden mir Fragen gestellt und werde ich aufgefordert, mich zu beteiligen, so bin ich involviert, beginne, mich dem Thema zu nähern, es abzutasten, damit zu experimentieren. So wird es zu meinem, so mache ich es mir zu Eigen. Mit den Worten eines Soziologieprofessors der Münchner Ludwig-Maximilians-Universität: «Mein Mittel, sie zu kriegen, ist der Dialog», sagt Nassehi. «Ich mag ja auch nicht, wenn da vorne immer jemand steht, der alles schon weiß.» (Etscheid, in: Die Zeit, 2003, S. 70)

Die bereits oben angesprochene geteilte **Verantwortung** hat natürlich auch für den Zuhörer Vorzüge. Wenn sie auch für manchen Hörer zunächst ungewohnt ist, so kann sie im zweiten Schritt doch gewinnbringend sein. Denn wirkliches Lernen wird ja bekanntlich erst möglich, wenn ich es für mich tue, nicht für den Lehrer, den Chef, das Unternehmen oder die Schule. «Non scholae, sed vitae discimus», so hieß es schon früh, nur hat es sich selten wirklich so angefühlt! Zum Glück hat sich in den letzten dreißig Jahren viel verändert, dennoch ist an manchen Orten ein monologisches Grundverständnis noch immer selbstverständlich.

Hierzu ein Beispiel: Wir leiteten ein Präsentationstraining für Studenten, die durch eine Stiftung gefördert wurden. Wir hatten als Leiterinnen am ersten Tag immer wieder zu Fragen und Diskussionen eingeladen, aber die Teilnehmer blieben fast ohne Resonanz. Am zweiten Tag haben wir vor dem Beginn des Tagesprogramms unsere Wahrnehmung und damit einhergehende Irritation ausgedrückt, getreu unserem Arbeitsmotto «Kontakt kommt vor Kooperation!» (Schulz von Thun, Ruppel und Stratmann 2003, S. 124) Nach und nach stellte sich heraus, dass die Studenten durchaus Interesse am Thema, aber unsere Aufforderung zur Teilnahme gar nicht ernst genommen hatten. Sie hatten bisher an Schulen und an der Universität keine Kultur des Austauschs und des

Miteinanders in Lernprozessen kennen gelernt. «Wenn wir an der Uni bei den Dozenten Fragen stellen oder, noch schlimmer, das Diskutieren anfangen würden, da gäbe es aber Ärger!»

Die Teilnehmer nahmen anschließend unsere Aufforderung zur Mitgestaltung gerne an.

Aber auch diese Medaille hat zwei Seiten: Wenn ich als Zuhörer mitgestalten kann, dann kann ich die Schuld für mein Nichtlernen nicht mehr allein auf den Vortragenden schieben (weil der so genuschelt hat). Ich muss mich jetzt selber fragen: Warum habe ich nicht dafür gesorgt, dass ich mehr verstehe, und ihn gebeten, lauter und deutlicher zu sprechen? Geteilte Verantwortung fordert vom Zuhörer mehr Beitrag zum Ganzen, ermöglicht aber auch erst wirkliches Lernen. Denn genau an dieser Stelle erhält der Zuhörer ein Controlling-Instrument für den Vortrag – die Einladung zum Kontakt ist sein **Instrument zur Einflussnahme** auf das Geschehen!

Zudem bietet die Möglichkeit zur Beteiligung eine **Ventilfunktion** für den Zuhörer: Wenn es gut läuft, wird schließlich in ihm etwas ausgelöst und angerichtet. Häufig müssen sich Zuhörer regelrecht «erleichtern» können, das ihrige loswerden und beitragen können, um wieder frei zum Weiterzuhören zu werden.

Und, last, but not least: Diese Beiträge sind oft inspirierend, eine **Bereicherung** für das Ganze. Wenn Sie es ernst meinen mit der Kompetenz Ihrer Zuhörer: Lassen sie diese auch sichtbar werden!

Was ein Vortrag braucht, ist nicht ein nettes Klima, sondern ein **Lernklima**. Das Klima sollte so sein, dass es dem Vortragsthema als Nährboden dient, statt dessen Aufnahme zu verhindern. Bildlich verdeutlicht meint das Folgendes:

Durch den Kontakt, den ich als Redner im Vortrag ermögliche und zulasse, spanne ich eine Art von Netz. Dieses Netz ermöglicht den Zuhörern, sich auf das Seil zu trauen, einen ersten oder neuen Kontakt zum Thema zu wagen. Das ist umso heikler, je mehr Mut das Thema erfordert. Und Mut braucht es in der Regel besonders dann, wenn der Vortrag Persönlichkeitsentwicklung zum Ziel hat. Es braucht Mut, auf die innere «Hintermannschaft» zu schauen, es ist ungewiss, wo man am Ende nach ersten Berührungen mit den Themen landet. Je mehr der Vortrag Persönlichkeitsentwicklung zum Ziel hat, desto stärker kom-

Das Lernklima als Sicherheitsnetz

men die Vorteile, die das Kontaktfeld für den Zuhörer bereitstellt, zum Tragen. Zum Beispiel bei dem Thema «Burnout – Prophylaxe, Diagnose, Behandlung»: Es ist gut, wenn jeder eingeladen wird, seinen eigenen Zugang zu finden; gut, wenn jeder für sich verantwortlich partizipiert; gut, wenn das Lernklima von Vertrauen und Aufgehobensein geprägt ist. Das mag auch alles für einen Vortrag über eine neue Software wichtig sein. Auch da braucht es manchmal Mut, sich auf etwas Neues einzulassen, sich der Gefahr zu stellen, zu versagen, es nicht zu kapieren. Bei allen angstbesetzten Themen sinkt die Bereitschaft, sich einzulassen, deutlich, wenn das Kontaktnetz nicht trägt.

5.3 Wie Sie Kontakt im Vortrag herstellen können

Die im Folgenden beschriebenen Methoden zur Gestaltung des Kontakts haben am sichersten den erwünschten Effekt, wenn die Haltung, die innere, emotionale Komponente des Redners, entsprechend trägt. Unsere konkreten Anregungen sollen hilfreich unterstützen, den Kontakt herzustellen und zu gestalten.

5.3.1 Den Boden bereiten

Ruth Cohn hat einmal gesagt: «Wir haben wenig Zeit, darum lasst uns langsam vorgehen.» Alle Interventionen, die am Anfang dazu dienen, Unsicherheit, Angst oder Ablenkung zu vermeiden, zahlen sich am Ende doppelt aus. Oder umgekehrt: Alles, was ich am Anfang auf der Ebene des Kontakts ausblende und vernachlässige, wird sich im Vortrag rächen.

Räumliches

Ein Teilnehmer in einem Präsentationstraining stellte uns vor kurzem die Frage: «Ich habe schon zweimal die Aufgabe gehabt, unser Unternehmen bei Studenten vorzustellen. Das findet immer in einem Kino statt. Ich stehe auf der Bühne im grellen Scheinwerferlicht und die Studenten sitzen auf den Plätzen, für mich völlig im Dunkeln. Wie kann ich unter solchen Bedingungen Kontakt herstellen?» Unsere Antwort: «Gar nicht!»

Es gilt, sich im Vortragsraum rechtzeitig einzurichten. Manche Räume findet man ideal vorbereitet, andere brauchen noch viele Umbauarbeiten. Sie sollten also frühzeitig am Ort des Geschehens eintreffen, um noch Veränderungen an Licht, Möbeln, Medien, Sitzordnung etc. vornehmen zu können.

Häufig sind Seminar- und Vortragsräume zu voll gestellt. Alle Tische, Stühle, Metaplanwände und Flipcharts, die nicht benötigt werden, sollten aus dem Raum entfernt werden. Der Zuhörer soll Raum zum Atmen haben und seine Sinne auf das Wesentliche konzentrieren können.

Wenn die Gruppengröße es zulässt, fördert das Sitzen in einem Stuhlkreis den Kontakt am ehesten: Alle können alle sehen. Ich sitze als Seminarleiterin während eines Seminars als Referentin vorne, zwischen den Teilnehmern. Für den Vortrag sollen aber alle ihre Stühle noch einmal so verrücken, dass sie gut sehen können, was vorne präsentiert wird. Ich sorge dafür, dass ich während des Vortrags Bewegungsfreiheit habe, sodass ich auch einmal herumgehen, auf einzelne Zuhörer zugehen oder mit Abstand auf die Visualisierungen schauen kann.

Ein Rednerpult oder eine Bühne schaffen immer Distanz zwischen Zuhörer und Vortragendem und erschweren tendenziell den Kontakt. Sie passen aber zu einem großen Publikum.

Medien

Genau wie die Art der Ansprache ist auch die Art der Präsentation ein Kontaktangebot. Ich muss mir überlegen, welches Medium zu mir, zum Thema und zu den Zuhörern am besten passt. Pinnwände und Flipcharts dienen auf jeden Fall einem wirksamen Kontaktangebot. Wenn Sie mit eigenhändig hergestellten Bildern aufwarten, können Sie damit besonders zu Themen der Persönlichkeitsentwicklung einladen. Allerdings haben diese beiden Medien die schlechteste Sichtbarkeit und können kaum bei Gruppen eingesetzt werden, die aus mehr als 20 bis 25 Teilnehmern bestehen. Overhead-Projektoren ermöglichen bei größeren Gruppen bessere Sichtbarkeit als Pinnwände oder Flipcharts. Je nachdem, wie ich die Folien gestalte, ob ich auch hier mit selbst gemalten Bildern und Handschrift oder aber mit computererstellten Unterlagen arbeite, entsteht ein anderes Bild, ein anderer Eindruck, ein anderes Angebot. Am wenigsten zu persönlichkeitsentwickelnden Themen passt die Powerpoint-Präsentation mit Beamer und Leinwand. Diese Art der Präsentation stellt sich häufig zwischen Redner und Zuhörer – der Redner steht im Dunkeln, die Leinwand ist erhellt, und dort schauen alle hin. Das mag sehr geeignet sein für die Präsentation von Daten vor Großgruppen, wie beispielsweise bei einer Aktionärsversammlung. Die Vor- und Nachteile dieses Mediums werden heftig diskutiert, auf jeden Fall aber ist es dasjenige, das am schwierigsten Kontakt entstehen lässt. Mit den Worten von Clifford Nass, Kommunikationswissenschaftler an der Universität Stanford: «Bei den besten Seminaren während meiner Studentenzeit konnte ich dem Professor beim Denken zusehen. Powerpoint dagegen präsentiert nur die Resultate und unterschlägt den Prozess.» (H. Schmundt, in: Der Spiegel, 12/2004, S. 126)

Einleitung

Natürlich gehören alle einleitenden Worte, die Sicherheit und Orientierung geben, auch zu bodenbereitender Arbeit. Näheres hierzu finden Sie im Kapitel 6. Dort wird detailliert beschrieben, was zu einem Einstieg in den Vortrag alles gehört.

Stichprobenumfragen

Viele Vorträge sind eingebettet in einen größeren Rahmen wie beispielsweise ein Seminar oder ein Schuljahr. Fehlt dieser Rahmen, braucht es ein kurzes Kennenlernen am Anfang. Natürlich stelle ich mich vor, aber ich muss auch, um selber Kontakt zu bekommen, etwas von den Zuhörern erfahren. Stichprobenumfragen bieten sich für den Anfang von Vorträgen an, weil in der Regel die Zeit zu knapp und die Gruppe zu groß ist, als dass jeder sich kurz vorstellen kann. Das klingt beispielsweise so: «Wir können keine Vorstellungsrunde machen, dafür sind wir zu viele und die Zeit ist zu kurz. Aber es interessiert mich doch, von einigen zu hören, wie und warum Sie hier sind. Ich würde gerne drei bis fünf Stimmen hören zu diesen drei Fragen: Was ist Ihre Aufgabe im Unternehmen, was interessiert Sie aufgrund dessen am Thema, und: Gibt es eine Frage, die Sie mitgebracht haben und zu der Sie gerne eine Antwort hätten?» Diese Einleitung sollte nicht ausschließlich zur Herstellung eines «Anwärm-Klimas» dienen, sondern tatsächlich inhaltlich einen Einstieg darstellen. Als Rednerin tue ich dann gut daran, auf die Antworten einzugehen, also falsche Erwartungen gleich zu enttäuschen («Es tut mir Leid, aber dieser Aspekt wird heute nicht im Mittelpunkt stehen») oder bestätigend auf sie zu reagieren («Gut, mir scheint, das sind genau die Themen, die ich heute behandeln werde ...»). Die gestellten Fragen sollten ebenfalls nicht im Raum hängen bleiben, sondern sofort oder im Vortrag beantwortet werden. Im letzteren Fall: Erwähnen Sie, dass diese Fragen im Vortrag beantwortet werden, und nehmen Sie an der entsprechenden Stelle im Vortrag Bezug auf die Frage. Alternativ: Sagen Sie, dass der Vortrag diese Fragen aufgreift und dass die Fragensteller, falls sie am Ende des Vortrags keine Antwort gefunden haben, gerne nachhaken können.

5.3.2 Dialogische Methoden im Vortrag

Blickkontakt

Man kann nicht Kontakt halten, ohne in die Runde zu blicken, mal mehr auf Einzelne und in die Augen, mal eher rundum. Fast jeder Raum hat einen toten Winkel, einen Platz, auf den man aus der Perspektive des Redners nicht automatisch schaut. Oft sind das Plätze vorne an den Seiten. Damit die dort Sitzenden sich nicht übersehen fühlen, muss man darauf achten, auch diese mit Blicken zu berühren. Eine weitere Gefahr, die wir besonders bei Anfängern in unseren Rhetorikkursen beobachten, ist das Anstarren einer Person. Häufig wählt der Vortragende ein besonders wohlwollendes Gesicht im Publikum aus und hält Einzelkontakt zu dieser Person über die Dauer des gesamten Vortrags. Es ist gut, sich Unterstützer zu suchen – aber schlecht, an ihnen kleben zu bleiben. Das führt bei der Einzelperson meist zu Druck und bei allen anderen zu Missmut.

Aber Achtung! Kontakt mit den Zuhörern setzt Kontakt mit sich selber voraus! Darum muss man auch einmal weggucken. Ich bin schon ein paarmal von Teilnehmern darauf angesprochen worden, dass sie beobachten würden, wie ich zwischendurch im Vortrag auf den Boden blicke – warum ich das täte? Ich erkläre, dass ich mich zwischendurch sammeln muss. Es gibt zum Beispiel komplizierte Fragen, auf die ich keine fertige Antwort bereithabe; das Nachdenken würde mir sehr erschwert, wenn ich dabei in die Runde schauen würde. Auch sonst muss ich mich zwischendurch sammeln, konzentrieren, fokussieren. Das braucht bei mir kleine «Auszeiten», ganz kurze Sprechpausen.

Eine häufig geäußerte Sorge von Teilnehmern in Präsentationsseminaren ist folgende: «Man wirkt doch unprofessionell, wenn man das Sich-konzentrieren-Müssen oder Nachdenken nötig hat und auch zeigt!» Wir sehen das anders und finden das professionell im besten (nämlich: menschlichen) Sinn! Ich bin als Rednerin zwar kompetent im Thema, aber ich bin kein Lexikon und auch kein Computer. Ich muss nicht alles wissen – und schon gar nicht wie aus der Pistole geschossen. Das Bemühen um Schlagfertigkeit in allen rhetorischen Lebenslagen ist eher Anfängerehrgeiz. Es darf Fragen geben, auf die ich keine Antwort weiß oder wo ich um Antwort ringe. Auch und gerade bei Themen aus dem menschlich-persönlichen Bereich ist sichtbare Nachdenklichkeit eine professionelle Tugend. Das macht manchen Vortrag sogar noch interessanter.

In dem Moment, wo ich mir selber die Erlaubnis gebe zu Brüchen und Unkenntnis, zu Fragen, die ich selbst habe, Pausen, die ich brauche, und diese Erlaubnis innerlich trage, strahle ich diese Überzeugung auch aus. Und Zuhörer spüren und respektieren sie – in aller Regel und besonders dann, wenn ich tatsächlich auch eine gehörige Portion Kompetenz mitbringe.

Das heißt also unterm Strich: (Blick-)Kontakt gilt es zu wahren in dem Maß, wie ich den Kontakt zu mir selbst nicht verliere. Und das nicht nur an schwierigen Punkten, sondern überhaupt, um den Draht zum Thema und den eigenen roten Faden zu halten.

Zu Fragen einladen

Bei Vorträgen kommt es häufig zu einem folgenreichen Missverständnis: Der Redner meint, die Zuhörer würden schon Fragen stellen, wenn sie welche hätten; die Zuhörer hingegen trauen sich nicht zu fragen, weil sie dazu nicht aufgefordert wurden und auch keinen geeigneten Zeitpunkt im Vortrag finden. Man muss als Redner zu Fragen einladen und auch den geeigneten Zeitpunkt dafür benennen. Grundsätzlich gilt hier, dass man den Zuhörern für das Finden der Fragen auch genug Zeit einräumt, abwartet und nicht zu schnell im Programm weitermacht. Einladend ist auch, wenn man beim Warten auf Fragen in die Zuhörerschaft schaut, nicht auf den Text des Vortrags oder auf die Leinwand. Nur so spüren Zuhörer, dass die Frage nach den Fragen ernst gemeint ist und nicht nur freundliche Attrappe. Und nur so erhalte ich fundierte Rückmeldungen, denn es braucht ja wirklich manchmal Zeit, eine Frage zu finden und zu formulieren.

Auch die Art, wie ich zu Fragen einlade, hat Einfluss auf ihre Quantität und Qualität. Je schüchterner, ängstlicher und untereinander nicht bekannt eine Gruppe ist, desto mehr muss ich für eine niedrige Sprunghöhe und eine gute Vorlage sorgen. Das heißt, ich sorge dafür, dass das Antworten wenig Unsicherheit bereitet. Das kann ich tun, indem ich

- die Frage nicht zu allgemein stelle, sondern in ihr schon einen Rahmen mitgebe: «Zu meinen Thesen kommt ja nun Ihre Unternehmenssicht: Was entstehen aus Ihrer Kultur heraus für Fragen?»;
- das womöglich Heikle an der Frage mitberücksichtige und gleich benenne: «Gibt es dazu Fragen? Und auch wenn Sie eine Frage haben, von der Sie denken, sie sei vielleicht etwas zu speziell auf Ihre Situation bezogen – umso besser! So können wir das Thema mit dem ihrigen verknüpfen!»

Fragen aufnehmen

Wenn ich nun zu Fragen einlade, dann muss ich sie auch irgendwie aufnehmen. Ich kann sie

1. schlicht und ergreifend **beantworten**. Am Ende meiner Antwort frage ich häufig nach mit «War das eine Antwort auf Ihre Frage?», denn manchmal hat man einen falschen Aspekt betont, die Frage falsch verstanden oder der Fragende hat mich nicht verstanden. Dann in die nächste Runde!
2. an das Publikum **weitergeben**. Das ist wiederum kontaktfördernd und verlebendigend, weil alle einbezogen sind. «Was meinen die anderen?» «Haben Sie als Kollegen zu dieser Frage eigene Erfahrungen?» Dies eignet sich besonders für Fragen, von denen ich meine, dass alle Anwesenden durchaus etwas dazu sagen könnten. Weniger geeignet ist das für Fragen, bei denen ich als Fachfrau angesprochen werde. Nach einigen Antworten aus dem Publikum gebe ich auch meine Antwort, denn schließlich ging die Frage ursprünglich an mich. An dieser Stelle aber Vorsicht! Die entfachte Dynamik in der Gruppe kostet Zeit und entbehrt oft der Prägnanz, sodass der Vortragende bald auf die Armbanduhr schaut und mit Verlegenheitsfloskeln beginnt («Wir können das hier leider nicht ausdiskutieren»), um die Geister, die er fahrlässig rief, wieder loszuwerden. Oder er lässt es laufen und wird hinterher von genau den Teilneh-

mern für das Verlassen des Themas gerügt, die zur Dynamisierung beigetragen haben.

3. mit einem **Quasi-Rollenspiel** beantworten. Quasi-Rollenspiele sind eine Art, auf Fragen zu reagieren, indem ich, statt zu antworten, etwas vormache. Zum Beispiel bei der Frage «Wie kann man mit Vielrednern umgehen?» reagiere ich so: «Okay, dann spielen wir: Sie sind mal der Vielredner, und ich mach mal vor, wie ich es machen würde ...» Oder aber alternativ: «Ich spiele mal einen Vielredner, und Sie machen vor, wie Sie normalerweise reagieren. Danach können auch andere probieren.» So sammeln sich schnell viele Ideen zum Vorgehen, die man hinterher gemeinsam auf ihre Brauchbarkeit bewerten kann. Diese Art zu antworten dient neben der Kontaktförderung der Verlebendigung. Quasi-Rollenspiele bleiben oft lange in Erinnerung und erzeugen häufig eine lebendige – lustige oder aufgeregte – Stimmung. Diese Intervention eignet sich bei Fragen zu zwischenmenschlichen Dynamiken und Interaktionen.

Zu Reaktionen einladen

Ähnlich wie zu Fragen kann ich auch zu Reaktionen einladen. Reaktionen können Beispiele, Erlebnisberichte, Irritationen, Bestätigungen und Widersprüche der Zuhörer sein. Manchmal bietet es sich an, gleichzeitig «Fragen und Reaktionen» zu erbitten, denn während manche Zuhörer eher auf einer Frage «sitzen», sind andere mit bestimmten Themen einfach nur beschäftigt. Dass diese Gedanken, auch ohne in eine Frage verpackt zu sein, Ausdruck finden können, trägt bei zur Erleichterung der Zuhörer, schafft gleichzeitig Kontakt und fördert somit das Gesamtlernklima.

Persönliche Beispiele und Schattennachrichten

Beispiele, die das Thema mit dem Erfahrungswissen des Vortragenden verbinden, sind in einem Vortrag oftmals kleine Highlights. Hier kommen Theorie und Praxis in Ihrer Person als Redner zusammen;

Sie werden als Mensch und Experte gleichzeitig sichtbar. Sie können als Vortragende vor Lehrern Beispiele verwerten, die Sie aus Ihrem Leben als Mutter von zwei Schülern kennen. Sie können als Geschichtslehrer vor Schülern berichten, wie Sie die Zeit des Kalten Kriegs persönlich erlebt haben, und prägnante Erlebnisse, die diese Zeit verdeutlichen, anführen.

Schattennachrichten sind Beispiele aus dem eigenen Leben, wo man selber einmal eher «doof» dastand. Zum Beispiel: Wenn ich einen Vortrag zu den Phasenverläufen in Gruppen halte, dann geht es an einer Stelle darum, dass es nicht gut für Gruppen ist, wenn sie zu lange im «Storming» (Phase der Auseinandersetzung) verweilen, und dass es Aufgabe des Leiters ist, Gruppen durch solche Phasen gut hindurchzuführen. Ein Beispiel dafür liefert eine Seminarsituation aus meinem frühen Berufsleben, in der ein Kollege und ich genau das nicht getan und die Gruppe geradezu in eine «Storming-Spirale» geschleust haben. Im Detail lässt sich sehr schön aufzeigen, wie wir das gemacht haben und wozu das geführt hat – nämlich zur frühzeitigen Auflösung der Gruppe. Die Teilnehmer bekommen so, abgesehen vom Informationsgehalt des Beispiels, mehr von mir mit, es wird menschlicher und ehrlicher. Ich entgehe der Gefahr, von vielen «Laien» als der «Guru» angesehen zu werden, indem ich mir bewusst und gestaltet eine Blöße gebe.

Wichtig ist, hier nicht des Guten zu viel zu tun. Ihre Zuhörer sind sonst vielleicht persönlich gestärkt und ermutigt, halten Sie allerdings für eine Pfeife: Trotz, nicht wegen Ihnen war der Vortrag ein Gewinn.

Schöpfen aus dem Hier und Jetzt

Im Miteinander während des Vortrags können sich Dinge ereignen, die wunderbar in den Vortrag eingeflochten werden können.

Hier gibt es mindestens zwei Möglichkeiten:

Sie können zum einen an den Vorredner anknüpfen. Manchmal haben Zuhörer Fragen oder Kommentare, die man immer wieder aufgreifen kann. Zum Beispiel: Bei einem Vortrag zum Thema «Metakommunikation» für Führungskräfte, in dem es darum geht, dass man mit seinem Team in regelmäßigen Abständen darüber sprechen soll, *wie* die Arbeit miteinander erlebt wird, sagt ein Zuhörer recht früh: «Ja, das leuchtet mir ja alles ein, aber dafür haben wir gar keine Zeit!» Nun kann der Redner im Verlauf des Vortrags bei den verschiedenen Schritten und Ebenen in der Metakommunikation darauf zurückkommen und deutlich machen, was passiert, wenn man sich keine Zeit dafür nimmt: An anderen Stellen kostet es langfristig viel mehr Zeit, wenn man auf regelmäßige Teamgespräche verzichtet.

Zum anderen kann man gemeinsam erlebte Situationen mit dem Thema verbinden. Wenn ich zum Beispiel vor Trainern im Rahmen eines Seminars einen Vortrag halte zum Thema «Umgang mit schwierigen Seminarsituationen», dann kann ich Begebenheiten aufgreifen, die wir in dieser Gruppe gemeinsam als schwierig erlebt haben, und anhand dessen vertiefen, warum ich mich als Leiterin an welcher Stelle wie verhalten habe.

Solange der Beitrag eines Zuhörers oder das Ereignis, in das verschiedene Anwesende involviert sind, respektvoll vom Redner aufgegriffen wird, ist es in der Regel in Ordnung. Aber Vorsicht: Manchmal ist es Teilnehmern nicht recht, mit dem Eigenen derart in den Mittelpunkt gerückt zu werden. Niemand sollte sich an den Pranger gestellt fühlen.

Diskussionen

Diskussionen sind meist die lebhafteste Art der Auseinandersetzung einer Gruppe mit einem Vortragsthema. In diesen Phasen wird man vom Redner zum Moderator. Manche Redner lieben Diskussionen, andere meiden sie, was oft mit dem Vertrauen in die eigene Moderationsfähigkeit zu tun hat. Bei manchen gehören sie als Standard an das Ende eines Vortrags, andere laden schon zwischendurch dazu ein. Eine Gefahr bei Diskussionen ist, dass immer die Gleichen reden und andere still dabeisitzen. Es gilt, Diskussionsphasen aktiv zu gestalten, vor allem durch konkrete Fragen und die Lenkung der Redebeiträge. Man gibt inhaltliche Verantwortung ab zugunsten der prozessualen Leitung (siehe hierzu Seifert 1999). Bei guter Moderation kann eine Gruppe in sehr lebendige Auseinandersetzung mit einem Thema treten.

Heikle und persönliche Themen können jedoch nur in Gruppen zur Diskussion gestellt werden, in denen es schon ein hohes Maß an Vertrauen und Nähe gibt. In Gruppen, die weniger vertraut miteinander und mit ich-nahen Themen sind, melden sich meist zunächst die abwehrenden Kräfte in der Gruppe. Zum Beispiel fragte kürzlich eine Teilnehmerin nach einem Vortrag über Gruppenphasen und die Notwendigkeit zur konfliktären Auseinandersetzung über unterschiedliche Bedürfnisse in Gruppen, ob es nicht auch Gruppen gäbe, wie zum Beispiel Reisegruppen, in denen das nicht von Bedeutung sei. Der Vortrag richtete sich an junge Führungskräfte, die alle untereinander und in ihren Abteilungen Konflikte erlebten. Wären wir dieser Teilnehmerin gefolgt, hätten wir lange über Begriffsdefinitionen und konstruierte Situationen sprechen können. Das hat auch seinen Wert, ist aber dann sehr ungünstig, wenn diese Diskussionen das erreichte und teilweise bedrohliche Tiefenniveau wieder verflachen lassen und eine persönliche Berührung mit dem Thema eher verhindern.

5.3.3 Umgang mit «Störungen»

Eigentlich müsste die Überschrift heißen: «Umgang mit Signalen». Denn erst einmal sind alle Regungen aus dem Publikum Signale, die ich aufnehmen kann im Sinn der Kontaktgestaltung und Prozessorientierung. Dennoch, als Redner erlebt man das Stirnrunzeln des Zuhörers, die Nebengespräche in der letzten Reihe, die kritischen Zwischenfragen oft eher als Störung denn als Chance. Schnell interpretiert man: Mein Vortrag ist zu langweilig, die Zuhörer stehen dem kritisch gegenüber, da machen sich welche lustig über mich … Je länger ich mich innerlich mit diesen Gedanken quäle und äußerlich mehr schlecht als recht weitermache, desto mehr Zeit und Energie werden auf allen Seiten verschleudert, und der gesamte Vortrag leidet.

Das einzige hilfreiche Mittel ist, sich im Kontakt mit den betreffenden Personen Gewissheit zu verschaffen über das, was wirklich los ist. Vielleicht ist ein Teil der Phantasien wahr, dann kann ich darauf eingehen: «Ach so, es war ein langer Tag, und dies ist der letzte Vortrag von vielen, und Sie können gar nicht mehr gut zuhören – das kann ich gut verstehen. Dann werde ich schnell zum Ende kommen und Sie zu einer Übung einladen. Da müssen Sie nicht mehr zuhören, da können Sie selber was machen!» Oder ich kann unbesorgt weitermachen, weil sich die «Störungen» von selbst erledigt haben.

Bei vermeintlichen oder tatsächlichen Störungen gilt aber immer: Rollen Sie Widerständen den roten Teppich aus! Der schweizerische Klärungshelfer Christoph Thomann nennt das (Thomann und Schulz von Thun 2003, S. 87 f.) «sich mit dem Widerstand verbünden» und gibt dort für dieses Prinzip zwei Gründe an: 1. Vielleicht hat der Klient völlig Recht mit seinen Bedenken, und dann ist es nur gut, wenn er die Verantwortung für sich selbst übernimmt und auf sich aufpasst. 2. Paradoxerweise wächst die Bereitschaft zur persönlichen Aussage in dem Maße, wie der Klärungshelfer den Widerstand dagegen akzeptiert. Zur «persönlichen Aussage» heißt auf die Vortragssituation angewandt: zum generellen Einlassen auf das Thema und den Referenten.

Übung

«Ich sehe was ...»

Reservieren Sie 20 Minuten für folgende Übung: Schauen Sie doch einmal, was Sie wahrnehmen und wie Sie handeln, wenn es «schwierig» wird.

Wenn Sie an einen Vortrag in jüngerer Vergangenheit denken, der irgendwie schwierig, anstrengend, mühsam war – erinnern Sie sich einmal:

1. Was haben Sie gesehen? Schreiben Sie es auf. (Zum Beispiel: einen Klassenraum mit Tisch- und Stuhlreihen, der Raum zu klein für 32 Zwölfjährige, viele müde Gesichter, einige raufen.)
2. Wen haben Sie gesehen? Schreiben Sie es auf. (Im Beispiel: Lars, Tom und Friedrich, raufend.)
3. Wie haben Sie das Gesehene interpretiert? Schreiben Sie es auf. (Im Beispiel: als renitentes, rebellisches, provokatives Aufbegehren gegen mich, die Lehrerin.)
4. Was für ein Gefühl hat das in Ihnen ausgelöst? Schreiben Sie es auf. (Im Beispiel: Ärger, Frust.)
5. Was für ein Verhalten haben Sie daraufhin nach außen gezeigt? Schreiben Sie es auf. (Im Beispiel: laut eingegriffen, Strafen auferlegt, die Jungs auseinander gesetzt.)

Wenn Sie alles aufgeschrieben haben, dann stellen Sie sich folgende Fragen:

6. Wie hätte man das Gesehene auch ganz anders interpretieren können? Denken Sie sich mindestens zwei Alternativen aus. (Im Beispiel: 1. Akuter Bewegungsmangel, weil die letzte Pause wegen Regen auch noch drinnen verbracht werden musste. 2. Die drei Jungs tragen einen realen Konflikt aus, der nichts mit mir zu tun hat.)
7. Was glauben Sie: Wie viel von dem, was in Ihnen vorgeht, wird nach außen sichtbar? (Im Beispiel: ein Großteil.)
8. Was hätte ein Zuhörer hinterher zu einem Freund gesagt auf die Frage: «Wie ging es dem Redner?» (Im Beispiel: Die Kinder hätten zu Hause erzählt: Frau Martius war ganz schön sauer!)
9. Hätten Sie gerne ein anderes Verhalten gezeigt? Welche Alternativen kommen Ihnen in den Sinn? (Im Beispiel: Ja! Lieber hätte ich erst mal die Ruhe bewahrt und geschaut, was da los ist ...)

Es folgen drei Möglichkeiten, wie Sie konkret solche Störungssituationen angehen können:

1. Signal aufgreifen und ansprechen

Ich kann jede Geste, jedes Gespräch aufgreifen im Sinne von: «Sie beide haben gerade so vielsagende Blicke ausgetauscht. Hat das mit dem Thema oder mit was anderem zu tun? Mögen Sie es sagen?» Ich spreche hier nicht im Oberlehrerton, sondern mit interessierter, fragender Haltung. Die Angesprochenen werden entweder etwas zum Thema sagen, was ich dann kommentiere, oder aber sie werden den Inhalt für sich behalten («Das hat nix mit hier zu tun.»), was ich dann auch so stehen lasse («Ach, so, dann weiter im Text ...»). Der Effekt ist häufig der, dass die «Aussteiger» zurück ins Boot steigen.

2. Hypothesen überprüfen

Ich kann als Redner die Hypothesen, die ich über bestimmte Signale habe, veröffentlichen und hinterfragen. Zum Beispiel: «Deutet Ihr Stirnrunzeln darauf hin, dass Sie anderer Meinung sind?» Oder: «Sehe ich Skepsis in Ihrer Miene, Herr Krogmann?» Vielleicht ist meine innere Befürchtung, der- oder diejenige ist total genervt! Es wäre allerdings nicht gut, aus der inneren Befürchtung eine Unterstellung zu machen. Das Fragezeichen muss hör- und spürbar sein.

3. Heikles vorwegnehmen

Wenn man Heikles weiß, spürt oder ahnt, kann man es als eine Möglichkeit vorwegnehmen und anbieten. Zum Beispiel: «Vielleicht denken Sie gerade: ‹Das ist ja wirklich typisch Psychologe und Elfenbeinturm – mit uns hat das wenig zu tun.›» Der Effekt hier ist: Wenn ich meinen Zuhörern skeptische, kritische und widerständige Reaktionen auf meinen Vortrag zubillige, dann gebe ich das Signal: «Ja, das ist völlig in Ordnung, so zu denken und zu fühlen!» Das entlastet die Zuhörer, sie rüsten innerlich ab. Wenn ich aber umgekehrt die Zuhörer in ihren Widerständen belagere, das heißt, ihre Zweifel abtue, ihre Einwürfe wegwische und auf kritische Fragen mit Gegenreden reagiere, dann rüsten die Zuhörer auf, es kommt zu einem verbalen Kampf, bei dem vordergründig meist der rhetorisch Überlegene siegt, in Wirklichkeit aber hat keiner etwas gewonnen.

5.4 «Für jeden etwas»: Die Unterschiedlichkeit der Zuhörer berücksichtigen

Geht es um den Kontakt zum Zuhörer, soll und muss die Tatsache berücksichtigt werden, dass die Zuhörerschaft keine graue Masse ist, sondern sich aus einzelnen Individuen mit unterschiedlichen Erwartungen und Bedürfnissen zusammensetzt. Bisher haben wir so getan, als wären alle Zuhörer gleich. Aber natürlich ist das nicht so. Menschen sind unterschiedlich, Zuhörer auch. Jeder, der da sitzt, ist einzigartig und hört mit anderen Bedürfnissen und Befürchtungen einen Vortrag. Und deshalb werde ich als Vortragende niemals alle gleichermaßen begeistern können. Meine Art zu reden mag dem einen liegen und den anderen nerven. Die von mir eingesetzten Mittel und Methoden sprechen manchen an, andere werden vielleicht eher verprellt. Wenn ich zum Beispiel einmal denjenigen, die gerne ein paar Zahlen und wissenschaftliche Fakten zur Untermauerung einer These hören, diese auch anbiete, langweile ich gerade diejenigen, die genau das überhaupt nicht interessiert und die eher auf lebensnahe Beispiele zur Erläuterung eines Modells angewiesen sind. Eine bestimmte Art Kontakt und das Maß an Kontakt können nie für alle Hörer gleich gut sein.

Es kann keine garantiert immer hilfreiche Gebrauchsanweisung geben nach dem Motto «Wie ich zu jedem Zeitpunkt jedem Wunsch der Zuhörer zu hundert Prozent nachkomme und somit einen glänzenden Vortrag halte». Vielmehr resultieren aus dem Betrachten der Unterschiedlichkeit auf der Zuhörerseite zwei Faktoren:

Die **Entlastung**: Das Wissen, dass im Vortragsgeschäft immer auch kleine Krisen, Unzufriedenheiten und Anstößigkeiten ganz natürlich entstehen, ist zunächst einmal entlastend: Niemand kann es jemals allen recht machen! Man kann den unterschiedlichen Bedürfnissen zu unterschiedlichen Zeitpunkten entgegenkommen, muss dabei vorübergehend aber immer auch einen bestimmten Teil der Zuhörerschaft frustrieren. Ruth Cohn hat eine Faustregel aufgestellt, die sich in unserer Berufspraxis immer wieder bewahrheitet: Wenn man es mit Gruppen zu tun hat (sie meinte hier vor allem Gruppenleiter, nicht explizit Vortragende), dann gilt: 60:20:20. Das heißt: 60 Prozent der Teilnehmer werden in einem mittleren Maß angeregt sein, 20 Prozent gar nicht und 20 Prozent in höchstem Maß. Wenn wir uns als Vortragende das Ziel setzen, alle Zuhörer in höchstem Maß zu begeistern, dann wird der eigene, zu hohe Anspruch zum Hemmnis. Dann kann ich nur scheitern! Wenn ich mir hingegen vor Augen führe, dass ich unterschiedliche Menschen an ein Thema heranführe, auf das sie logischerweise unterschiedlich reagieren, dann wird es schon leichter.

Die **Sensibilisierung** für die unterschiedlichen Bedürfnisse: Gut zu wissen, mit welchen Themen und Methoden man bestimmte Menschen eher strapaziert und provoziert. Und auch gut zu wissen, womit man sie trotzdem im Boot hält. Dabei richtet sich der Blick unweigerlich auf uns selbst: So wie die Hörer unterschiedlich sind, sind es auch wir Redner.

Ein interessantes Phänomen dabei ist, dass man die Vorlieben, die man selber als Zuhörer hat, meist auf alle anderen überträgt und meint, dass das, was man selber schön findet, auch für alle anderen gilt. Zum Beispiel: «Das Schlimmste ist, wenn der da vorne ohne Überblick und Erläuterung der Vortragsstruktur anfängt – ein Kardinalfehler, der nur Anfängern passiert und in der Regel allen anderen auch auffällt!» Nein! Es gibt eine Sorte Zuhörer, die stört das überhaupt nicht, im Gegenteil, die finden, dass lange Vorreden eher aufhalten und langweilen. Es ist immer gut zu wissen, dass es Menschen der ganz anderen Art gibt; und die sind nicht anders, um mich zu provozieren oder zu ärgern, sondern die sind «von Haus aus» anders. Vielleicht merken Sie beim Lesen der folgenden Seiten, wo Sie selber eher zu Hause sind und welche Art Ihnen eher fremd ist. Wahrscheinlich provozieren oder frustrieren Sie durch Ihre Art in der Regel diejenigen, die Ihnen auch jetzt gerade eher fremd erscheinen. Dann gilt es in Zukunft bei der Planung und Vorbereitung Ihrer Vorträge, diese etwas mehr im Blick zu behalten und ihnen entgegenzukommen. Man ist eben als Vortragende für manche eine Zumutung und für manche eine Bereicherung. Aber wenn man schon eine Ahnung gewinnt, für wen man eine Zumutung sein könnte, dann lässt sich in Teilen gegensteuern.

Grundeinstellung des Zuhörers zum Vortrag

Das «Sich-selber-Einstellen» auf den Vortrag geschieht meist unbewusst und automatisch. Gelegentlich trägt zur Art der eigenen Einstellung auch die Einstellung der anderen bei, und so kann ein Skeptiker in einem enthusiastischen Gesamtklima eventuell aufgeschlossener werden, als er es von sich aus je gewesen wäre. Gehen wir aber der Einfachheit halber von dem Einzelnen, unabhängig von der Gruppe, aus. Was trägt eigentlich dazu bei, wie jemand in einen Vortrag geht?

Nie wird alles sichtbar werden, was Teilnehmer an Ballast oder an wertvollem Gepäck in Vorträge mitschleppen. Die inneren Mitbringsel bleiben den anderen größtenteils verborgen. Manchmal, besonders auf Anfrage, bekommt man als Mitstreiter oder Vortragender eine Ahnung oder eine kleine Kostprobe. Im Folgenden beschreiben wir drei zusammenhängende «Rucksäcke» näher.

Der Zuhörer auf dem Weg zum Vortrag

Zunächst spielen **aktuelle Befindlichkeiten** eine Rolle: Habe ich Zeit? Geht es mir körperlich gut? Fühle ich mich in diesen Räumen mit diesen Menschen wohl? Bin ich eher vortragsmüde oder vortragshungrig? Ist das angekündigte Thema für mich vielversprechend oder nichts sagend? Und so weiter ... Die aktuellen Befindlichkeiten sind zunächst dem Redner unbekannt und von ihm nicht zu beeinflussen, im Lauf des Vortrags mag sich das ändern und durch die verschiedenen Mittel der Kontaktanbahnung erhellen.

Über die aktuellen Befindlichkeiten hinaus hat jeder seine persönliche **Zuhörerbiographie**: Alle Erfahrungen, die ich in meinem Leben als Zuhörer gemacht habe, in der Schule und in der Ausbildung vor allem, sammeln sich zu einer Grundeinstellung und zu einem Grundgefühl, mit dem ich dann zu einem Vortrag gehe. Da laufen innerlich Filme ab mit früheren Erlebnissen und verdichten sich zu einer Erwartung oder Befürchtung. Vielleicht ist meine Haupterinnerung: Wenn ich hier nicht höllisch aufpasse, dann kann ich nachher die Fragen des «Lehrers» (= Vortragenden) nicht beantworten und werde vor der «Klasse» (= Gruppe) bloßgestellt. Daraus resultiert eine eher angstmotivierte Haltung. Oder anders: In Vorträgen kann man immer wunderbar abschalten, manchmal sogar schlafen – eine herrliche Gelegenheit zu entspannen! Die hieraus resultierende Haltung ist eine gänzlich andere; während der erste Zuhörer ein sehr aufmerksamer (wenn auch ohne Interesse für das Thema) sein wird, muss beim zweiten schon sehr viel passieren, dass er sich dem Vortrag wirklich widmet. Beides hat noch nichts mit der realen Rede zu tun, aber es sind eben diese mitgeschleppten «Rucksäcke», die unsichtbar den Raum füllen.

Zuletzt spielt dann noch der **Charakter** des Zuhörers eine Rolle. Wie wir auf bestimmte Themen und bestimmte Menschen reagieren, hat mit unserem Charakter zu tun. Unser Charakter bestimmt uns in unserem Handeln und Denken. Und beeinflusst so auch die Einstellung zu einem bestimmten Vortrag. Genau wie die aktuelle Befindlichkeit und die Zuhörerbiographie ist der Charakter individuell. Jedoch lassen sich ein paar allgemein gültige Aussagen treffen, die dem Vortragenden in seiner Ausrichtung auf das Publikum Orientierung geben.

Exkurs: Charakterstrukturen des Menschen

Ein sehr eingängiges Modell zur Unterscheidung von Menschen in ihren Charakterstrukturen geht auf Fritz Riemann (1989) zurück, der in seiner tiefenpsychologischen Studie «Grundformen der Angst» vier Hauptformen seelischer Erkrankungen beschreibt. Christoph Thomann (Thomann und Schulz von Thun 2003) hat die Typologie Riemanns auf gesunde, «normal-neurotische» Charaktere übertragen und dabei vier Grundstrebungen beschrieben:

Aufgrund der unveränderlichen Tatsache, dass wir alle in einer räumlichen Welt und als Menschen unter Menschen leben, müssen wir uns der Frage stellen, wie nah oder fern wir den uns umgebenden Dingen und Wesen sein wollen. Daraus entstehen die Strömungen **Nähe** und **Distanz**. Beide sind, jedoch in unterschiedlicher Ausprägung, in allen Menschen angelegt. Die Nähe-Strömung beschreibt das Bedürfnis des Menschen nach Zugehörigkeit, Symbiose, Wärme, Freundschaft, Zusammensein, Liebe, Harmonie und Geborgenheit. Die größte Angst aus dieser Sicht ist es, mutterseelenallein auf der Welt zu sein. Die Distanz-Strömung beschreibt genau das Gegenteil und damit auch genau

Als Mensch unter Menschen: Nähe und Distanz

das, was aus Sicht der Nähe-Strömung geradezu bedrohlich und abschreckend wirkt: ein Bedürfnis nach Freiheit, Autonomie, Alleinsein, Abgrenzung, Nein-Sagen, Anders-sein-Dürfen, Rückzug und Respekt. Hier ist die größte Angst die vor «Verschmelzung und symbiotischer Anklammerung». Wiederum sind Nähe-Bedürfnisse aus dieser Sicht tendenziell angsterzeugend.

Im Fluss der Zeit: Dauer und Wechsel

Die weitere unveränderliche Tatsache, der wir Menschen ausgesetzt sind, ist der Lauf der Zeit. Die Welt verändert sich und wir uns mit ihr. Wir müssen uns also fragen: Setzen wir auf **Dauer** oder auf **Wechsel**, also auf Beständigkeit oder auf Veränderung? Auch diese beiden Strömungen sind – wiederum in unterschiedlicher Ausprägung – allen Menschen gemeinsam. Die Dauer-Strömung beschreibt das Bedürfnis des Menschen nach Struktur, Ordnung, Planbarkeit, Überschaubarkeit, Berechenbarkeit, Recht, Sicherheit. Die größte Angst lautet hier, im Chaos zu versinken. Die Wechsel-Strömung beschreibt das genaue Gegenteil und damit auch das, was aus Sicht der Dauer-Strömung bedrohlich und tendenziell abstoßend wirkt: ein Bedürfnis nach Neuem, Buntem, nach Veränderung, Abwechslung, Innovation, Tapetenwechsel und Tempo. Die größte Angst hier ist die vor Stillstand, Erstarrung. Wiederum wirken Dauer-Bedürfnisse aus dieser Sicht einengend, lahm und spießig.

Jede der vier Strömungen steht für bestimmte Hauptqualitäten und Prinzipien, die auf folgendem Koordinatenkreuz exemplarisch zusammengetragen sind:

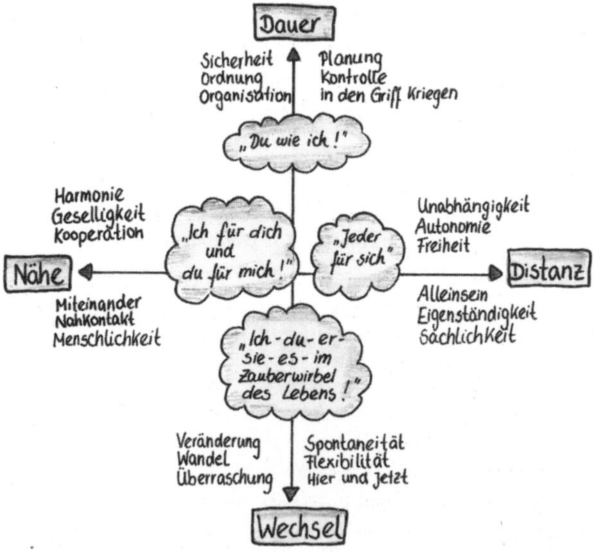

Hauptqualitäten und Prinzipien der vier Grundströmungen

Zuhörer sind unterschiedlich

In Anlehnung an das Riemann-Thomann-Modell unterscheiden wir nun vier Typen von Zuhörern. Dies ist eine unrealistische Vereinfachung, weil sich Charaktere nie aus nur einer Strömung speisen. Es gibt keine «Typen in Reinkultur». In Wahrheit haben Menschen die vier Strömungen gleichzeitig in sich, allerdings in unterschiedlicher «Dosierung». So haben alle Menschen ein Bedürfnis nach Nähe; nur, was dem einen schon zu viel ist, ist dem anderen noch zu wenig. Sonst hätten wir für den «distanzorientierten Zuhörer» (den es in Reinform nicht gibt) das ganze Kapitel zum Thema Kontakt für ungültig erklären müssen. Aber auch für ihn gilt, dass es ein Netz braucht – nur eines von anderer Webart. Wie immer bei Modellen soll die Vereinfachung eine hilfreiche Veranschaulichung ermöglichen, sodass der Vortragende die beschriebenen Strukturen berücksichtigen kann.

Da Menschen die Vortragssituation entsprechend ihrem Charakter unterschiedlich erleben, manches gut und anderes entsetzlich finden, lassen wir die unterschiedlichen Zuhörer selbst zu Wort kommen.

Der näheorientierte Zuhörer

«Was mir in Vorträgen wirklich wichtig ist, ist die Stimmung. Ich finde es schön, wenn die Zuhörer untereinander und auch mit dem Vortragenden nett und freundlich umgehen. Lieb ist mir auch, wenn der Redner Beispiele anführt, die meinem oder seinem Leben entspringen, sodass der Vortrag etwas persönlich und weniger theoretisch wird. Am besten natürlich, wir kommen aus dem anonymen Nebeneinander heraus und machen themenbezogene Übungen zu zweit oder in kleinen Gruppen. Da lernt man sich ja auch erst richtig kennen. Apropos Kennenlernen: Am besten, man erhält am Anfang die Gelegenheit, dass alle sich mal vorstellen. Auch der Vortragende natürlich! Mich interessiert schon mehr als nur der Name, auch was für einen Menschen ich da vor mir habe, wie der lebt, was den interessiert und wie der zu diesem Thema kommt. Mein schönster Vortrag? Neulich hatte ich eine Rednerin – herrlich: Das war so eine gütige, mütterliche Person, die alle immer ganz lange angeschaut hat, ob es auch passt und ob alle noch dabei sind.

Nähe

Die hat uns auch viel gefragt und kleine Übungen mit uns gemacht, wo wir uns mal zu zweit und mal mit mehreren ausgetauscht haben. Toll war auch, dass sie ganz viel aus ihrem Leben erzählt hat. Das Thema war auch interessant: ‹Unterschiede zwischen Männern und Frauen in der Kommunikation!› Dabei kam übrigens raus, dass die Unterschiede gar nicht so groß sind, und vor allem, dass man sie überwinden kann! Am Ende ist sie ganz lange geblieben und hat sich mit vielen noch persönlich unterhalten.

Ich brauche keine Hochglanzpräsentation; liebevolle, handgemalte Charts finde ich viel schöner! Fürchterlich ist, wenn die Leute die Vortragssituation nutzen, um sich gegenseitig niederzumachen: Wenn die Zuhörer dem armen Vortragenden auf den Zahn fühlen und solche ‹Testfragen› stellen, das tut mir dann immer Leid. Oder wenn der Vortragende sich Leute aus der Menge greift und die ‹abfragt› oder irgendwie konfrontiert – brrrr!»

Der distanzorientierte Zuhörer

Distanz

«Also zunächst einmal: Vorträge sind erwiesenermaßen eine wirklich sinnvolle Erfindung! Müsste es viel mehr geben … Ich begrüße es, neue Informationen aufzunehmen, und es bereitet mir intellektuelle Freude, einem Fachmann oder einer Fachfrau bei einem interessanten Thema zuzuhören. Wichtig ist dabei immer, dass die vermittelten Inhalte in bereits vorhandene Erkenntnisse, Modelle oder Theorien zu dem entsprechenden Thema eingebettet oder zu ihnen in Bezug gesetzt werden. Allerdings gibt es da so eine Mode unter Rednern, die ist mir schleierhaft: Diese ganzen Kennlern-Spielchen und Austausch-Ründchen, zu denen manche Redner einen zwingen, sind doch reine Zeitverschwendung, nein, mehr: ein Graus! Ich habe mich auch neulich geweigert, an so einer Übung teilzunehmen. Da sollte ich nach einer Besinnung – die war schon eine peinliche Zumutung! – einem völlig Fremden meine Gedanken mitteilen – auch noch zum Thema: ‹Meine Konfliktgeschichte›! Meine Güte! Ich stricke mir schon selber was zusammen aus dem Gehörten, da muss mich keiner an die Hand nehmen! Mein schönster Vortrag? Ja neulich, da habe ich eine echte Koryphäe hören dürfen, Prof. Dr. Zahl, der Guru auf dem Gebiet des Steuerrechts! Der hat einen umfassenden Vortrag mit perfekter Visualisierung über Powerpoint gehalten und am Ende äußerst kompetent auf unsere Fragen geantwortet. Auch meine teilweise kritischen Anmerkungen schienen willkommen, und andere Meinungen durften ausgedrückt werden. Und am Ende gab es ein Skript mit Literaturempfehlungen. Bücher sind nämlich in Wahrheit die allerbesten Informationsübermittler, gefolgt von Zeitungen und dem Internet!»

Der dauerorientierte Zuhörer

Dauer

«Wenn ich zu einem Vortrag gehe, dann muss ich mich erst mal orientieren und einen guten Überblick gewinnen. Ich muss wissen, wohin die Reise geht, sonst steige ich nicht ein. Was kommt wann? Wie lange dauert das Ganze? Welches Ziel hat die Veranstaltung? Was werden – im Überblick – die behandelten Inhalte sein? Ich finde es immer gut, wenn man Unterlagen bekommt, sodass die Inhalte nicht verloren gehen, falls man etwas nicht mitkriegt. Zeit zum Mitschreiben ist deswegen auch wichtig.

Ein Vortrag beginnt mit seiner Ankündigung: Mir fällt auf, dass immer weniger Redner über das reden, was ursprünglich ausgeschrieben wurde, und meistens auch nicht zu der angekündigten Zeit. Eine Viertelstunde Verspätung fällt ja schon keinem mehr auf, also sagt man ja schon gar nichts mehr, aber neulich, da war ich auf einem Seminar, da haben die Leiter einen Vortrag ganz weggelassen, angeblich aus Zeitmangel. Aber der war ja selbst produziert! Also vielen Dank! Da hab ich aber auch gesagt: ‹Liebe Leute, so geht das nicht!› Und dann: Redezeiten. Kaum einer hält ja die angekündigte Redezeit ein. Da stelle ich mich auf eine Dreiviertelstunde ein, und dann redet jemand ungeniert über eine Stunde! Aber wenn schon unsere Politiker nur mit roten Signalen zur Einhaltung von Redezeiten und Rederegeln zu bewegen sind …

Mein schönster Vortrag? Nun, da fällt mir spontan eine Veranstaltung ein, wo es um die richtige Einrichtung des Arbeitsplatzes ging. Der Vortragende war so ein Typ ‹väterliche Autorität›. Der hat erst mal ein bisschen aus der Statistik und den neuesten Untersuchungen berichtet. Dann hat er mit uns so kleine Experimente gemacht, wo man sofort zum Beispiel merkte, dass eine bestimmte Stellung des Stuhls zum Tisch gar nicht gut sein kann! Am Ende gab es ganz klare Anweisungen auf Checklisten für alle zum Mitnehmen. Da blieben keine Fragen offen!

Ich finde oft anstrengend an Vorträgen, dass am Ende so viel unklar bleibt. Ein neuer Trend scheint ja unter den Rednern heutzutage zu sein, dass man nicht mehr eindeutige Antworten gibt, sondern offene, nach dem Motto: ‹Da gibt es kein Richtig und Falsch – da gilt: Finden Sie das ihrige!› oder: ‹Die Frage lässt sich nur im Einzelfall klären, aber nicht allgemein beantworten.› Das ist mir viel zu wischiwaschi!»

Der wechselorientierte Zuhörer

«Vorträge sollten mit Pep und Schwung vorgetragen werden, am besten mit Humor und Anekdoten gewürzt. Sonst sind Vorträge einfach langweilig. Redner sollten auch die Sinne, nicht nur den Geist der Zuhörer ansprechen. Bunte Bilder, Anschauungsmaterial, Experimente, Knalleffekte – solche Sachen machen wach! Ich halte selber ganz gerne mal einen Vortrag, aber dann meist spontan und ohne große Vorbereitung – dann wird es am besten! Diese Redner, die sicher viel wissen, aber das so trocken runterspulen: Folie für Folie für Folie … öde! Da schlafen

Wechsel

dann ja auch immer alle ein. Da muss schon einer vorne stehen, der auch unterhalten kann! Ich will auch mal lachen zwischendurch oder irgendeine Überraschung erleben. Neulich hat einer in seiner Rede zur Veranschaulichung Plastikfische (irgendetwas hatte der Vortrag mit Fischen zu tun, ich weiß es nicht mehr genau ...) im Publikum verteilt und die durften wir während des Vortrags hin- und herwerfen – sehr lustig war das! Gern stelle ich mich als Rollenspielpartner zu Demonstrationszwecken zur Verfügung – so etwas macht Spaß!

Und mal ehrlich: Man lernt selbst auf den langweiligsten Vorträgen doch mindestens eine andere interessante Person kennen. Erst neulich habe ich mit meiner Nachbarin ordentlich geflirtet – da vergeht die Zeit wie im Flug!

So langsame und besinnliche Einheiten sind mir eine Zumutung! Redner sollten mit Tempo und Pfiff die ganze Sache würzen, vor allem, wenn die Themen trocken sind. Zu lange sollten sie ohnehin nicht reden, lieber mal erlebnisaktivierende Übungen einflechten. Aber bloß nicht solche Austauscheinheiten, die können nämlich sehr anstrengend sein: Zu lange kann ich mir nicht die Geschichten anderer anhören! Besser finde ich Spiele und Outdoor-Übungen.»

Übung
Mein Blick auf unterschiedliche Zuhörer

Beantworten Sie sich die folgenden Fragen. Sie benötigen mindestens eine halbe Stunde Zeit dafür. Reden (!) Sie mit jemandem über all das, was Ihnen dazu in den Sinn kommt – das erhöht den Ertrag!

1. Sie als Zuhörer: Bei welchem der vier Zuhörertypen finden Sie sich am ehesten wieder? Welche der vier Strömungen entspricht Ihnen am meisten? Auch wenn nicht alles hundertprozentig zutrifft: Bei wem stimmen Sie am leichtesten mit ein?
2. Sie als Redner: Welche Zuhörer kommen bei Ihnen auf ihre Kosten? Für welche sind Sie eine Wohltat und Bereicherung? Welche berücksichtigen Sie am meisten, welche weniger, welche gar nicht? Welche Zuhörer gehen Ihnen auf die Nerven? Welche hätten Sie lieber gar nicht dabei? Was tun die? Was ist daran schlimm? Wie gehen Sie damit um?
3. Ohne den Anspruch zu haben, alle gleichermaßen zu «bedienen»: Für welche Zuhörer könnten Sie noch etwas mehr tun? Was bräuchten diese? Was könnten Sie in Ihre Vorträge einbauen, damit sie sich auch besser abgeholt und angesprochen fühlen?
4. Für den nächsten Vortrag: Was bräuchte in diesem Vortrag konkret diese «schwierige» Klientel? Was passt zum Thema und zu Ihnen, das Sie einbauen könnten? Ein paar Statistiken? Eine Übung? Eine exaktere Beschreibung des Ziels der Veranstaltung? Mehr Raum für Redebeiträge der Einzelnen? Wenn der Vortrag keine allzu große Brisanz für Sie hat: Probieren Sie etwas Neues aus!

Redner sind unterschiedlich

Die obige Übung lenkt bereits den Blick in die neue Richtung: Auch als Redner haben Sie ein «Strickmuster». Redner tragen, wie Zuhörer, alle vier Grundströmungen in sich – jedoch in unterschiedlicher Ausprägung. Wesentliche Merkmale der unterschiedlichen «Rednertypen» skizzieren wir im Folgenden:

Nähe: Er schafft ein warmes und nettes Klima, steht für Akzeptanz, Toleranz und Einfühlungsvermögen. Er sieht die Zuhörer wirklich (Blickkontakt fällt leicht), sorgt für Austausch und bringt persönliche Beispiele. Der durch die Nähe-Strebung geprägte Vortragende versucht, das Thema mit dem Leben der Zuhörer zu verbinden, meidet Konfrontationen, kann schwer die eigene Position vertreten und leidet, wenn die Stimmung kritisch oder aggressiv ist.
Distanz: Der durch Distanz geprägte Redner sorgt für eine sachlich-kühle Stimmung, kann gut die eigene Position vertreten, ist thematisch versiert und analytisch. Er ist belesen, kennt Zusammenhänge, provoziert und genießt auseinander gehende Meinungen. Tendenziell hält er sich die Zuhörer auf Abstand und wird als Mensch wenig sichtbar. Und er leidet ein bisschen unter diesem Kapitel («Muss das wirklich sein?»).
Dauer: Ein Redner mit dieser Tendenz sorgt für eine nüchterne und sichere Atmosphäre; er ist gewissenhaft und zielorientiert, hat ausführliche und übersichtliche Unterlagen vorbereitet; er hält die Zeiten ein und hat eine klare und durchschaubare Gliederung. Er kann schwer mit allem Unvorhersehbaren umgehen, auch Prozessorientierung fällt ihm nicht leicht. Er kann autoritär oder rechthaberisch daherkommen.
Wechsel: Vom Wechsel dominiert lässt der Redner eine fröhlich-bunte Stimmung entstehen und bietet dem Zuhörer viel Abwechslung und Anregung – alle bleiben wach und aufmerksam. Er kann kreativ und spontan auf Menschen und Situationen eingehen, ist humorvoll, unterhaltsam, charmant. Allerdings verliert er schnell das Gesamtziel aus dem Auge, ist wenig planvoll und strukturiert.

Vielleicht wäre das anzustrebende Vortrags- und Lebensideal, alle vier Grundstrebungen in gleicher Ausprägung zur Verfügung zu haben: gleich viel Nähe wie Distanz, gleich viel Dauer wie Wechsel. So könnte man den unendlich vielen Vortragssituationen immer wesensgemäß und situationsgerecht begegnen. Diese Überlegung ist rein theoretisch, denn einen solchen Menschen gibt es (zum Glück?) nicht – und wenn doch, dann haben wir es mit einem Erleuchteten zu tun. Oder aber mit einem Langweiler?

Perfekt und ganz ausgeglichen sind wir also alle nicht. Wir haben unsere Schwerpunkte und Haupttalente, mit denen wir wuchern können. Und wir besitzen auch Tugenden, die noch eher unterentwickelt sind. Schwierig wird es im Leben und beim Vortragen besonders dann, wenn mir eine Grundtendenz ganz schwach zur Verfügung steht. Denn das bedeutet gleichzeitig, dass die komplementäre Strebung übergroß vertreten ist. Dann läuft man Gefahr, in einem von vier extremen Vortragsstilen zu landen, die in ihrer Begrifflichkeit von Fritz Riemann geprägt sind: dem depressiven, dem schizoiden, dem zwanghaften oder dem hysterischen Vortragsstil.

Die Fähigkeit zu Nähe und die Fähigkeit zu Distanz sollten mir als Redner beide zur Verfügung stehen, damit ich mich angemessen und flexibel verhalten kann. Im Werte- und Entwicklungsquadrat ausgedrückt zeigt sich, was der Mangel einer Tugend auf der anderen Seite nach sich zieht:

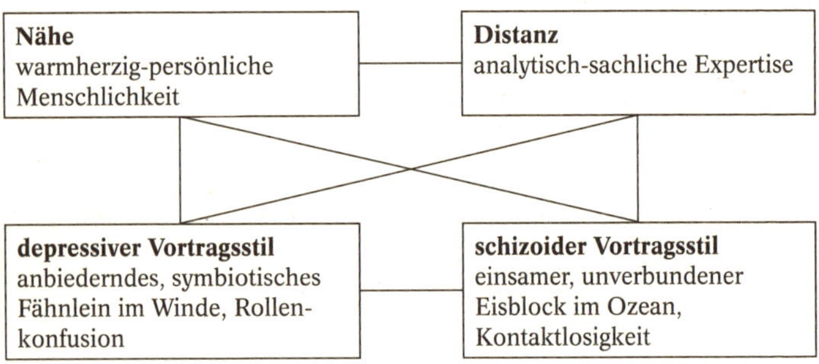

Wenn ich nicht in der Lage bin, Distanz zu meinen Zuhörern auszuhalten, dann laufe ich Gefahr, beim depressiven Vortragsstil zu landen. Der heimliche Wunsch lautet: «Am liebsten wäre ich einer von euch!» und die Angst: «Bloß nicht anecken!» Mit diesem Grundgefühl werde ich die exponierte Rednerrolle kaum (aus-)halten können.

Die schizoide Verführung äußert sich hingegen in der Kontaktarmut des Redners zu sich selbst, seinen Zuhörern und dem Thema – ein in Wirtschaft, Wissenschaft und Politik weit verbreitetes Phänomen! Sie entsteht, wenn mir die Fähigkeit zu menschlich-persönlichem Vortragen fehlt oder ich sie mir versage. Das Klima wird sachlich-kalt, man könnte den Redner theoretisch auch auf Video sehen – der Unterschied wäre marginal. Der schizoide Vortragsstil ist geprägt durch den Wunsch nach

Abgrenzung: «Ich bin ich und nicht einer von euch!» und die gleichzeitige Furcht vor Nähe: «Wenn ich mich nicht schütze, wer weiß, was mir passieren könnte?!» Für alle Leser, die mit einem persönlichen Entwicklungsauftrag vortragen und die sich hier – vielleicht nicht im Extrem, aber doch in der Tendenz – wiederfinden: Wenn Zuhörer nicht etwas Herzenswärme oder menschliche Züge beim Vortragenden finden, werden sie schwerlich Vertrauen fassen und sich auf die mitunter brisanten Inhalte einlassen! Auch hier gilt: Ohne Sicherheitsnetz kein Gang auf das Seil!

Genauso müssen auch Dauer und Wechsel in einem guten Spannungsverhältnis stehen, damit es nicht zu Extremen kommt:

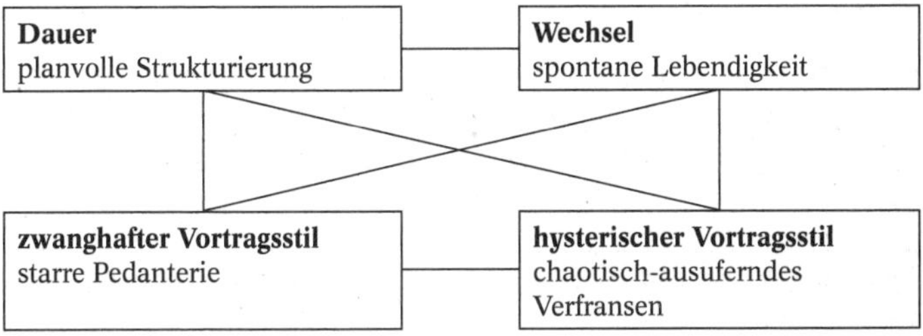

Wenn ich als Redner kaum Spuren von Wechseltendenzen mitbringe, dann droht der zwanghafte Vortragsstil. So erlebte ich bei einem Präsentationstraining einen Teilnehmer, der in seinem Übungsvortrag nichts anderes gemacht hatte, als die Struktur des Vortrags zu erklären, zu den Inhalten kam er kaum. Das Klima wird dröge und verkrampft, die Prozessorientierung leidet enorm unter starren Reglements. Hier dominiert der Wunsch nach Kontrolle: «Bloß alles im Griff behalten» und die Angst vor Chaos: «Wehe, wenn ich hier die Fäden locker lasse und mir alles entgleitet!»

Habe ich aber die guten Kernqualitäten dieses Stils wenig bis gar nicht zur Verfügung, so besteht die Gefahr, in den hysterischen Vortragsstil zu verfallen. Dann hat man es zu tun mit einem Vortragenden ohne Sinn für Auftragsorientierung – jemandem, der jeder Eingebung oder Anmerkung folgt, der vom Hölzchen aufs Stöckchen kommt und der ein buntes Feuerwerk abbrennt. Aber hinterher weiß der Zuhörer nicht, worum es eigentlich ging. Diese Vortragenden haben den starken Wunsch danach, sich um jeden Preis und in jedem Moment lebendig zu fühlen, und dahinter liegt die Angst vor Stillstand: «Wehe, wenn *nichts* mehr ist!»

Die beschriebenen Extreme trifft man zum Glück weder bei sich noch bei anderen allzu häufig an. Aber alle Menschen haben «Schlagseiten», das meint Ecken und Kanten, blinde Flecken und Ängste. Damit können Sie für bestimmte Zuhörer in bestimmten Situationen mehr oder weniger gewinnbringend sein. Es geht nicht darum, jede Ecke und Kante abzuschleifen, sondern darum, für sich eine Entwicklungsrichtung zu erkennen. Oftmals spüren Menschen in sich ohnehin schon eine Sehnsucht, die unausgeprägtere Tugend mehr zu leben: «Ich würde ja gerne einmal beruflich etwas ganz anderes machen, aber ich traue mich nicht», «Ich sehne mich schon nach einer festen Beziehung, aber wenn's dann greifbar wird, kriege ich Panik». Manchmal sucht man sich aus der Sehnsucht heraus den Lebenspartner aus: «Er ist so spontan und frei, macht mein Leben bunter!» oder: «Er ist so zuverlässig und treu, ein Fels in der Brandung meines abenteuerlichen Lebens!» Aber solange die Angst größer ist als die Sehnsucht, verändere ich mich nicht. Die Sehnsucht nach Entwicklung und Erweiterung muss größer sein als die Angst vor den Folgen der Veränderung. Wenn Sie bei sich eine solche Sehnsucht spüren und eine Vorstellung haben, in welche Richtung der Marsch gehen soll, dann machen Sie erste kleine Schritte. Legen Sie ein paar neue Folien an, vielleicht jetzt etwas bunter. Leiten Sie eine kontaktfördernde Übung, auch wenn es Ihnen schwer fällt. Sorgen Sie für ein wenig mehr Struktur am Anfang, auch wenn das «eigentlich» nicht Ihr Stil ist. Oder erwägen Sie eine deutliche Stellungnahme zu einem umstrittenen Thema ...

6. Kernkompetenz Thematische Anregung

«Da die Rede die Sinne und das innere Vorstellungsvermögen vertreten muss, so muss sie auch zu diesen reden und der Ausdruck sinnlich und repräsentativ sein.»

JOHANN WOLFGANG VON GOETHE

6.1 Was ist damit gemeint?

Jenseits aller unabdingbaren und von uns (hier einmal explizit) vorausgesetzten sachlichen Expertise im Thema, heiße es nun «Die Strategie des Unternehmens» oder «Nächstenliebe», braucht ein Vortragender methodische Kompetenz. Brillante Beherrschung des Themas hat wenig bis nichts mit der Güte seiner Vermittlung zu tun!

In diesem Kapitel geht es um das *Wie* Ihres Vortrags, um ein Methodenrepertoire zur Themenvermittlung. Was können Sie tun, um Ihren Zuhörern das Vortragsthema sowohl kognitiv als auch emotional und praktisch greifbar und begreifbar zu machen?

Ein Beispiel: Die Chefin möchte zur Vorbereitung auf die Mitarbeiterjahresgespräche einen Vortrag unter der Überschrift «Zielvereinbarungen» vor ihrem Team halten. Sie weiß, was sie damit erreichen möchte, auch kennt sie sich gut aus im Thema. Sie hat Erfahrung darin, Kontakt zu einem Publikum aufzunehmen und zu gestalten, ohne sich dabei selbst zu verlieren. So weit wunderbar und schon die halbe, nein: drei Viertel der Miete. Nun will das letzte Viertel, die Thematische Anregung, gehandhabt und gelebt werden: Was genau wird sie wie sagen? Welche Dramaturgie, welche «story line» wird zweckmäßig sein, um dem Auftrag gerecht zu werden: nämlich die teilnehmenden Mitarbeiter erstens zu informieren, was es mit dem «management by objectives» auf sich hat, sie zweitens anzuregen, sich das Thema zu Eigen zu machen, und ihnen drittens die Möglichkeit zum ersten Ausprobieren zu geben?

In vielen guten und weniger guten Rhetorikbüchern ist dieses Aufgabenfeld des Redners ausführlich behandelt worden, besonders die Methodenkompetenz der verständlichen und anschaulichen Vermittlung von Inhalten. Darum referieren wir rhetorisches Basiswissen nur wenig und sehr verkürzt. Wer gerade dort aber Wissens- und Übungsbedarf hat, dem seien die Bücher von Heinz Lemmermann (zum Beispiel: «Lehrbuch der Rhetorik») und von Inghard Langer u. a. («Sich verständlich ausdrücken») empfohlen. Unser Buch soll ausdrücklich Ergänzungscharakter haben, es soll entlang eines einfachen Vortragsaufbaus insbesondere beschreiben, wie man im Vortrag zur Selbstreflexion anregen kann, welche Übungen im Anschluss Sinn machen und welche Methoden des Lebendigmachens wir vorschlagen.

Den Aspekt des emotionalen Begreifens blendet die Literatur meist aus. Emotionen scheinen oft eher «benutzt» zu werden, um die Präsentation interessanter, den Redner charismatischer, die Aussage überzeugender zu machen. «Wecken Sie Emotionen!» wird als geheimnisvoll-psychologische (Selbst-)Marketing-Strategie gehandelt. Nichts dagegen – das kann witzig und anregend sein. Haben wir aber den Auftrag, Persönlichkeitsentwicklung anzuregen, so sind Emotionen, ist Selbstreflexion nicht das Sahnehäubchen, sondern der Kuchen. Ich glaube wirklich, dass man nichts Wesentliches von Konflikten, von Werten, von Führung, von Lernen oder von Sexualität begreifen kann, ohne es mit sich selbst zu tun zu bekommen. Alles andere bleibt totes Wissen, gut geeignet für Prüfungen. Und schlecht für das Leben.

Friedemann Schulz von Thun schlägt daher die folgende Unterscheidung zwischen «Rede» und «Vortrag» vor: Reden sind beziehungsorientiert und haben häufig appellativen Charakter; Vorträge sind sachorientiert. Zu den Reden gehören die *Laudatio* (die Lobrede; zum Beispiel zur Ehrung eines Jubilars) und das *Plädoyer* (die Überzeugungsrede; zum Beispiel die berühmte «Ruck-Rede» Roman Herzogs), aber auch *Ansprachen* im Dienst der Schaffung einer positiven Grundstimmung, zum Beispiel Eröffnungsreden bei Großveranstaltungen wie der Oscar-Verleihung.

Vorträge sind (oder sollten es zumindest sein) informationsorientiert und dienen der Vermittlung von Inhalten. Das allerdings heißt nicht, dass es im Vortrag nur um die Sache geht – oder gehen soll. Ganz im Gegenteil!

6.2 Die drei Straßen des Lernens: Begreifen entsteht kognitiv, emotional und aktional

Zumindest in unserer Kultur ist es üblich, Lehr-Vorträge als möglichst (fakten-)gehaltvolles «Futter für den Geist» zu begreifen und zu gestalten.

Warum auch Anregung zur Selbstreflexion und Übungen im Vortrag sinnvoll sind, beschreibt das Bild der drei Straßen des Lernens (Schulz von Thun 2004b, S. 195). Es besagt, dass Menschen mit Kopf, Herz und Hand lernen, also durch Denken, Erleben und Tun. Im klassischen Vortrag kommen Herz (Emotion) und Hand (Aktion) meist zu kurz, weshalb das Gehörte oft kein Anwendungswissen wird. Damit ein Mensch sich ein Modell, eine Theorie, ein Wissen aneignen kann, muss er es sich zu Eigen machen dürfen; es muss «seines» werden können. Dafür braucht es neben dem rezeptiven Hören kluger Worte die persönliche Auseinandersetzung damit. Was mir vorgetragen wird, muss ich subjektiv sehen dürfen: als (handelndes, denkendes, fühlendes, erwachsenes)

Die drei Straßen des Lernens

Subjekt. Diese Aneignung ist aber schwierig, wenn es keinerlei Angebot für Nachdenklichkeit, Austausch und Ausprobieren gibt oder wenn der Redner sich im Besitz letzter Wahrheiten wähnt mit der Haltung «Friss, Vogel, oder stirb!».

Es ist wie beim Essen: Ob eine Speise mir schmeckt und wie sie genau für mich gewürzt sein muss, weiß ich nicht, wenn ich sie ansehe oder das Rezept lese. Ich weiß es, wenn ich sie probiere. Und ich muss ablehnen oder nachwürzen oder nur die Hälfte essen dürfen, sonst verliere ich das Vergnügen daran. Auch Vortragsthemen sollte man kosten, ein bisschen damit spielen und sogar ablehnen können; dies gilt übrigens ganz besonders bei schwerer Kost. Nicht einmal das Wetter ist schließlich je durch das Aufessen ungeliebter Mahlzeiten besser geworden ...

Die dreifache Ausrichtung des Redners auf kognitive, emotionale und aktionale Begreifensaspekte spiegelt sich in diesem Kapitel: So finden Sie hier sowohl Methoden zum «Füttern des Geistes» als auch Gedanken, Techniken und Strukturideen für das Lehren und Lernen mit Herz und Hand.

6.3 Wie Sie Ihre Zuhörer thematisch anregen können

Zunächst möchten wir Ihnen einen ganz einfachen, klassischen Vortragsaufbau, der Ihnen höchstwahrscheinlich noch aus der Schule vertraut ist, in Erinnerung rufen: nämlich die Gliederung in Einleitung, Hauptteil und Schluss eines Vortrags oder Textes, gefolgt und ergänzt durch eine Übung. Dies soll das Skelett des Vortrags sein, an dem wir ein paar «Filetstücke» aufhängen möchten, sodass Sie bei den einzelnen präsentierten Methoden – den Filetstücken – gleich wissen, an welcher Stelle im Vortrag sie sinnvoll und situationslogisch sind.

Die Drei-Satz-Rede mit Übungseinheit

1. Die Einleitung
   - Begrüßung und Vorstellung
   - Der eigene Draht zum Thema
   - Die Wahrheit der Situation
   - Ausblick auf den Vortrag: Der rote Faden
   - «Gebrauchsanweisung» für den Zuhörer
   - «Anwärmer»

2. Der Hauptteil
   verständlich
   lebendig
   anregend

3. Der Schluss
   beschließend
   eröffnend

4. Die Übungseinheit
   - Selbstreflexion oder
   - Verhaltenstraining oder
   - Kontakt oder
   - Themenerarbeitung

Die sehr allgemeine Einteilung in Einleitung, Hauptteil und Schluss hat den großen Vorteil eines einfachen roten Fadens, der viele Freiheiten zulässt. Die drei Teile haben dabei unterschiedliche Funktionen.

6.3.1 Die Einleitung als Türöffner nutzen

Die Einleitung steckt den Rahmen ab und soll gleichsam alle Zuhörer auf das gleiche Thema und Ziel hin ausrichten, sie für den Vortrag «anwärmen». Vielleicht sind Sie in Ihrem Leben schon einmal buchstäblich im falschen Film gelandet, weil Sie sich im Kinosaal vertan haben. Oder Sie hatten sich auf eine gänzlich andere Machart des Films eingestellt. Da sitzt man nun und ist eine halbe Stunde damit beschäftigt, sich zu wundern, wo man eigentlich gelandet ist. Im Anschluss

Die Einleitung als Rahmen

daran hat man zu kämpfen, weil man den Anfang verpasst und den Faden verloren hat. Im Vortrag ist das nicht anders: Eine einladende und Transparenz schaffende Einleitung ist entscheidend für das Gelingen des Ganzen – auch wenn die Ausschreibung noch so ausführlich war!

Was braucht also ein Zuhörer, um sich einem ihm neuen und vielleicht (da ich-nah) heiklen Thema nähern zu können? Vereinfachend gesagt, muss er wissen,

a) wer der Redner ist,
b) was das Ganze soll,
c) was ihn, den Zuhörer, erwartet (fachlich und menschlich), manchmal auch noch:
d) was von ihm erwartet wird.

Aus dicsem Grund sind in unseren Einleitungen meistens folgende «Filetstücke» in der einen oder anderen Form zu finden; nicht immer, aber häufig in dieser Reihenfolge:

1. Begrüßung und Vorstellung
2. Der eigene Draht zum Thema

3. Die Wahrheit der Situation
4. Ausblick auf den Vortrag: Der rote Faden
5. «Gebrauchsanweisung» für den Zuhörer
6. «Anwärmer»

Begrüßung und Vorstellung

«Lieber Herr Dr. X, sehr geehrte Damen und Herren, herzlich willkommen zum Thema Y. Mein Name ist ... und ich bin ...»

Zu Beginn eines Vortrags stellen Sie sich der Situation angemessen vor: Sie nennen Ihren Namen und sagen ein bis drei Sätze zu Ihrem beruflichen Hintergrund. Die Faustregel lautet: Stellen Sie sich umso ausführlicher und auch persönlicher vor, je länger die von Ihnen zu gestaltende Einheit dauern wird und je persönlichkeitsnäher das Vortragsthema ist.

Hier sei ausnahmsweise auf ein wenig Vortragsetikette hingewiesen: Ehrengäste werden namentlich begrüßt. Wenn es mehrere gibt, in hierarchischer oder gesellschaftlicher Reihenfolge.

Begrüßungsfloskeln haben es durchaus in sich und verraten etwas darüber, welche Beziehungsdefinition ich dem Zuhörer anbiete. So würde ich zum Beispiel nicht sagen: «Ich danke Ihnen, dass Sie so zahlreich erschienen sind ...», weil das auf der Beziehungsebene (Schulz von Thun 1981) im Klartext heißt: «Sie tun etwas für mich; Sie geben, ich nehme, dafür danke ich.» Für mich ist es passender zu sagen: «Ich begrüße Sie herzlich» und: «Ich freue mich, dass Sie da sind.» Schauen Sie, was Ihnen gemäß ist, und berücksichtigen Sie: gerne herzlich, aber weder devot noch überheblich.

Der eigene Draht zum Thema (und zur Gesamtsituation)

Besonders bei Themen, die sich an Kopf und Herz der Zuhörer wenden, die den Zuhörer zur Selbstauseinandersetzung einladen wollen, ist es wichtig, dass der Redner zu einem frühen Zeitpunkt der Präsentation menschlich sichtbar wird. Als Zuhörer werde ich wenig

Bereitschaft entwickeln, mich mit mir selbst zu beschäftigen, das Thema also auf mich zu beziehen, wenn nicht einmal der Redner das tut. Das bedeutet nicht, einen Seelenstriptease aufs Parkett zu legen, sondern zu sagen: Warum interessiert mich das Thema? Wieso hat mich die Anfrage, der Auftrag gereizt? Und, selektiv authentisch: Wie ist mir damit zumute? Selektiv authentisch kann zum Beispiel sein: «Als Herr Meier mich gefragt hat, ob ich für sein Lehrerkollegium über Kommunikationspsychologie sprechen würde, hatte ich zwei Seelen in der Brust. Eine, die ungefähr so klang: ‹Gern! Wie schön, wenn es bei Lehrern ein Interesse dafür gibt. In der Schule kann man wirklich einiges brauchen aus dem kommunikationspsychologischen Schatzkästchen!› Und eine andere Seele, die eher sagte: ‹Ach je, Lehrer und Psychologen, das ist ja häufig schwierig. Hoffentlich denken die nicht, ich will sie in ihrem ureigensten Bereich belehren.› Deshalb ist dieser Vortrag auch für mich ein Experiment, und ich bin gespannt, wie wir alle am Ende hier herausgehen.» Die Herausforderung liegt darin, stimmig zu sein: wahrhaftig und zugleich die Situation achtend, persönlich, aber nicht privat. Die zitierten zwei Seelen würde ich zum Beispiel nur in der Deutlichkeit benennen, wenn ich das – scheinbar paradox – gleichzeitig mit einer gewissen Leichtigkeit oder sogar mit Humor tun kann. Gerade darin liegt häufig das selektive Element. Als Zuhörer möchte ich einen Redner haben, der weiß, wovon er spricht, der Gefühle hat – aber den seine Gefühle nicht haben. Sonst verkehrt sich der Effekt ins Gegenteil und nimmt Vertrauen, statt es zu schaffen.

Die Wahrheit der Situation

«Wie kommt es, dass ausgerechnet ich ausgerechnet zu Ihnen ausgerechnet zum Thema X spreche? Und was ist Sinn und Ziel des Ganzen?» (Formulierung nach Friedemann Schulz von Thun)

Der Begriff «Wahrheit der Situation» stammt von Karin von der Laan und wurde in der kommunikationspsychologischen Stimmigkeitslehre von Schulz von Thun zu einer der wichtigsten Schlüsselkategorien. Er postuliert (2004b, S. 61): «Klarheit und Wahrheit der Situation als Grundlage professioneller Kommunikation!» In der Praxis bedeutet das, die zentralen Komponenten einer Situation zu benennen nach der Devise «Transparenz statt Unklarheiten, Vermutungen, Phantasien». Zentral sind (nach Schulz von Thun, 2004a):

Die Vorgeschichte («*Wie kommt es …*»)

Die zwischenmenschliche Struktur («… *dass ausgerechnet ich ausgerechnet zu Ihnen …*»)

Die thematische Struktur («… *ausgerechnet zum Thema X spreche …*»)

Die Ziele («… *und was ist Sinn und Ziel des Ganzen?*»)

Häufig ergänzt durch die vermutete innere Ausgangslage («… *und was mag das für Sie bedeuten …*»)

In der Vortragssituation entsteht oft auf diese Weise die entscheidende Einladung, um alle ins Boot zu holen. Bildhaft gesprochen benenne ich nämlich, in welchem Boot wer warum mit welchem Ziel sitzt und wieso ich am Steuer sitze. Und das sind genau die Fragen, die man sich legitimerweise zu Beginn einer Reise stellt – auch und besonders, wenn stürmischer Wellengang zu erwarten ist. Das Verschweigen der Wahrheit der Situation nährt umgekehrt oft Misstrauen, Widerstand und Angst.

- **Die Vorgeschichte** zu kennen ist wichtig, um die Bedeutung des Themas zum jetzigen Zeitpunkt verstehen zu können und um Phantasien auszuräumen. Wieso jetzt einen Vortrag zum Thema «Change Management»? Warum gerade «Im Spannungsfeld zwischen Effizienzdenken und Menschlichkeit»? Weshalb heute «Eine psychologische Relativitätstheorie»? Wenn ich die Gründe nicht kenne, mache ich mir meinen eigenen Reim. Und der kann konspirativ oder manipulativ klingen: «Die wollen von uns doch wieder nur, dass wir …» (den Karren für sie aus dem Dreck holen, ruhig gestellt werden, der Buhmann sind).

- **Das Thema** wird durch den Titel allein nicht immer deutlich und eindeutig (und muss es ja auch nicht werden). Selbst wenn es eine genaue Ausschreibung gibt, garantiert sie keine Eindeutigkeit und Angemessenheit der Erwartungen. Wenn der Titel lautet «Die charismatische Führungspersönlichkeit – Ideal oder Irrtum?», macht es Sinn, kurz zu umreißen, worum es gehen wird und worum nicht.

- **Die Zusammensetzung der Zuhörer** sollte sinnvoll und logisch sein. Besonders wenn die Zuhörer nicht freiwillig zu Ihrem Vortrag kommen, sondern verdonnert wurden (was nicht ideal, aber auch nicht ungewöhnlich ist), sollten sie allerspätestens jetzt erfahren, warum es sie «getroffen» hat: «Dass ausgerechnet Sie, die obersten Führungskräfte des Unternehmens mit der wohl wenigsten Zeit, hier sitzen, damit hat es folgende Bewandtnis ...»
  Auch mein Hintergrund und meine Rolle als Vortragende sollten klar benannt werden. Nicht, warum ich der Beste und einzig Mögliche bin, sondern was mich mit Thema und Ziel verbindet und welches meine Rolle ist, soll deutlich werden, damit eine Vertrauensbasis entsteht. Ich sage meistens ein bisschen sowohl zum professionellen als auch zum persönlichen Themenbezug – etwa über meine Ausbildung, meine Verbindung zum Auftraggeber, meinen beruflichen Hintergrund und mein Interesse am Thema.

- **Ziel und Sinn des Vortrags** vor Augen zu haben ist nicht nur für den Redner, sondern auch für die Zuhörer entscheidend (siehe Kapitel 3). Wenn ich nicht weiß, wozu ich eigentlich hier sitze, erwarte ich vom Redner nahezu automatisch, dass er mir das Sinn-Loch durch Entertainment stopft. Wenn ich schon sonst nicht weiß, was das bringen soll, muss es wenigstens Spaß machen! Damit bekommt der Redner die Aufgabe zugewiesen, permanent für Motiviertheit zu sorgen, muss quasi von Augenblick zu Augenblick das Publikum bei der Stange halten. Das ist mühsam und der Effekt oft nur kurzfristig, weil Menschen wenig behalten, was sie nicht als sinnvoll einschätzen. Es ist dann angemessen, wenn der Vortrag als «Incentive» gedacht und gemeint ist: Sie haben die Aufgabe angenommen, Menschen zur Belohnung für erbrachte Leistungen zu unterhalten. Es soll nichts hängen bleiben, außer dass es schön, lustig, toll war.
  Um eine tragfähige, «erwachsene» Motivation anzuregen, ist es klug, möglichst früh Ziel, Nutzen oder Sinn des Vortrags zu umreißen und auf diesen Kompass immer wieder Bezug zu nehmen (siehe Kapitel 3). «Dass Sie als Lehrer hier sitzen und etwas hören sollen zum Thema Burnout, hat folgenden Hintergrund ... und soll Sie darin unterstützen zu ... Mein Ziel ist es ausdrücklich nicht, dass Sie hier ..., sondern mir geht es darum ...»

- **Die vermutete innere Ausgangslage** zu benennen ist insbesondere dann sinnvoll, wenn situationsbedingt Widerstände, Unlust, Einwände oder andere innere Zuhör-Hindernisse zu erwarten oder einfach atmosphärisch spürbar sind. Anders als in Seminaren, Workshops oder sonstigen Veranstaltungen, wo die Teilnehmer stärker zu Wort kommen, können sie im (reinen) Vortrag ihre Bedenken, Verärgerungen oder Generalvorbehalte kaum formulieren, da meist dafür die Zeit fehlt (Anfangsrunden mit 200 Teilnehmern sind schwer vorstellbar). Nun besagt aber eine emotionale Faustregel, dass unausgedrückte Gefühle auch unerlöst bleiben. Das heißt: Wer seinen Ärger nicht sagen darf, der wird ihn schwer los. Und schaltet, wenn er höflich ist, einfach ab (lässt den Vortrag an sich vorbeirauschen) oder fängt an zu «stören»: Zwischengespräche zu führen, provokante Kommentare zu geben oder Zeitung zu lesen. Was man tun kann, wenn es schon so weit gekommen ist, dazu mehr auf S. 214ff.

  In der Einleitung kann man dem noch vorbeugen, indem man dem Unausgesprochenen eine – die eigene – Stimme verleiht und es damit einerseits würdigt, es andererseits aus dem Bereich des Subversiven holt: «Ich weiß, dass viele von Ihnen nicht freiwillig hier sind, im Gegenteil, und hier sicherlich unmutig, vielleicht sogar ziemlich geladen sitzen. Nicht gerade eine ideale Ausgangslage, aber so ist es nun mal. Und wenn ich richtig verstanden habe, rührt Ihr Hauptärger daher, dass Sie ohnehin schon komplett überlastet sind.» Usw. Wichtig ist, dass Sie derlei Vermutungen freundlich-unerschrocken aussprechen und dabei Kontakt aufnehmen: den Zuhörer ansehen, seine Reaktionen aufnehmen, sich einfühlen.

  Falls Sie jetzt denken sollten: «Aber dann wird es doch erst richtig schwer, da ermutige ich die ja geradezu zum Motzen!», können wir nur sagen: «Ja.» Und trotzdem ist dies das beste Mittel, das wir kennen, um eine echte Chance in schwierigster Ausgangslage zu bekommen. Schöner ist es natürlich, wenn man ein hoch motiviertes, freundliches Publikum vor sich hat und dazu noch einen ganzen Sack voller Vorschusslorbeeren. Wenn es ihn jedoch nicht gibt, dann kann man ihn auch nicht mit Engelszungen heraufbeschwören.

Übung
Die Wahrheit der Situation benennen
Falls Sie es einmal ausprobieren wollen, in einer nicht ganz leichten Anfangssituation die Wahrheit der Situation zu benennen, folgt hier eine Möglichkeit zum «Trockenschwimmen», für die Sie etwa zehn Minuten Zeit brauchen.
Stellen Sie sich vor, Sie sind eingeladen, auf einem Gewerkschaftstreffen zu sprechen. Das Thema soll heißen: «Führung heute». Alle anderen Referenten sind engagierte Gewerkschafter von Rang und Namen. Sie selbst sind weder Mitglied noch politisch zu hundert Prozent der auf dem Treffen propagierten Meinungen, wurden jedoch eingeladen, weil der Veranstalter (ein hoher Gewerkschaftsfunktionär) Sie bei einem Führungstraining erlebt hatte und sich dachte: «Das brauchen wir auch!» Was könnten Sie – selektiv authentisch – in der Einleitung zur Wahrheit der Situation sagen?
Machen Sie sich Stichworte und sprechen Sie die Wahrheit der Situation wie in einem kurzen Rollenspiel einmal laut aus. Wie ist das für Sie: Vorstellbar? Wie immer? Ganz anders? Daneben?

Ausblick auf den Vortrag: Der rote Faden

«So ist es zunächst für die nächste Stunde gedacht und geplant.»

Ein wichtiges Kriterium von Verständlichkeit ist Gliederung/Ordnung (siehe S. 176). Wer den roten Faden des Vortrags frühzeitig nennt und zeigt (möglichst so, dass er über die Dauer des Vortrags sichtbar bleibt, zum Beispiel am Flipchart), ermöglicht es seinem Publikum, diesen als Halteseil oder gar Ariadnefaden zu nutzen. Abgesehen davon ist eine sichtbare Gliederung für den Redner sein veröffentlichter Spickzettel. Gerade für Redner, die zum detailverliebten Abschweifen neigen, ist das ein wirksames Gegenmittel. Vielleicht machen Sie sogar (wie viele andere) die Erfahrung, dass Sie mit einem solchen öffentlichen Spickzettel gar keine Notizen mehr brauchen und frei oder freier sprechen können.

Der veröffentlichte Spickzettel als Ariadnefaden

«Gebrauchsanweisung» für den Zuhörer

«... von mir aus kommen Sie sehr gerne mit Ihren Fragen oder Kommentaren einfach herein. Mich interessiert, was Sie dazu denken und wie das, was ich Ihnen vorstellen werde, zu Ihrer Erfahrungswelt passt oder auch nicht passt.»

Wenn es etwas gibt, das Sie sich von Ihren Zuhörern wünschen oder wozu Sie sie einladen wollen – tun Sie es! Schließlich ist jeder Redner anders und die Zuhörer können nicht automatisch wissen, was von ihnen erwartet oder gewünscht wird. Beispiele für solche Gebrauchsanweisungen sind:

«Am liebsten wäre mir: Verständnisfragen gleich an Ort und Stelle; Diskussionsbeiträge am Schluss.»

«Einige von Ihnen haben ja eben Bedenken formuliert, ob das Thema überhaupt zu Ihrer Firmenphilosophie passt. Ich möchte Sie bitten: Wenn Sie feststellen sollten, dass das, was ich sage, mit dem kollidiert, was Ihre Vorgesetzten von Ihnen erwarten – sagen Sie das! Es ist ganz in meinem Sinn, dass Sie prüfen, was für Sie anregend und bereichernd, aber auch, was befremdlich oder schwierig ist, sodass wir hier zusammen maßschneidern können.»

Anwärmer

«Zu Beginn ein Beispiel: ...»

Der Anwärmer ist der Einstieg ins Vortragsthema und damit die Überleitung zum Hauptteil. Er hat die Aufgabe, das Thema in den Raum, in die Köpfe und Herzen zu holen. Typische Anwärmer sind:

- Ein persönliches Beispiel
  «Konflikte sind ein Thema, um das keiner von uns herumkommt, man kann sie nicht vermeiden, nur gestalten. Sie entstehen manchmal wie aus dem Nichts, und man muss dann reagieren. Eben, zum Beispiel, als ich an der Rezeption stehe und noch damit beschäftigt bin herauszufinden, wo der Seminarraum ist, wer im Hotel zuständig ist und dergleichen, steht neben mir eine andere Kundin und sagt ...»
- Ein aktuelles gesellschaftliches oder politisches Beispiel
  «Vorletzte Woche war ein Artikel in der ZEIT mit der Überschrift: ‹Verdeckte Konflikte – Innovationshemmschuh Nummer eins›. Die Kernaussage darin ist ...»
- Eine Frage
  «Wenn Sie sich erinnern: Als Sie die Ausschreibung für diesen Vortrag gelesen haben, was ging Ihnen da durch den Kopf?»

Auch historische Zitate, Metaphern, Witze, Provokationen oder Zünder können Anwärmer sein. Zünder sind, nach Weidenmann (2002), «pädagogische Live-Inszenierungen», also zum Thema passende kurze symbolische Demonstrationen zu Beginn. In einem Unternehmen, das in der Initialphase einer groß angelegten Veränderung war, hat der Geschäftsführer regelmäßig seine für den Change-Prozess werbenden Vorträge mit einer Jongliervorführung begonnen. Und dann gesagt, was die Anforderung an die Manager ist: dass sie mehrere Bälle gleichzeitig in der Luft halten müssen, dass immer mal einer herunterfallen wird, dass es Übung und Mut zum Ungewohnten braucht und dergleichen mehr. Der jonglierende Chef war so beeindruckend, dass der gesamte Veränderungsprozess auch nach Jahren noch mit diesem Zünder assoziiert wurde.

Übung

Ein Einleitungsskript konzipieren und benutzen

Hier geht es darum auszuprobieren, ob und wie Sie das Gelesene für sich und Ihre Praxis passend machen können. Dafür brauchen Sie ein Vortrags- oder Redethema, über das Sie sprechen müssen, können oder wollen, und circa 20 bis 30 Minuten Zeit. Wählen Sie ruhig einen Vortrag, den Sie ohnehin in der Schublade haben, wenn er Ihnen ausbaufähig erscheint. Es ist egal, ob Sie sich ein berufliches oder privates Thema aussuchen. Und es macht nichts aus, ob Sie deutschlandweit führender Experte oder blutiger Anfänger in Ihrem Thema sind: Jetzt geht es allein um das Üben des Machens!

Dann überlegen Sie, vor wem Sie – real oder nur als Gedankenspiel – diesen Vortrag oder die Rede halten könnten, seien es Ihre Kollegen samt Chef, Seminarteilnehmer, Ihre Gemeinde, Schüler, eine Hochzeitsgesellschaft, wer auch immer.

Wenn Sie eine Situation gefunden haben, spinnen Sie ein wenig herum zu den auf S. 162ff. genannten sechs Unterpunkten der Einleitung. Beginnen Sie zunächst mit Ihrem Draht zum Thema (Wieso fällt mir das Thema ein oder landet ausgerechnet bei mir? Was verbindet mich damit? Und wie ist mir damit zumute?), entwickeln Sie daraufhin die anderen Punkte, soweit das möglich ist, ohne zu wissen, wie genau der Hauptteil aussehen wird. Machen Sie sich nun Notizen entlang den Fragen:

- Welche Begrüßung, Anrede, Einstiegsformulierung passt?
- Wie stellen Sie sich vor, was sagen Sie über sich?
- Welche Gefühle haben Sie bei dem Thema und in der Anfangssituation, wie können Sie diese selektiv authentisch benennen?
- Was gehört zur Wahrheit der Situation, und was davon ist wichtig zu sagen?

- Welche Art des Zuhörens wünschen Sie sich, welchen Ausdruck von Fragen, Resonanz, Störungen? Und ist das sagbar im Sinn einer Gebrauchsanweisung?
- Was für Anwärmer kommen Ihnen in den Sinn, welche persönlichen oder anderen Beispiele, Bilder, Zitate, Zünder? Oder allgemein: Welche Bilder produziert Ihr Kopfkino, wenn Sie an Ihr Thema denken? Und was von alledem wäre ein schöner Anwärmer?

Wenn Sie Notizen davon haben, steht Ihr Einleitungsskript. Schätzen Sie einmal ab, wie lange es dauern würde, eine Einleitung nach diesen Notizen zu halten. Und als Letztes – wie könnte es anders sein – probieren Sie es aus! Gehen Sie dabei ins Ein-Mann- oder Eine-Frau-Rollenspiel, holen Sie sich die Situation vor Augen und sprechen Sie die Einleitung möglichst frei mit Hilfe der Notizen. Wie lange brauchen Sie dafür? Als Faustregel gilt, dass eine Einleitung keinesfalls mehr (eher deutlich weniger) als ein Fünftel der Gesamtzeit einnehmen sollte.
Und weiter: Wie gefällt Ihnen Ihre Einleitung? Jetzt kommt der Feinschliff: Schöne Formulierungen können Sie sich einprägen, ungünstige streichen; fehlende Punkte ergänzen, Überflüssiges, Langweiliges oder Unpassendes streichen oder ersetzen. Schauen Sie auch, welcher «Zungenschlag» Ihnen liegt: nüchtern, humorvoll, herzlich, philosophisch, ironisch, persönlich oder was sonst Ihnen gemäß ist.
Wenn Sie sich für einen Ernstfall optimal vorbereiten wollen, können Sie sich Feedbackgeber suchen, ihnen Ihre Einleitungsversion vortragen und sich sowohl für den Inhalt als auch die Art Ihrer Einleitung Rückmeldung geben lassen («So holen Sie sich konstruktives Feedback», siehe S. 205 ff.).

6.3.2 Den Hauptteil verständlich, lebendig und anregend gestalten

Der Hauptteil ist der Kern, das Herz des Vortrags: das, worum es geht. Sei es eine Theorie, die Sie vorstellen, eine Technik, die Sie erklären, eine Frage, die Sie diskutieren, oder eine Neuerung, die Sie vorschlagen wollen. Für den Bereich der Persönlichkeitsentwicklung gilt sehr häufig: Dieses Herzstück enthält keine letzte Wahrheit, sondern *eine* Denkmöglichkeit, eine Abbildung der Wirklichkeit, eine Verhaltensoption, die Ihnen und Ihrem Auftraggeber aus irgendeinem Grund als besonders wertvoll erscheint, zu der es meistens aber viele und sogar gute Alternativen gibt. Auf diesem Feld können und müssen wir nichts verkaufen. Wir haben keine unantastbare Expertenautorität; wir sind – leider und Gott sei Dank – antastbar. Dies alles sollte sich in meiner Art des Vortragens spiegeln: Ich biete etwas an, worin ich mich gut auskenne und von dem ich vermute, dass es für die Zuhörer wertvoll sein *kann*. Ich tue das meinige dafür, dass dieser Wert sich erschließen kann. Sachliche Expertise ist nicht genug!

Die Aufgaben des Redners im Hauptteil

1. Verständlichkeit
   Der Redner sollte verständlich sein, das bedeutet einfach, gegliedert, prägnant, anregend und visualisierend vortragen.
2. Lebendig machen
   Er tut gut daran, einem Inhalt Leben einzuhauchen und dafür nicht nur die Sprache, sondern auch andere Möglichkeiten der Erlebnisaktivierung zu nutzen.
3. Aneignung anregen
   Der Zuhörer verdient Raum und Einladung, sich das Thema aneignen zu können, eine subjektive Auseinandersetzung damit zu beginnen.

1. Verständlichkeit

Exkurs: Wie man sich verständlich ausdrücken kann

Dass Zuhörer Redner verstehen sollen, ist vielleicht nicht erklärungsbedürftig. Nebenbei bemerkt, kann ein wenig Verwirrung des Zuhörers aus systemischer Sicht ganz produktiv und anregend sein. Allerdings sollte die Verwirrung aus dem Stolpern des Gehirns über etwas Neues herrühren und nicht dem inneren Durcheinander oder der schlechten Vermittlung des Redners geschuldet sein. Wie man Inhalte verständlich ausdrückt, haben Inghard Langer und seine Kollegen erforscht und beschrieben.

Die Hamburger Psychologen haben in den 1970er Jahren damit angefangen, Texte und Redner unter die Lupe zu nehmen und sie hinsichtlich ihrer Verständlichkeit gleichsam auf Herz und Nieren zu prüfen. Dabei haben sie herausgefunden, welche Kriterien dafür verantwortlich sind, ob ein Text besser oder schlechter verstanden wird. Und sie haben umfangreiche Trainingsprogramme entwickelt für Menschen, die sich in ihrer Fähigkeit zum verständlichen Ausdruck üben möchten (Langer u.a. 1990).

Folgende Merkmale der Verständlichkeit haben die Forscher geortet. Verständliche Texte zeichnen sich aus durch

1. Einfachheit

Unabhängig von der Komplexität des Inhalts wird die Verständlichkeit erhöht, wenn der Autor oder Redner in Wortwahl und Satzbau einfach ist. Sätze sollen kurz und übersichtlich, Wörter anschaulich und geläufig sein. Fremd- und Fachwörter werden erklärt, Abkürzungen vermieden. Noch einmal: Dies gilt unabhängig von der Komplexität des Inhalts!

2. Gliederung

Hierbei geht es um den Bauplan und den roten Faden, die innere Konsistenz oder Ordnung eines Textes. Im Vortrag ist es gut, zu Beginn die Gliederung anzukündigen und sichtbar zu machen, indem man zum Beispiel ein Flipchart mit dem roten Faden, den Überschriften, aufhängt. So wird der Zuhörer ins Drehbuch eingeweiht und kann, falls er einmal verloren gegangen ist, sich immer wieder zurechtfinden. Besonders bei verwirrenden, anspruchsvollen Inhalten ist das eine gute Sicherheitsleine.

3. Prägnanz

Wenn die Ausführlichkeit des Texts zum Informationsziel passt, dient dies der Verständlichkeit. Dabei geht es allerdings nicht um maximale Verdichtung, sondern um Ausgewogenheit: Wenn ich so spreche, dass die permanente volle Konzentration des Zuhörers unabdingbar ist, ist das für ihn anstrengend. Steckt mein Vortrag voller Wiederholungen, Weitschweifigkeiten und Exkurse – auch!

4. Anregung

Damit sind die Elemente des Vortrags gemeint, die den Informationen Leben einhauchen. Auf rhetorischer Ebene sind das bildhafte, teils lustige und lustvolle, manchmal berührende oder sogar verstörende Formulierungen; es sind die Beispiele, es ist die Komik oder das dramatische Element, die dem Zuhörer ein Erlebnis verschaffen und häufig nicht nur zum Verstehen, sondern auch zum Vergnügen und zum Behalten beitragen. Neben den originär rhetorischen Stilmitteln gibt es weitere Techniken zur Anregung; wir nennen sie «Lebendigmacher» und stellen einige auf den folgenden Seiten vor.

Visualisierung

Zusätzlich zu den sprachlichen Verständlichmachern gibt es ein weiteres wichtiges Hilfsmittel: Visualisierung. Ob Sie über die Auswirkungen der Gesundheitsreform auf die Entwicklung der Krankenkassenbeiträge reden, über Chancen und Gefahren des Internets oder über Führungsstile: Malen Sie, schreiben Sie, zeigen Sie, was Sie sagen! Ob Sie Flipchart, Overheadprojektor, Tafel oder Beamer nutzen, ob Sie Dias oder Produktproben zeigen – Hauptsache, das Auge des Zuhörers hat eine Chance, am Verstehen mitzuarbeiten! Etwas nur durch Hören zu begreifen und sich auch noch zu merken ist ungleich anstrengender, schwieriger und weniger effizient als durch Hören und Sehen. Margit Hertlein (2003) zitiert eine Untersuchung, bei der Forscher aus Minnesota herausfanden, dass sich Meetings, in denen Bilder benutzt werden, um mehr als ein Viertel verkürzen.

2. Lebendig machen

Dieses ganze Buch ist darauf ausgerichtet, Geburtshilfe für lebendige Vorträge zu leisten. Neben allem bisher Gesagten gibt es zusätzlich ein paar Techniken, die Vorträge anschaulich machen und gleichzeitig das Ausdrucksrepertoire des Redners erweitern können. Diese Techniken nennen wir «Lebendigmacher». Einige der folgenden Ideen gehen zurück auf unsere Kollegen aus dem Hamburger Arbeitskreis Kommunikation und Klärungshilfe, Eberhard Stahl und Johannes Ruppel, die das Seminar «Lebendig und anschaulich präsentieren» im Rahmen der «Zusatzausbildung Kommunikationspsychologie» ursprünglich entwickelt haben. Ihnen sei hier ausdrücklich gedankt.

Tatsächlich machen die folgenden Techniken oft sowohl den Inhalt als auch Redner und Zuhörer lebendig. Jeder erfindet sie am besten selbst, so wie sie für ihn oder sie passen. Lebendigmacher haben übrigens die Tendenz, an der Schamgrenze zu rütteln. Oft machen sie genau dadurch lebendig, dass sie gegen das Gewohnte, Übliche und Erwartete verstoßen. Die folgenden Techniken sind daher mehr als Anregungen denn als Schnittmuster gedacht.

Demonstrationsrollenspiel

Unser Lieblings-Lebendigmacher. Der geht so: Sie denken sich ein den Inhalt Ihres Vortragsthemas verdeutlichendes, erlebbar machendes Rollenspiel aus und spielen dieses vor.

Zum Beispiel: Wenn das Thema «Transaktionsanalyse» lautet und wir die drei Ich-Zustände (siehe Harris 1990) erklären und erlebbar machen wollen, machen wir als Teil des Vortrags ein Rollenspiel. Stellen Sie sich vor: Ein Ehepaar unterhält sich über das demnächst stattfindende Familienfest, wo er eine Rede auf seinen siebzigjährigen Vater halten will. Er möchte mit ihr durchsprechen, was er auf dem Fest zu Ehren des Vaters sagen will. Nun wird dreimal diese Ausgangssituation angespielt und improvisatorisch entwickelt, indem die Ehepartnerin dreimal unterschiedliche Ich-Zustände einnimmt, verkürzt gesagt eher elternhaft (in den Varianten fürsorglich und kritisch), erwachsen oder kindlich (natürlich, rebellisch oder angepasst) agiert. Die Zuschauer können beobachten und anschließend analysieren, wie sich die kommunikative Dynamik entwickelt hat.

Das Rollenspiel können Sie übrigens mit einem Co-Leiter oder mit einem Teilnehmer vorspielen; beides geht gut und ist lebendig. Wenn Sie mit einem Teilnehmer spielen, müssen Sie sehr genau ankündigen, was von ihm erwartet wird und was nicht, sonst erleben Teilnehmer die Aufforderung zum Mitspielen meist als bedrohlich. Und: Sie müssen den Part übernehmen, der die drei Ich-Zustände deutlich macht. Anders gesagt, wenn Sie mit einem Teilnehmer ein Demonstrationsrollenspiel machen, soll er einfach improvisieren dürfen als Vorlage für Ihre Demonstration des Gesagten.

Sie können notfalls auch allein beide Rollen spielen; das verlangt Ihnen allerdings die Fähigkeit zum überzeugenden Rollenwechsel ab.

Eine Variante zum Thema Transaktionsanalyse kann für die Erlebniswelt der Teilnehmer maßgeschneidert werden. Zum Beispiel kann ein Arbeiter zu einem Meister kommen mit der Frage: «Wieso werden eigentlich immer die Singles bei der Urlaubsplanung benachteiligt?» Die Frage wird dreimal angespielt, indem der Meister in drei verschiedene Ich-Zustände geht und entsprechend agiert.

Solche Spiele bleiben den Zuhörern meist besonders gut im Gedächtnis und sind für den Redner eine Möglichkeit, sich «freizuspielen». War man vorher noch angespannt oder aufgeregt, ist man danach meistens locker und lebhaft. Außerdem haben solche Demonstrationsrollenspiele einen unschätzbaren Nebeneffekt: Da sie von den Mitspielern ein wenig Mut zum Unkonventionellen erfordern, sinkt die Hemmschwelle. Erfahrungsgemäß ist es in Seminaren danach sehr viel leichter, die Teilnehmer erfolgreich zu Rollenspielen einzuladen, besonders wenn das

Demonstrationsspiel kein Idealbeispiel sein sollte, sondern ein menschlich-komisches war wie die oben zitierten.

Skulptur

Auch Skulpturen bleiben sehr gut im Gedächtnis. Skulpturen sind Standbilder, die Sie aus Zuhörern «bauen». Solche Skulpturen sind lebende Bilder, die eine zentrale Aussage des Vortrags zeigen.

Skulptur: Innere Teammitglieder

Wenn Sie die Dynamik eines Inneren Teams beschreiben wollen, können Sie ein paar Teilnehmer nach vorne bitten; diese übernehmen die Rolle der inneren Teammitglieder. Da stehen dann vielleicht ein *innerer Engagierter*, ein *Karrierebewusster*, ein *innerer Menschenfreund*, ein *Kritischer* und ein *Firmenloyaler* als Beispielteam eines Ausbilders. Nun zeigen Sie, was im Inneren Team passiert, wenn aufgrund der wirtschaftlichen Situation keine Auszubildenden mehr übernommen werden können. Sie drehen Teammitglieder weg, lassen neue dazukommen oder lassen die Zuhörer auf der Bühne ihren eigenen Impulsen folgen.

Standbilder sind weniger aufregend für die Zuhörer als Demonstrationsrollenspiele mit Zuhörerbeteiligung, weil sie nicht agieren müssen; sie sind ja nur «Bauelemente». Der Effekt ist dennoch eindrucksvoll und lebendig, zumal die «Bauelemente» sich meist gut in ihre Position einfühlen und manchmal darüber berichten wollen.

Übrigens kann man natürlich auch ganz und gar «Unpsychologisches» durch Skulpturen abbilden; man kann sich durchaus lebende physikalische Versuchsanordnungen, mathematische Formeln oder Stufen einer Steuerreform vorstellen. Diese Elemente kann man immer auch sprechen lassen, indem Sie ankündigen, dass Sie, wenn Sie neben einem Element stehen, ihm Ihre Stimme leihen. So wird es möglich, dass die Elemente zu Wort kommen, ohne dass deren Repräsentant den Mund auftut.

Symbole nutzen

Wenn Sie nicht darauf setzen wollen, dass sich Zuhörer für Skulpturen oder andere Demonstrationen zur Verfügung stellen, können Sie stattdessen Symbole verwenden. Die inneren Teammitglieder des Skulptur-Beispiels kann man auch durch Stühle repräsentieren oder durch Büroklammern auf dem Overheadprojektor. Ohnehin verwenden Menschen häufig spontan Symbole zum Erklären. Denken Sie nur daran, wie jemand typischerweise einen Unfallhergang erzählen würde: Bierdeckel von links kann Aschenbecher hinter Flasche nicht sehen und plötzlich …! Falls Sie mehrere Symbole gleichzeitig verwenden, können Sie beschriftete Karten darauf legen, damit die Übersicht nicht verloren geht.

Den Raum nutzen

Bewegung im Raum regt an. Der Redner kann herumgehen; er kann die Zuhörer auffordern, sich einmal andere Plätze zu suchen. Das bedeutet bei Meetings, wo jeder seinen Stammplatz hat und Stühle mit Status assoziiert sind, wirklich einen «Perspektivwechsel». Man kann auch Themen gedanklich im Raum platzieren: «Stellen Sie sich vor, dort hinten bei der Leinwand wäre Ihr Ziel, die gelungene Fusion. Wenn Sie dort hinschauen: Wie weit entfernt erscheint Ihnen das? Was alles ist noch davor, welche Hindernisse nehmen Sie wahr? Sagen wir, die Palme dort sind die nicht erledigten Reste der letzten Fusion …» Man kann die Zeitdimension durch den Raum sichtbar machen: «Wenn dies die Geschichte Deutschlands seit dem Krieg ist, dann ist dort hinten 1945, da, wo Sie sitzen, 1989, und wo ich gerade stehe, ist heute. Ich gehe jetzt mal zu 1945 und erzähle ein wenig über die Anfänge ...» Natürlich lässt sich Geographisches besonders gut im Raum abbilden: «Wenn hier Schleswig-Holstein ist und hier Mecklenburg-Vorpommern – wo ist dann Hessen?»

Spiele

Um lebendig in ein Thema hineinzuführen, kann man mit einem Spiel, einer Aufgabe, einem Test anfangen, an dem alle Zuhörer gleichzeitig beteiligt sind.

Wenn Sie über unterschiedliche Konfliktbewältigungsstrategien sprechen sollen, können Sie damit beginnen, dass Sie eine jedem vertraute Konfliktsituation und typische Umgangsweisen mit ihr beschreiben. Nehmen Sie zum Beispiel als Situation «Ärger mit einem Kollegen» und beschreiben dann anschaulich Umgangsweisen damit wie «ansprechen», «abducken», «anderen erzählen». Die Zuhörer sollen sich dann der für sie typischen Strategie zuordnen, indem sie – statt des Kreuzchens im «Paper-Pencil-Test» – sich in verschiedene Ecken des Raums begeben. Wenn Sie drei Strategien beschreiben, verteilen sich die Zuhörer also auf drei Raumecken. Interessant wird es, wenn Sie im Anschluss daran noch ein oder zwei weitere Situationen vorgeben (zum Beispiel eine berufliche, eine mit dem Ehepartner, eine mit dem Kind). Die Ecken des Raums beschreiben Sie jeweils konkret als die für die jeweilige Bewältigungsstrategie typische Reaktion: «Vielleicht sind Sie jemand, der in der Situation erst einmal rausgehen, einen Spaziergang machen würde, der dann für sich sein muss und Abstand sucht – dann gehen Sie bitte dort zur Tafel. Vielleicht sind Sie aber jemand, der ...» Dabei sollen die Raumecken in den verschiedenen Situationen nicht ihre Bedeutung wechseln (es gibt also beispielsweise eine «Harmonieecke», eine «Konfrontationsecke» etc.). Nach den drei Situationen können die Zuhörer feststellen, ob sie mehrmals in einer Ecke waren: Dies könnte ein Hinweis darauf sein, dass sie diese Bewältigungsstrategie bevorzugen.

Solche Spiele oder Tests sind nicht mehr und nicht weniger als ein gutes «Warm-up»; sie sind für die Zuhörer interessant (zumal sie auch die Selbsteinschätzung der anderen auf diese Weise mitbekommen) und machen das Thema sofort anschaulich.

Mit dem ganzen Körper sprechen

Dass man seine Hände, seinen Körper beim Sprechen nutzen kann, wird Ihnen nicht neu sein – aber tun Sie es auch? Wenn Sie die Möglichkeit haben, eine Videoaufnahme eines Ihrer Vorträge anzuschauen, dann achten Sie einmal auf diesen Aspekt. Nicht jedem liegt es und nicht zu jedem passt es, seine Hände sprechen zu lassen. Allerdings können Sie das nur herausfinden, wenn Sie ein wenig damit experimentieren und Sprachliches mit Ihren Händen untermalen, Bewegungen mit Ihrem Körper nachvollziehen, sich mal ausdehnen, mal zusammenziehen, sich durch den Raum bewegen, passend zu dem, was Sie vortragen. Ich habe einmal eine Frau erlebt, die hat ihren Vortrag geradezu getanzt. Ich könnte das nie, aber bei ihr war es ganz natürlich und hat mich nachhaltig beeindruckt.

Produktproben geben

Im eigentlichen Sinn anschaulich wird etwas besonders dann, wenn Sie nicht nur darüber sprechen, sondern es zeigen. Das mag im Chemieunterricht leichter sein als im Führungstraining, geht aber manchmal auch dort. So kann der Leitfaden eines Mitarbeitergesprächs gezeigt, der Aktionsplan einer Teamentwicklung (anonymisiert) mitgebracht oder ein Führungstagebuch herumgereicht werden.

Unkonventionelle Medien nutzen

Lebendig werden Vorträge auch, wenn Sie einen ungewöhnlichen Film zeigen, ein Hörspiel oder Interview vorführen, Musik spielen, Bilder oder Comics zeigen. Wie bei allen Lebendigmachern gilt auch hier: Sie sollten nicht Selbstzweck sein, sondern zum Thema passen und es vertiefen oder dem Zuhörer den Zugang zum Thema erleichtern. Wieso nicht in einer Mathematikstunde einen Film über Einstein zeigen? Warum nicht im Vortrag über Führung eine Herr-Keuner-Geschichte Bertolt Brechts vorlesen? Falls Sie ein Faible für skurrile Bücher haben, ein Instrument spielen, Kunst lieben: Vielleicht lässt sich irgendetwas für Ihren Vortrag verwenden?

Humor

Hier gilt das eherne Gesetz: Weniger ist mehr. Wir sind *nicht* der Meinung, dass Zuhörer spätestens nach fünf Minuten einmal gelacht haben sollten und Redner lustig sein müssen. Die Forderung «Sei witzig!» ist ungefähr so wirkungsvoll wie: «Sei spontan!» Weniges kann Zuhörern so auf den Geist gehen wie verkrampfte, bemühte Komik. Aber wenn es zu Ihnen, Ihrer Zuhörerschaft und Ihren Themen passt, kann Humor ein bezauberndes Stilmittel sein. Ob Sie eher selbstironisch sind, Situationskomik schnell erfassen und benennen können, ob Sie Witze erzählen können oder Sketche vorführen: Wenn Sie es schaffen, dass ein vielleicht schweres Thema etwas leichter wird, ist das ein Geschenk an die Zuhörer. Tiefe und Leichtigkeit sind kein Widerspruch. Über etwas lachen zu können heißt ja, Abstand dazu zu gewinnen, es oder sich von außen betrachten zu können. Und das ist – im Wertequadrat nach Helwig, siehe S. 97ff., gesprochen – die komplementäre Schwestertugend zum Eintauchen, Sich-hinein-Begeben.

Übung

Lebendig machen

Sie brauchen hierfür circa 15 bis 20 Minuten. Wenn Sie an einen Vortrag denken, den Sie gerade vorbereiten (und für den Sie vielleicht schon die Einleitungsübung gemacht haben), den Sie gerne halten würden oder schon oft gehalten haben: Was sind die Kernaussagen? Hier geht es nicht um Vollständigkeit; Sie brauchen nur eine oder zwei wesentliche Botschaften, von denen Sie gerne hätten, dass sie bei den Zuhörern besonders gut verankert werden. Und nun lassen Sie Ihre Phantasie los, ohne gleich zu bewerten, ob Ihre Einfälle funktionieren würden oder peinlich wären. Assoziieren Sie einfach zu der Kernaussage:

- Welches Bild kommt Ihnen spontan in den Sinn? Wie wäre das (symbolisch, räumlich, durch Personen) darstellbar?
- Welche Elemente der Theorie, des Modells, der Geschichte, die Sie vortragen wollen, sind wesentlich? In welchem (logischen, zeitlichen, geographischen, emotionalen) Zusammenhang stehen sie?
  Wie könnte man die Elemente und ihren Zusammenhang plastisch machen?

- Wenn Sie die von uns vorgeschlagenen Lebendigmacher anschauen: Gibt es einen, der Sie inspiriert? Könnten Sie eins der Beispiele für Ihren Zweck passend abwandeln?

Wenn Sie eine Idee haben, können Sie überlegen, in welchem Rahmen Sie diesen Einfall ausprobieren könnten. Falls Ihnen partout nichts in den Sinn kommt: Sprechen Sie mit anderen über Ihr Vortragsthema, nennen Sie die Kernaussage und fragen Sie nach Assoziationen, Bildern, Metaphern, Ideen.

3. Aneignung anregen

Wenn ich möchte, dass Zuhörer ihr «Kopfkino» anwerfen, das von mir präsentierte Allgemein-Theoretische auf ihre eigene Welt beziehen und sich dadurch zum Weiterdenken, -fühlen und -handeln inspirieren lassen, kann ich dafür Anregung, Zeit und Raum zur Verfügung stellen. Hier sind ein paar solcher Kopfkino-Aktivierer:

Beispiele aus der Welt der Zuhörer

Besonders anregend für die Teilnehmer ist es, wenn Sie konkrete Beispiele aus deren Erfahrungswelt einbauen. Wenn ich zu Studenten über Rhetorik spreche, nehme ich Erlebnisse mit Referaten als Beispiel. Beim selben Thema vor Bausparkassensachbearbeitern erkundige ich mich vorher beim Auftraggeber, warum die Teilnehmer vortragen lernen sollen und was daran in ihrem beruflichen Alltag typischerweise oder manchmal schwierig ist. Daraus zimmere ich ein Beispiel.

Murmelrunde

Murmelrunden kann man so anleiten: «Jetzt stecken Sie doch mal zu zweit die Köpfe zusammen und tauschen sich ein paar Minuten mit Ihrem Nachbarn, Ihrer Nachbarin aus über folgende Fragestellung: ...» Kündigen Sie an, ob Sie die Ergebnisse hinterher hören wollen oder bloß eine Gelegenheit für Austausch und lautes Nachdenken geben. Formulieren Sie dann das Thema, über das die Zuhörer sich austauschen sollen und das an das gerade Gehörte anknüpfen sollte. Klassische Fragen für Murmelrunden sind beispielsweise:

«Wenn Sie die letzten 20 Minuten Revue passieren lassen: Was ist Ihnen während des Vortrags durch Kopf und Herz gegangen? Wo sind Sie angeregt, wo meldet sich Ihr Widerspruch, womit können Sie nichts anfangen, wozu würden Sie gerne mehr hören?»

«Welches Beispiel aus Ihrem Alltag fällt Ihnen zu dem Gehörten ein, und was geht Ihnen durch den Kopf, wenn Sie sich das vor Augen holen?»

«Was für Lösungsmöglichkeiten fallen Ihnen ein; produzieren Sie gemeinsam Ideen!»

Wichtig ist, dass Sie anschließend so mit den Ergebnissen verfahren, wie Sie es im Vorfeld angekündigt haben. Wenn Präsentationen vorbereitet wurden, müssen Sie diese auch aufnehmen. Wenn Sie angekündigt haben, dass die Ergebnisse nicht veröffentlicht werden sollen, fragen Sie nur, ob jemand noch etwas sagen möchte.

Zu Notizen auffordern

Abgesehen davon, dass viele Zuhörer ohnehin gerne mitschreiben, kann man ausdrücklich dazu auffordern: «Jetzt nehmen Sie alle Zettel und Stift, und machen Sie sich bitte stichwortartig Notizen zu folgenden drei Punkten: ... Dazu haben Sie fünf Minuten Zeit.»

Ein Beispiel: In einem Vortrag über Führungsstile stellen Sie die Aufgabe, Notizen zu machen zu folgenden drei Punkten:

«Bei welchem Führungsstil ordne ich mich spontan ein?»

«Woran mache ich das fest?»

«Was würden meine Mitarbeiter dazu sagen?»

Danach können Sie übrigens eine Murmelrunde ansetzen, in der sich die Hörer zu ihren Notizen austauschen können.

Rahmenaufgaben stellen

Damit ist gemeint, zu Beginn des Vortrags eine Frage oder Aufgabe zu stellen, deren Lösung durch den Vortrag und im Vortrag erfolgt. Zu Beginn eines Vortrags über Grundlagen der Kommunikation können Sie zum Beispiel sagen: «Bevor ich anfange, nehmen Sie sich einen

Augenblick Zeit für die Frage: Wenn Sie nur an heute denken, wie der Tag bislang verlaufen ist – welcher Dialog oder welcher Satz fällt Ihnen ein, den Sie oder andere gesagt haben? Ganz gleich, warum er Ihnen in Erinnerung geblieben ist – schreiben Sie diesen Satz bitte auf.» Im Lauf des Vortrags kommen Sie dann an den passenden Stellen immer wieder auf diesen Satz zurück und stellen kleine Aufgaben dazu, zum Beispiel: «Wenn Sie sich den Satz anschauen: Was wird darin über den Sender deutlich? Welche Stimmung oder Eigenart des Senders hören Sie heraus?»

Auch hier können Sie Murmelrunden anschließen oder Fragen zur Rahmenaufgabe einsammeln.

Tranceinduktion

Die Bezeichnung «Tranceinduktion» stammt vom Erfinder der Hypnotherapie, Milton Erickson. Es gibt einige gänzlich unspektakulär klingende, jedoch wirkungsvolle Formulierungen, die wie ein Knopfdruck auf das Kopfkino wirken. Wichtig ist, dass Sie nach einer «tranceinduzierenden» Einstiegsformulierung die anschließende Situation sinnlich ausschmücken. Im Vortrag geeignet sind zum Beispiel folgende Satzanfänge:

«Sie kennen sicherlich alle die Situation, dass ...»

«Die meisten von Ihnen erinnern sich vielleicht an eine Erfahrung, als Sie ...»

«Vielen von Ihnen wird folgendes Szenario bekannt vorkommen ...»

Danach beschreiben Sie die (innere oder äußere) Szenerie, in die Sie die Zuhörer hineinführen wollen, möglichst anschaulich und anregend: «Die meisten von Ihnen haben wahrscheinlich schon einmal eine Situation in Ihrem Führungsalltag erlebt, in der Sie dachten: ‹Oje, wie soll ich das meinen Mitarbeitern gegenüber vertreten; das ist ja nun überhaupt nicht meine Meinung, das ist ja eine ganz falsche Strategie ...› Vielleicht haben Sie sich innerlich zerrissen gefühlt, vielleicht haben Sie sich geschämt, vielleicht auch sofort Position in die eine oder andere Richtung bezogen. Vielleicht haben Sie das mit sich ausgemacht, vielleicht mit Freunden, Kollegen, Ihrem Chef oder Ihrer Frau oder Ihrem Mann gesprochen.»

Auf diese Weise erleichtern Sie es dem Zuhörer, das von Ihnen theoretisch und allgemein gültig Formulierte auf seine individuelle Situation und Erfahrung zu beziehen und mit erlebter Praxis zu verknüpfen.

6.3.3 Den Schluss als Anfang verstehen

Der Schluss muss oft etwas Paradoxes leisten: den Vortrag beschließen – und etwas Neues einleiten, nämlich aus dem (durch Kontaktangebote angereicherten) Monolog in den Dialog führen. Klassischerweise ist der Schluss eine prägnante, zusammenfassende Wiederholung der Kernaussage. Das Ende macht den Vortrag rund; es wird ein für den Zuhörer spürbarer Punkt gesetzt. Beim Gegenstück geht die Energie gegen Ende verloren; der Vortrag wird langatmig und zerfranst.

«Jetzt gerne mal Sie!»

Wir empfehlen, den Zuhörern zum Schluss *immer* eine Gelegenheit zur Reaktion zu geben und dafür (je nach Möglichkeit und Auftrag) Zeit einzuplanen.

Aber: Rechnen Sie nicht damit, dass auch immer etwas kommt. Und dafür gibt es oft gute Gründe. Manchmal muss der Eindruck erst sacken, bevor die Zuhörer reif für Reaktionen sind. Auch sind hin und wieder Sitzfleisch oder Geduld schon überstrapaziert; eine Pause tut Not. Zudem kann ein prägnantes Ende auch «zerlabert» werden, wenn direkt im Anschluss viele und verschiedenste Wortmeldungen kommen. Daher sollten Sie eine Reaktion keinesfalls erzwingen, aber doch ermöglichen.

Wenn Sie die Zuhörer nicht nur zu Lobeshymnen animieren wollen, sondern sich tatsächlich für den Boden interessieren, auf den Ihre Worte gefallen sind, dann zeigen Sie das! Fragen Sie nicht manipulativ, sondern signalisieren Sie, dass Sie erstens unterschiedliche – positive wie kritische – Reaktionen für normal und legitim halten und dass Sie es zweitens als wertvoll ansehen, beides zu erfahren. Sind Sie ganz allgemein an Resonanz interessiert, können Sie zum Beispiel fragen: «Jetzt bin ich interessiert, von Ihnen zu hören: Wo sind Sie am Ende des Vortrags gelandet? Wie ist Ihre Resonanz, auf welchen Boden fällt das Thema bei Ihnen? Wo haben Sie Fragen, wo sind Sie angeregt, wo kritisch, wo haben Sie ähnliche oder ganz andere Erfahrungen oder Meinungen?»

Sie können auch Resonanzschwerpunkte setzen, wenn Sie die Reaktionen fokussieren möchten: «Wenn Sie meine Ausführungen hören und dabei an die Kultur Ihres Unternehmens denken: Erscheinen sie Ihnen als wunderbar passend, als weiteres Puzzlestück zu Ihrem Führungsverständnis – oder denken Sie eher, das geht ja gar nicht für meine Praxis, da würde mein Chef mich ein für alle Mal abschreiben, wenn ich das auch nur ansatzweise so angehen würde?»

Die Resonanz am Ende des Vortrags erfüllt zwei Funktionen:

1. Ventilfunktion für den Zuhörer
   Er kann Diskussionen anstoßen, die er geführt haben möchte, kann Fragen stellen, die er beantwortet haben will, oder sich einfach Luft machen, seine innere Antwort an den Mann oder die Frau bringen. Das, was ohnehin an Reaktion da ist, kann sich äußern, sodass Kopf und Herz wieder frei werden für das Weitere. Nicht ausgedrückte, nicht ausdrückbare Erwiderung bindet Konzentration und behindert den Kontakt.
2. Feedbackfunktion für den Redner
   Hier geht es weniger um die Rückmeldung, wie die Zuhörer den Redner wahrgenommen haben (echtes Feedback ist coram publico in dieser Situation kaum zu erwarten), als vielmehr darum zu erfahren, was ich mit dem Vortrag angerichtet und ausgelöst habe.
   Wenn wir nicht hören, was wir auslösen, bleiben wir isoliert. Das kann Tür und Tor öffnen für Vereinsamungserleben oder Deutungsphantasien: «Die haben so komisch geguckt, und einer hat immer die Stirn gerunzelt – die fanden mich bestimmt beknackt.»
   Und: Wir lernen zwar immer aus gemachten Erfahrungen, aber nicht immer das Realitätsangemessene. Stellen Sie sich vor, jemand hält das erste Mal einen Vortrag vor einem größeren Publikum und macht die Erfahrung, dass circa ein Drittel noch vor dem Vortragsende wortlos den Raum verlässt, ein weiteres Drittel in Zwischengesprächen versinkt. Was soll er daraus lernen? Nie wieder vor an-

deren zu sprechen, weil er offenbar als Redner nicht zumutbar ist? Vorher das Thema genauer mit dem Veranstalter abzuklären, weil es augenscheinlich bekannt war? Lebendiger zu sprechen, weil sonst die Konzentration des Publikums nicht über eine Dreiviertelstunde trägt? Es gibt hundert Reime, die er sich auf sein emotionales Waterloo machen kann. Wenn er nicht weiß, was er wodurch ausgelöst hat – wie soll er da sinnvoll lernen?

6.3.4 Die Übungseinheit maßschneidern: Anregungen für einen Baukasten mit Übungen für unterschiedliche Ziele

Nachdem die Zuhörer ihre spontane Resonanz ausdrücken konnten, ist häufig (meist nach einer Pause) eine Übung oder ein intensiverer Austausch sinnvoll. Die Kunst besteht darin, eine möglichst passende Übung vorzuschlagen.

Übungen nach Maß: Der Zweck bestimmt die Methode

Kompass ist dabei immer der Auftrag: Wozu soll die Übung oder der Austausch dienen? Erst wenn mir das Ziel klar ist, macht die Konstruktion Sinn (und ist dann oft auch ganz selbstverständlich und leicht).

Hilfreich ist ein Baukasten mit Standardübungen für unterschiedliche Ziele. Die folgenden Anregungen sind als Hilfestellung gedacht, sich einen solchen Basis-Baukasten anzulegen. Der nächste Schritt besteht darin, im Lauf der Zeit die Kreativität und den Mut zu entwickeln, Übungen abzuwandeln, auszutauschen und neu zu erfinden.

Ebenfalls wichtig ist es, sich in der Kunst der Anleitung zu trainieren. Je klarer die Anleitung, desto geringer ist meist der «Widerstand» (der manchmal gar keiner ist, sondern schiere Verwirrung oder Unmut, weil man nicht weiß, was das und was man soll!). Für welche Art von Aufgabe Sie sich auch entscheiden, in der Anleitung muss

– das Ziel, der Nutzen für die Teilnehmer deutlich werden,

- die Aufgabenstellung klar sein; daher sollten Sie diese visualisieren und Nachfragen ermöglichen,
- deutlich werden, was mit den Ergebnissen passiert (zum Beispiel: Werden Ergebnisse im Plenum veröffentlicht? Wenn ja, wie?), damit es für die Teilnehmer keine unliebsamen Überraschungen gibt und Misstrauen entsteht (zum Beispiel, weil vermeintlich im Zweieraustausch Verbleibendes auf einmal veröffentlicht werden soll oder aber sorgsam zur Präsentation Vorbereitetes gar nicht mehr nachgefragt wird).

Unterschiedliche Ziele von Übungen

Verallgemeinernd gesagt liegt der Zweck einer Übung in

1. Selbstreflexion,
2. Verhaltenstraining,
3. Kontakt,
4. Themenerarbeitung

oder einer Kombination mit unterschiedlichen Schwerpunkten.

1. Übungen zur Selbstreflexion

Persönliche Weiterentwicklung ist ohne Selbstreflexion kaum vorstellbar. Der Zuhörer braucht eine Gelegenheit, seinen Gedanken, Gefühlen und Bildern von sich und vom eigenen Sein und Gewordensein in der Welt nachzuhängen. Ich-nahe Vortragsthemen verlangen ich-nahe Übungen im Anschluss. Das ist so, weil Lernen nur auf der Ebene stattfinden kann, auf der die Entwicklungsaufgabe liegt.

Zur Anregung von Selbstreflexion gibt es unterschiedliche Möglichkeiten, drei davon stellen wir vor.

Besinnung

Die Besinnung ist eine angeleitete Gedankenreise mit einem konkreten Ziel (eine Besinnung finden Sie in diesem Buch zum Beispiel auf S. 84ff.). Das Ziel einer Besinnung im Anschluss an einen Vortrag ist eine Vertiefung und persönliche Exploration des Vortragsthemas.

Zum Beispiel könnte man nach einem Vortrag über Teamstrukturen eine Besinnung anschließen, bei der die eigene Rollengeschichte in Teams reflektiert wird. Angefangen von der Rolle in der Familie über die Schulerfahrung hin zur Rolle im aktuellen Team kann der Teilnehmer dann für sich schauen, was er weshalb gelernt hat, welche Aufträge er bekommen, welches Selbstbild er warum entwickelt hat. Vielleicht kann er dann besser verstehen, warum ihm manches Verhalten besonders schwer fällt, ihm manche Situationen realitätsunangemessen viel Angst bereiten.

Kurz gesagt führt man den Zuhörer zunächst in einen entspannten und konzentrierten Zustand. Meist lässt man ihn sich bequem hinsetzen und die Augen schließen oder einen festen Punkt im Raum fixieren. Dann wird die Aufmerksamkeit nach innen gelenkt, indem sie zum Beispiel bewusst auf den Atem und den Körper gerichtet wird: «Spüren Sie, wie sich beim Einatmen die Bauchdecke hebt, beim Ausatmen senkt … und lassen Sie sich jetzt ein paar Atemzüge lang in jedes Ausatmen hineinfallen …» Danach begleitet man den Zuhörer bei einer Wanderung durch die innere Landschaft, die man als themenrelevant erachtet. Am Ende der Besinnung führt man zurück ins Hier und Jetzt: «Kommen Sie in Ihrem Tempo mit der Aufmerksamkeit in den Raum zurück … Öffnen Sie die Augen, strecken und dehnen Sie sich ein bisschen, wenn Sie wollen …»

Besinnungen zu entwerfen und anzuleiten kann man lernen, am besten zu Hause mit einem willigen «Versuchskaninchen». Die richtigen Worte, das richtige (sehr langsame) Tempo und eine entspannende, zentrierende Stimmlage zu finden ist Übungssache. Hilfreich kann es sein, sich eine Entspannungskassette zu kaufen und bewusst darauf zu achten, in welchem Tempo, in welcher Art und Weise der Sprecher redet, und sich davon inspirieren zu lassen.

Inneres Team

Wenn das Ziel neben der Vertiefung hauptsächlich im klareren Erkennen der inneren Vielfalt liegt, sind Übungen mit dem Inneren Team (zum Inneren Team siehe S. 24ff.) hilfreich. Wenn es beispielsweise um das Führen von Entlassungsgesprächen geht, kann man davon ausgehen, dass dies für Führungskräfte keine rein technische Fragestellung ist. Vor dem konkreten Handeln steht fast immer die innere Klärung, damit erstens die Situation äußerlich klar gemeistert werden kann – äußere Klarheit setzt innere Klarheit voraus – und zweitens die entlassende Führungskraft mit sich im Reinen sein kann und so die Situation nicht nur gestalten, sondern auch mehr oder weniger unbeschadet überstehen kann. So könnte man nach dem Vortrag «Klarheit im Trennungsgespräch» zwei Übungen anschließen: eine zur inneren Klarheit und eine zur äußeren, zum Beispiel ein Rollenspiel. Zur inneren Klarheit könnte man das Innere Team zum Thema «Meine Aufgabe ist es, Mitarbeiter zu entlassen» explorieren lassen.

Das kann auf unterschiedliche Weise geschehen. Wenn die Zuhörer das Werkzeug «Inneres Team» kennen, können sie sich zu zweit zusammentun und sich gegenseitig beim Finden der Teammitglieder unterstützen. Geben Sie dafür mindestens vierzig Minuten Zeit mit dem Auftrag, jeweils zwanzig Minuten für jeden der Partner zu reservieren. Erklären Sie, was die Aufgabe des «Beraters» ist. Dabei müssen Sie wissen, was Sie voraussetzen können: Kennen Ihre Teilnehmer zum Beispiel Beratungstechniken? Die Aufgabenstellung sollten Sie möglichst genau visualisieren.

Wenn Ihre Teilnehmer das Innere Team noch nicht kennen, empfehlen wir einen Vortrag darüber als Einstieg und im Anschluss daran eine Besinnung zum Inneren Team, während der die Teilnehmer die durch die Besinnung gefundenen inneren Teammitglieder notieren, vielleicht auch skizzieren sollen.

Feedback

Auch Feedback ist ein hervorragendes Mittel, um Menschen zur Selbstreflexion anzuregen. Dazu braucht es Teilnehmer, die einander kennen, es sei denn, es geht um ein Feedback zum ersten Eindruck. Da Feedback nicht nur eine persönliche, sondern auch eine zwischenmenschliche Konfrontation ist, braucht es einen besonders sicheren Rahmen: eine bereits vorhandene vertrauensvolle Atmosphäre und genügend Zeit, um möglicherweise entstehende Verletzungen thematisieren und auffangen zu können. Daher ist Feedback besonders im Workshop- oder Seminarkontext geeignet. So könnten Sie im Führungstraining im Anschluss an einen Vortrag über Führungsstile eine Feedbackübung machen: «Welche Vermutungen habe ich über deinen Führungsstil, und woran mache ich sie fest? Wie nehme ich deine Rolle hier im Seminar in Bezug auf Entscheidungsprozesse wahr, und wie würde ich als dein Mitarbeiter darauf reagieren?»

Feedback kann mittelbar oder unmittelbar erfolgen. Unmittelbar bedeutet, die Feedbackgeber schauen denjenigen, der das Feedback erbeten hat, an und sagen ihm – bei Beachtung von Feedbackregeln – ins Gesicht, wie sie ihn wahrnehmen und wie sie darauf reagieren.

Mittelbares Feedback ist indirekt, zum Beispiel das so genannte Reflecting Team: Jemand kann zuhören, während andere sich über ihn – ebenfalls anhand von Regeln – unterhalten.

2. Übungen, die Verhalten trainieren

Auch wenn wir in unseren Seminaren immer wieder betonen, dass nicht jeder Mensch das Gleiche lernen muss: Wenn Sie Techniken, Handwerkszeug, Methoden vermitteln wollen und sollen, brauchen die Lernenden eine Übungsmöglichkeit. Und sie brauchen eine Rückmeldung über ihr Verhalten in der Übung. Hier werden dann – nicht jeder muss das Gleiche lernen! – das individuelle Potenzial und die individuelle Entwicklungsrichtung deutlich. Ein Beispiel für eine solche Technik, die Übung verlangt, ist das Feedbackgeben selbst. Wenn Sie einen Vortrag über die Bedeutung von Feedback halten, sollten Sie es im Anschluss daran üben lassen. Wenn Handwerkszeug wie Aktives Zuhören, Kritikgespräche führen oder Besprechungsmoderation Thema ist, geht nichts ohne Training. Dafür bieten sich verschiedene Settings an wie Rollenspiel, Übungen im Hier und Jetzt und Transferprojekte.

Rollenspiel

Im Rollenspiel lässt sich besonders gut der Praxistransfer vorbereiten, da die Praxis ins Seminar geholt wird. Karl Benien (2002) beschreibt in seinem Buch «Beratung in Aktion» Varianten von Rollenspielen, die man im Seminar einsetzen kann. Das «Übende Rollenspiel» (ebd., S. 149f.) ist die nach Vorträgen häufig geeignete Variante.

Zunächst suchen Sie einen Protagonisten. Sie erläutern Sinn und Ziel eines Rollenspiels und fragen, wer von den Teilnehmern die Chance nutzen und es einmal ausprobieren möchte. Zum Beispiel haben Sie einen Vortrag gehalten über Meeting-Moderation und ermöglichen durch das anschließende Rollenspiel einem Teilnehmer das Ausprobieren in der «Trockenschwimmvariante» (die anderen Zuhörer profitieren ebenfalls durch Beobachten oder Mitspielen). Zunächst interviewen Sie den Protagonisten, was genau er spielen und im Spiel erreichen möchte. Entlang des vom Protagonisten benannten Ziels wird eine exemplarische Situation, in der sich seine Fragestellung aktualisiert, herausgefunden und inszeniert. Hat er beispielsweise gesagt, er wolle als Part einer Meeting-Moderation einmal ausprobieren, einen Vielredner zu unterbrechen, wird eine entsprechende Szene konzipiert: Die (alle oder einige) anderen Teilnehmer schlüpfen in die Rollen der am Meeting beteiligten Kollegen; ein «Vielredner» wird genau instruiert: «Du bist ein Kollege von mir, 45 Jahre alt, und hast immer zu allem eine Meinung. Zum Beispiel in Bezug auf das neue Sicherheitssystem weißt du genau, dass das alles Müll ist, und sagst das auch in diesen Worten.» Nun geht es los: Der Protagonist leitet das «Meeting», der «Vielredner» versucht, ihm das Zepter aus der Hand zu nehmen. Der Protagonist kann jetzt verschiedene Möglichkeiten des Unterbrechens ausprobieren. Im anschließenden Feedback erfährt der Protagonist, wie sein Verhalten von seinen Rollenspielpartnern und Beobachtern erlebt wird, und bekommt Tipps und Handlungsalternativen an die Hand, die er in einem zweiten Durchlauf ausprobieren kann.

Um nach einem Vortrag möglichst vielen Zuhörern Gelegenheit für ein übendes Rollenspiel zu geben, macht oft eine abgespeckte Kleingruppenvariante Sinn. Dafür braucht es pro Kleingruppe möglichst vier Teilnehmer. In der Anleitung werden natürlich die Rollen und Aufgaben der Einzelnen genau beschrieben. Diese sind:

A: Der Protagonist. Er hat die Aufgabe, zunächst zu beschreiben, welche beispielhafte Situation ihm in den Sinn gekommen ist und wer sein Gegenüber in der Situation war oder sein wird. Nach einem Vortrag über Konfliktmanagement sollen zum Beispiel Situationen beschrieben werden, in denen ein Konflikt (latent oder manifest) deutlich und der Protagonist mit seinem Verhalten nicht ganz zufrieden war. Alternativ beschreibt er eine zukünftige Situation, die ihm Sorge bereitet und auf die er sich im Seminar vorbereiten will.

B: Der Leiter. Er interviewt den Protagonisten, um welche Situation genau es geht, was die anderen darüber wissen müssen, um den emotionalen, systemischen, inhaltlichen und historischen Gehalt der Situation zu erfassen, und was das Ziel des Protagonisten im Rollenspiel ist. Und er achtet darauf, dass folgender Ablauf eingehalten wird: 1. Interview, 2. Einweisung des Rollenspielpartners, 3. Rollenspiel, 4. Feedback.

C: Rollenspielpartner. Er wird mit Unterstützung des Leiters in seine Rolle eingewiesen, indem der reale Antagonist entweder ausführlich beschrieben oder eingedoppelt wird. Beim Eindoppeln geht der Protagonist hinter seinen Rollenspielpartner und beschreibt diesen in der Ich-Form: «Ich bin Meister, 57 Jahre alt, seit 35 Jahren in der Firma. Mir macht so schnell keiner was vor, schon gar nicht so ein junger Schnösel frisch von der Uni ...» Im anschließenden Rollenspiel soll er nicht schauspielern, sondern sich in die Rolle einfühlen und improvisieren.

D: Beobachter. Seine Rolle ist es, den Leiter zu unterstützen, wenn der den Faden verliert, und in der Feedbackphase (nach dem Protagonisten, dem Rollenspielpartner und dem Leiter) seine Beobachtungen zu formulieren.

Pro Durchgang braucht ein solches Rollenspiel meist mindestens eine halbe Stunde; es ist eine Zeitfrage, wie viele Durchgänge man macht – ob also jeder Teilnehmer einmal jede Rolle einnehmen soll.

Rollenspiele in Kleingruppen laufen erfahrungsgemäß sehr oft ein wenig chaotisch, da die Anweisung an die Rolle des Leiters innerhalb der Kleingruppe im Grunde zu komplex ist, denn durch eine kurze Anweisung wird niemand zum Psychodramatiker. Und trotzdem: Auch bei Chaos und Kunstfehlern ist der Ertrag meistens sehr groß, wenn die Teilnehmer ins Rollenspiel gehen. Sind sie einmal im Rollenspiel, wird nahezu automatisch vieles sichtbar, das wertvolles Feedback ermöglicht.

Übungen im Hier und Jetzt

Hier gehen die Teilnehmer nicht ins Rollenspiel, sondern bleiben sie selbst und üben das Gehörte miteinander. Auch hier bieten sich Kleingruppen an. In Dreiergruppen ist typischerweise einer in der übenden Rolle, einer in der Protagonistenrolle, und ein anderer beobachtet und leitet die Auswertung.

Zum Beispiel haben Sie einen Vortrag über das Aktive Zuhören –

eine beratungsorientierte Technik des Zuhörens – gehalten und wollen diese Technik nun üben lassen. Dann können Sie Dreiergruppen bilden lassen, in denen einer (der Protagonist) über ein Thema berichtet, das ihn gerade beschäftigt. Falls der Vortrag in ein Seminar eingebettet ist, kann das Thema passend zu den anderen Seminarinhalten gewählt werden, also mit Führung, Konflikten, Projektmanagement oder Präsentationen zu tun haben. Ein anderer Teilnehmer übt sich nun im Aktiven Zuhören, hat also die Aufgabe, das theoretisch Erfahrene nun praktisch auszuprobieren. Der Beobachter soll einerseits darauf achten, dass die von Ihnen vorgegebene Zeit eingehalten wird (zum Beispiel zehn Minuten Aktives Zuhören und zehn Minuten Auswertung pro Durchlauf), und die Auswertung leiten. Dabei empfehlen wir die Reihenfolge: Zunächst berichtet der Protagonist («Wie ist es mir ergangen, wie habe ich mich von dir begleitet und geleitet gefühlt? Was war gut, was wünsche ich mir anders? ...»), dann der Leiter («Wie ist es mir ergangen? Was fiel mir leicht, was eher schwer? Welche Fallstricke empfinde ich? ...») und anschließend der Beobachter («Was fiel mir von außen auf? Wo ist das Umsetzen der einzuübenden Technik gelungen, wo hapert es? Welche Fragen an die Seminarleitung sind entstanden? ...»). Daraufhin werden die Rollen gewechselt, bis jeder einmal jede Rolle innehatte. In unserem Beispiel würde die gesamte Übungsphase (ohne Anweisung und Auswertung im Plenum) eine Stunde dauern. Anschließend werden im Plenum Erfahrungsberichte und Fragen gesammelt und Letztere beantwortet.

Transferprojekte

Manchmal ist es (inhaltlich oder zeitlich) passender, das Vortragsthema nicht unmittelbar einüben zu lassen, sondern eine Aufgabe für die Praxis mit auf den Weg zu geben oder entwickeln zu lassen. Dies macht besonders dann Sinn, wenn sich die Gruppe in der Konstellation noch einmal trifft, damit die Erfahrungen mit der «Hausaufgabe» ausgewertet werden können. Alternativ kann man Lernpartnerschaften einrichten, wobei die Lernpartner die Aufgabe haben, einander in der Umsetzung ihrer Projekte kollegial zu unterstützen.

Ein für alle gleichermaßen vorgegebenes Transferprojekt könnte das Erstellen eines Aktionsplans im nächsten Meeting sein oder die Vorbereitung auf das nächste Mitarbeitergespräch anhand eines Leitfadens oder die Anwendung einer bestimmten Moderationsmethode in der nächsten Konferenz.

Oft ist es effektiver und genauer, jeden Teilnehmer ein eigenes Transferprojekt entwickeln zu lassen. Dies kann jeder für sich oder im Gespräch mit einem Lernpartner entwickeln. Wichtig ist die Formulierung des Projekts als konkretes Ziel, dessen Erreichen (und sei es nur für den Teilnehmer selbst) überprüfbar ist.

3. Übungen, die den Kontakt fördern

Hier lautet die klassische Aufforderung: «Austausch!» Die Teilnehmer sollen zu zweit, dritt oder viert die Köpfe zusammenstecken und sich anhand einer konkreten Aufgabe zum Beispiel über das Vortragsthema oder einen seiner Aspekte austauschen. Die Aufgabenstellung kann dabei bewusst offen sein: «Tauschen Sie sich zu zweit darüber aus: Wo sind Sie angeregt? Was ging Ihnen durch den Sinn, während Sie dem Vortrag gefolgt sind? Dafür haben Sie zehn Minuten Zeit.» Oder Sie werden sehr konkret: «Tauschen Sie sich einmal zu zweit darüber aus: Wie wird in Ihrem Projektteam damit umgegangen, wenn Teammitglieder Zusagen nicht einhalten? Vergegenwärtigen Sie sich genau: Wie informiert das ‹schwarze Schaf› die Gruppe, wie reagieren die anderen dann typischerweise, und was ist die Haltung und Intervention des Projektleiters in dieser Situation? Und: Wie zufrieden sind Sie mit diesem Verfahren? Dafür haben Sie zwanzig Minuten Zeit.»

Die meisten Übungen (egal ob zur Selbstreflexion, zum Verhaltenstraining oder zur Themenvertiefung) fördern ohnehin den Kontakt allein dadurch, dass nun nicht mehr der Redner, sondern die Teilnehmer im Fokus stehen und es mit sich und miteinander zu tun bekommen. Kleingruppen ermöglichen einen intensiveren Kontakt als das Plenum, da die Redezeit für den Einzelnen länger und die Stimmung persönlicher ist. Als Faustregeln lassen sich formulieren:

1. Je intimer das Thema, desto kleiner sollten die Gruppen sein. Nach einem Vortrag über das Innere Team sind oft Zweiergruppen angemessen.
2. Je knapper die Zeit, desto kleinere Gruppen sollten gewählt wer-

den. Oder aber man muss vorher deutlich machen, dass nicht jeder Teilnehmer drankommen wird.

3. Für mittel- oder längerfristig bestehende Systeme (zum Beispiel Seminare oder Klassen) gilt: Die gesamte Gruppe vernetzt sich besser, wenn Kleingruppen nicht über die gesamte Dauer stabil bleiben, sondern immer wieder zur Wahl neuer Kleingruppenpartner aufgefordert wird.
4. Das Kontaktangebot darf das System nicht überstrapazieren: Überspitzt formuliert soll der Firmenvorstand sich in der Betriebsversammlung nicht mit einem Mitarbeiter über die Fehler der Konzernleitung austauschen müssen. Oder anders: Stimmig sind Aufgabenstellung, Kleingruppenzusammensetzung und damit das Kontaktangebot nur, wenn die (meist ungeschriebenen) Regeln und Dynamiken von Hierarchie, Konkurrenz und Rollenverhalten respektiert und nicht negiert werden.

4. Übungen zur Themenerarbeitung

Oft ist es sinnvoll, ein Vortragsthema in der Gruppe erarbeiten zu lassen und den eigenen Vortrag ergänzend ans Ende zu stellen. In diesem Fall verändert sich die Reihenfolge des Leitfadens: erst die Einleitung, dann die Übung, ergänzt durch den (unbedingt auf die Übungsergebnisse eingehenden) Hauptteil und Schluss. Der Vorteil dabei: Selbständig Erarbeitetes bleibt besonders gut im Gedächtnis haften.

Gruppenübungen

Wie beim Experiment im Physikunterricht lautet hier das Prinzip: Erfahrungen machen lassen und anschließend auswerten. Der Vorteil dieser Methode liegt darin, dass die Unmittelbarkeit des Erlebten ein hervorragender Anker für die anschließende Theorie ist. Der Praxisbezug ist evident, die Zuhörer sind im Wortsinn von Anfang an dabei.

Die Teilnehmer haben (meist in Untergruppen) eine bestimmte Aufgabe gemeinsam zu bewältigen, wobei sie von anderen Teilnehmern beobachtet werden. Das kann draußen oder drinnen passieren. Ein Ei soll unter Verwendung skurriler Hilfsmittel fliegen und heil landen. Mit verbundenen Augen soll ein Quadrat gelegt werden, Brücken werden gebaut, Orchester gegründet, Klettergärten bewältigt ... Da mittlerweile ein großer Teil dieser Übungen vielen Teilnehmern durch andere Seminare oder Assessment Center bekannt sind, lohnt es sich, sich selbst Aufgaben auszudenken oder bekannte abzuwandeln.

Gruppenübungen bieten sich an als Einstieg in Vorträge über Gruppenprozesse, Moderationsmöglichkeiten, Teamentwicklung oder Gruppenrollen. Die Teilnehmer sind meistens engagiert und haben Spaß an der Aufgabe. Wesentlich ist die genaue Auswertung mit Brückenschlag immer wieder zum (Berufs-)Alltag. Leitfragen der Auswertung könnten sein:

1. Wie habe ich mich selbst und meine Rolle erlebt? Welchen Anteil hatte ich am Prozess, welchen am Ergebnis? Wie zufrieden bin ich damit? Was davon kenne ich an mir, ist «typisch»?
2. Wie habe ich die anderen und ihre Rollen erlebt? Was hat das bei mir ausgelöst? Was davon kenne ich (wenn es ein reales Team ist) von den anderen? Was an meiner Reaktion darauf ist mir vertraut?
3. Wie habe ich den Gruppenprozess erlebt? Welche Phasen habe ich beobachtet, wie wurden Übergänge initiiert? Welche «Spiele», Regeln und Muster der Zusammenarbeit wurden deutlich? Wie lässt sich das System beschreiben? Was von alledem ist hilfreich, konstruktiv und effektiv, was nicht? Was davon kenne ich aus der realen Zusammenarbeit?

Was man wissen muss: Gruppenübungen brauchen viel Zeit. Kalkulieren Sie unbedingt genügend Zeit auch für die Auswertung ein, sonst «verpufft» der Lerneffekt und die Übung erhält reinen Incentive-Charakter.

Kleingruppen-Mosaik

Hier lautet das Prinzip: mitdenken statt konsumieren. Das zu erarbeitende Thema wird wie ein Mosaik oder Puzzle zusammengesetzt. Mehrere Kleingruppen werden gebildet und erhalten unterschiedliche Arbeitsaufträge, die einander ergänzen. Anschließend werden die Ergebnisse im Plenum präsentiert. Oft braucht es zuerst ein Minimum an Input, damit die Kleingruppen Grundkenntnisse über das Arbeitsthema zur Verfügung haben. Die Übung ist dann in den Hauptteil des Vortrags integriert.

Ein Beispiel: Sie könnten die Phasen eines Gruppenprozesses nach Tuckman/Stahl (Stahl 2002) skizzieren und anschließend pro Phase eine Kleingruppe bilden mit dem Auftrag, sich Folgerungen für die Führungskraft zu überlegen: Was muss der Leiter der Gruppe in dieser Phase beachten? Womit muss er innerlich und äußerlich rechnen, welche Fähigkeiten und Fertigkeiten braucht er? Anschließend werden die Ergebnisse entlang der Teamphasen-Chronologie präsentiert und im Weiteren durch Ihren Vortrag ergänzt.

Zweierlei ist hier zu beachten: Erstens sollten Kleingruppen generell einander ergänzend arbeiten, das heißt möglichst unterschiedliche Arbeitsaufträge bekommen. Sonst hat man mit dem Effekt zu rechnen, dass es spätestens nach der zweiten Präsentation langweilig für alle wird. Zweitens sollte ich in meinem anschließenden Vortrag wirklich flexibel sein: Die Ergebnisse sollte ich einerseits würdigend aufgreifen und ergänzen, andererseits nicht lang und breit wiederholen. Sonst hat die Gruppe das Gefühl, beschäftigungstherapeutisch behandelt worden zu sein.

Übung

Eine Übung erfinden

Vielleicht haben Sie schon einige Übungen in Ihrem Werkzeugkasten, dann kommt nun eine weitere dazu. Sie brauchen dafür schätzungsweise eine halbe Stunde Zeit. Wählen Sie sich zunächst wieder ein Vortragsthema Ihres (aktuellen oder künftigen) Repertoires. Möglichst eines, zu dem Sie noch keine oder keine Ihnen wirklich gut erscheinende Übung haben. Wenn Sie ein Thema im Kopf haben, das noch nicht in allen Details ausgearbeitet sein muss, definieren Sie eine Zielgruppe, für die der Vortrag und damit auch die Übung bestimmt sein soll. Nun stellen Sie sich den Rahmen vor, in den der Vortrag eingebettet sein wird: In ein Seminar? In ein (wie großes?) Symposium? In das nächste Meeting? Wenn Sie Thema, Zielgruppe und Rahmen festgelegt haben, geht es an die Übungskonstruktion. Überlegen Sie:

- Was ist der Zweck der Übung? Wozu soll sie dienen?
- Möchten Sie den Fokus auf Selbstreflexion, Verhaltenstraining, Kontakt oder Themenerarbeitung legen? Oder auf etwas anderes? Weshalb ist Ihnen dieser Fokus wichtig?

- Schreiben Sie nun das Vortragsthema samt den ein bis drei wichtigsten Kernaussagen auf einen Zettel. Auf einen anderen Zettel schreiben Sie den von Ihnen gewählten Übungsfokus – ebenfalls eventuell mit ein bis drei Unterpunkten zu Sinn und Zweck der Übung. Legen Sie beide Zettel gut sichtbar vor sich und assoziieren Sie frei zu einer möglichen Verbindung von beidem. Schreiben Sie die Stichwörter, die Ihnen einfallen, auf einen weiteren Zettel.
- Nehmen Sie den Stichwortzettel und schauen Sie, welche Begriffe Sie am meisten ansprechen oder zu einer Übung inspirieren. Dann legen Sie los: Kreieren Sie mit Hilfe der hier vorgestellten Methoden oder anhand eines anderen (Übungs-)Buchs oder aufgrund Ihrer Erinnerung an selbst erlebte Übungen und natürlich anhand Ihrer Erfahrung eine Übung.

  Die Übung sollten Sie am besten direkt ausprobieren. Falls Sie unsicher sind, ist ein Probelauf zu empfehlen. Suchen Sie sich dafür willige Testpersonen: Ihre Peergroup, Kollegen, Ihre Familie oder wer sonst in Frage kommt.

7. Tipps und Werkzeug

«‹Was drückt dich, lieber Freund?› – ‹Ich wollt', ich könnte fliegen
Und alle Lebenslast und Erdenpein besiegen.
Ich bin so voll davon und wiege, ach, so schwer!
Warum bin ich nicht leicht?› – ‹Warum bist du nicht leer?›»

OWLGLASS

7.1 Atmen!

Wenn einem etwas existenziell wichtig erscheint, sagt man: «Das brauche ich wie die Luft zum Atmen.» Unser Atem ist nicht nur entscheidend für die Sauerstoffversorgung. Er ist auch in weiterer Hinsicht bedeutsam: Erstens trägt er die Stimme, erfüllt sie mit Kraft und Volumen (oder auch nicht), und zweitens reguliert er die Fähigkeit zur Empfindung. Wilhelm Reich, Urvater aller Körpertherapeuten, hat entdeckt, dass muskuläre «Panzerung» und ein flacher Atem der Seele dazu dienen, Emotionen abzuwehren – und auf Dauer krank machen. Wer fühlen will, muss atmen.

Was im Vortrag häufig automatisch und unbewusst passiert, ist Folgendes: Um die Angst abzuwehren, atmen wir flach (uns «stockt der Atem»). Der steht dann allerdings auch nicht mehr zuverlässig und energetisierend zur Verfügung beim Sprechen (uns «bleibt die Luft weg»), was die Unsicherheit verstärkt und, man könnte es so ausdrücken: verkorkt. Dieser Ablauf geht häufig mit Abspaltungserleben einher: Man hört sich reden, fühlt nicht mehr differenziert, außer vielleicht unterdrückte Panik. Im schlimmsten Fall begleitet uns dann die Vorstellung, gleich ohnmächtig zu werden, oder wir erleben echte Blackouts, denn innerlich scheint eine Nebelmaschine angeworfen zu sein.

Dagegen hilft nur eins: atmen! Nicht etwa mit dem Ziel, die Angst in den Griff zu bekommen, sondern um trotz und mit der Angst sprechen zu können.

Übung
Bauchatmung
Um sich im Ernstfall, nämlich während des Vortrags, gut Luft geben zu können, lohnt es sich, vorher zu üben. Es geht darum, einen «langen Atem» zu bekommen, sodass Ihre Stimme Resonanz, Volumen, Lautstärke, aber auch Ruhe bekommt (die Gegenstücke sind flache, aber auch Hechelatmung). Und solchen langen Atem gewinnt man bekanntermaßen aus der Tief- oder Bauchatmung. Wenn Sie jetzt, beim Lesen, Ihre Hände auf die Stellen Ihres Oberkörpers legen, wo er sich durch die Atmung bewegt: Wo liegen die Hände dann? Und wie stark ist überhaupt eine Bewegung spürbar?
Nun legen Sie beide Hände einmal auf Ihren Bauch und versuchen, so zu atmen, dass sich die Bauchdecke beim Einatmen spürbar hebt, dass also Ihre Hände bewegt werden. Machen Sie das ein paarmal – übrigens muss man dann oft gähnen, was wiederum die Bauchatmung unterstützt. Falls Sie gerade allein sind oder keinen Ruf zu verlieren haben: Stöhnen Sie jetzt ausgiebig und laut («Ahhhh!»), wie man es nach einer Strapaze tut (oder tun möchte). Wiederholen Sie das ruhig mehrmals. Jetzt müssten Sie, wenn Sie das Experiment mitgemacht haben, ziemlich tief atmen. Mal sehen: Lesen Sie doch einfach die folgenden Sätze laut ... sehr laut ... Oder sprechen Sie irgendetwas, das Ihnen gerade in den Sinn kommt. Laut! Leider (für uns) können wir Sie jetzt nicht hören. Vermutlich jedoch ist Ihre Stimme ein bisschen voller und tiefer als gewöhnlich, oder?

Wasser «con gaz»

Mit einem solchen Experiment ist es natürlich nicht getan, sondern wie immer, wenn man einen Automatismus beeinflussen möchte, muss man ziemlich hartnäckig üben und sich dann auch noch in der Vortragssituation daran erinnern. Für Letzteres ist es sehr hilfreich, sich ein Glas Wasser in Reichweite zu stellen. Einen Schluck zu trinken verschafft jedem Redner eine kleine legitime Pause, die man nebenbei zum Luftholen und Umstellen auf Tiefatmung verwenden kann.

Wenn Sie wenig Lust haben, regelmäßig Atemübungen zu machen, aber dennoch Ihren Atem üben und Ihre Stimme kräftigen möchten, schlagen wir folgende drei Möglichkeiten vor, die mehr Zeit kosten – und mehr Spaß machen.

Singen Sie!

Wunderbar für Atmung, Stimme und Seele. Am besten im Chor oder einzeln mit einem Gesangslehrer (alternativ könnten Sie natürlich auch ein Blasinstrument erlernen). Dort lernt man alles über Bauchatmung, kräftigt und schult die Stimme und, besonders wichtig, findet Freude daran. Für diejenigen unter uns, die nicht gut «laut» sein können, die Hemmungen haben, ihre Stimme auszuschöpfen, und sich eher schämen, wenn sie sich Gehör verschaffen «müssen», gerade für diejenigen kann Singen ein veritabler Befreiungsakt sein. Und denken Sie nicht, dass Sie eine «schöne Stimme» brauchen; Sie sollen ja nicht Geld dafür verlangen. Was Sie brauchen, sind Zeit, Lust und ein wenig Mut.

Laufen Sie!

David Servan-Schreiber, ein französischer Neurologe, hat jüngst ein Buch geschrieben über Möglichkeiten, Stress, Angst und Depressionen nichtmedikamentös zu bewältigen («Die neue Medizin der Emotionen», 2004). Regelmäßiges Joggen empfiehlt er als ein besonders wirksames Mittel zur Angsttherapie, weil man dort – was seit langem bekannt ist – Endorphine, körpereigene Rauschmittel, ausschüttet.

Laufen trainiert außerdem die Lunge und verbessert die Atmung (haben Sie jemals versucht, zu laufen und dabei flach zu atmen?). Wer, wie wir, häufig mehrere Tage in Hotels verbringt mit üppigem Essen, wenig Bewegung und frischer Luft, muss sich irgendetwas überlegen, um körperlich wohl und seelisch wach zu bleiben. Ob Sie einen langen Lauf zu sich selbst oder einen kürzeren weg von den Teilnehmern machen: Laufen verschafft neben allen genannten Vorzügen auch eine Interaktionspause im Seminar, in der man Abstand, Bewegung und Natur tanken kann. Sehr geeignet zum Beispiel als Mittagspausenritual (Lunchpakete macht Ihnen jedes Hotel).

Spielen Sie Theater!

Eine weitere Möglichkeit, Atem und Stimme gleichsam nebenbei zu schulen, ist das Theaterspiel. Ob Volkshochschulkurs, Laientruppe oder Psychodramagruppe: Wer Lust hat zu spielen, findet ein vielfältiges Angebot. Auch Ihre Persönliche und Bühnen-Präsenz wird sich durch das Theater verstärken. Sie lernen schließlich, sich einen «Auftritt» zu gestatten, Emotionen zu zeigen (nicht zu simulieren, sondern durch Einfühlung zu erleben), die Energie auf der Bühne zu halten (statt möglichst unsichtbar zu werden). Ihre Schamgrenze wird sich verschieben.

Theater kann lustvoll und lustig sein oder schmerzlich und schwierig. Auch hier brauchen Sie kein Talent, sondern Interesse und Mut.

7.2 So holen Sie sich konstruktives Feedback

Wenn man seine Präsentationsfähigkeiten verbessern will, ist man auf Feedback angewiesen. Videoaufnahmen sind als Ergänzung zwar hilfreich, aber nie ein Ersatz für intensive Rückmeldung. Denn was man auf einem Video nicht sehen kann, ist, wie das, was Sie auf dem Bildschirm sehen, bei Ihren Zuhörern ankommt, was es bei ihnen auslöst. Das finden Sie nur durch Nachfragen heraus.

Selbst wenn Sie keinen professionellen Coach an Ihrer Seite haben, können Sie vom Feedback anderer enorm profitieren. Dafür müssen Sie allerdings einem Feedback-Laien eine Einweisung geben in die Art von Rückmeldung, die Ihnen hilfreich sein könnte. Am besten bitten Sie mehrere Personen um Resonanz, da jede Reaktion immer auch Machwerk des Rückmelders und weniger «objektive» Resonanz ist. Der «gemeinsame Nenner» der Rückmeldungen wird jedoch etwas Wesentliches vom Redner erfasst haben.

Einige Feedback-Settings

Bezogen auf Ihre Präsentationswirkung können Sie in verschiedenen Situationen Rückmeldung erfragen.

Zunächst die Methode Trockenschwimmen: Sie können im geschützten Rahmen, zum Beispiel in einer Lerngruppe oder vor Ihrem Lieblingskollegen, probeweise Ihren Vortrag halten und um Rückmeldung bitten (wie, dazu gleich mehr). Der Vorteil: Sie nutzen die Chance zum «Feinschliff» vor dem Ernstfall, und das Feedback kann – da unter Ausschluss der Öffentlichkeit – sehr offen sein. Der Nachteil: Es ist immer ein bisschen anders, ob man vor Freunden in einer kleinen Gruppe oder im großen anonymen Kreis spricht; das Feedback ist also möglicherweise ein wenig verzerrt (dennoch erfahrungsgemäß unbedingt wertvoll!). Im geschützten Seminarrahmen (Rhetoriktraining) ist Trockenschwimmen möglich bei gleichzeitiger Minimierung der Verzerrungen, da dort das Sprechen vor größeren und nicht bekannten Gruppen geprobt werden kann.

Zweitens die Live-Methode: Sie können sich natürlich nach jedem Vortrag Rückmeldung holen, und zwar möglichst von einem (professionellen oder situativ eingewiesenen) Coach und wenn möglich nicht coram publico. Öffentliches detailliertes Feedback tendiert – außer im geschützten Rahmen – dazu, den Redner zu schwächen, da es an Notenvergabe und Lehrer-Schüler-Interaktion erinnert. Der Vorteil der Live-Methode ist die größtmögliche Realitätsnähe. Der Nachteil besteht in dem Aufwand, den man womöglich betreiben muss, um einen Coach zu finden.

Die dritte Möglichkeit ist die Methode «Was ich dir immer schon mal sagen wollte». Hier bitten Sie eine oder mehrere Personen, die Sie schon häufiger als Vortragenden erlebt haben, um situationsübergreifendes Feedback zu Ihrer (typischen, besonderen, charakteristischen) Art, Vorträge zu halten. Die Rückmelder können Ihnen das Feedback direkt geben oder mittelbar, indem Sie «Lauscher an der Wand» spielen, während sich Ihre Feedbacker über Sie und Ihre Art des Präsentierens unterhalten. Der Vorteil dieser Methode ist, dass Sie gleichsam die Essenz Ihres Stils erfahren. Der Nachteil, dass Konkretes, Situatives und Details verloren gehen können.

Was ist gutes Feedback?

Egal, für welche Methode(n) Sie sich entscheiden, Sie müssen Ihren Feedbackern sagen, was sie wie tun sollen. Was ein «gutes» Feedback ist, ist unter Experten durchaus umstritten. Viele plädieren dafür, alle Du-Botschaften und alle Interpretationen und Bewertungen auszusparen, also zum Beispiel *nicht* zu sagen: «Wenn Sie auf meine Frage antworten, das hätten Sie doch schon erklärt, wirkt das auf mich ungnädig und ein wenig von oben herab. Ich meinerseits werde dann verlegen und ärgerlich.» Unsere Haltung ist eine andere: Bewertungen und Interpretationen sind unserer Erfahrung nach eher besonders interessant, wenn auch nicht immer angenehm zu hören. Wir zollen der Realität Tribut, die da heißt: Wir Menschen bewerten und interpretieren einander ohnehin und ständig. Deswegen ist Feedback nie objektiv – und, ob ich das explizit benenne oder nicht, es ist *immer* interpretierend und bewertend! Gut, wenn dies deutlich wird. Wenn ich als Vortragende nicht erfahre, wie ich gesehen, gedeutet und gefunden werde, bleibt die Gretchenfrage unbeantwortet. Unser Plädoyer lautet daher, sich und den Rückmeldern klar zu machen, dass Interpretationen und Bewertungen vorkommen, dass sie Sie interessieren und dass gleichzeitig alle Beteiligten die Bewertungen und Interpretationen als subjektive und aktive Machwerke des Rückmelders begreifen, nicht als «letzte Wahrheiten».

In diesem Sinn meint Feedback die veröffentlichte (individuelle, subjektive) Reaktion eines Menschen auf einen anderen. Der Feedbackgeber benennt seine Sichtweise: «So nehme ich dich/Sie wahr – und so reagiere ich darauf!» Der Feedbackgeber, der seine Wahrnehmung selbstverständlich «für wahr nimmt», sollte wissen, dass in seiner Reaktion auf den anderen (die ja häufig schnell und spontan «passiert») ein Dreierschritt verborgen steckt:

1. Wahrnehmung,
2. Interpretation,
3. Reaktion (innerlich und äußerlich).

Diesen Dreierschritt kann er unter Umständen in seiner geäußerten Reaktion, dem Feedback, auch benennen, etwa so: «Herr Müller, ich habe gesehen, dass Sie während Ihrer Präsentation oft auf Ihr Manuskript geschaut haben. Ich habe das als Unsicherheit interpretiert und bin selbst nervös geworden, da mir unser Auftreten vor dem neuen

Kunden besonders wichtig ist.» Damit wird der subjektive Aspekt des Feedbacks deutlich – für den Sender selbst und für den Empfänger. Auf dieselbe Situation reagiert ein anderer Mensch manchmal ganz anders: «Herr Müller, mir ist aufgefallen, dass Sie während Ihres Vortrags häufig ins Skript geschaut haben. Da ich das auf schlechte Vorbereitung und damit mangelndes Bewusstsein für die Bedeutung der Situation zurückführe, bin ich verärgert und habe ein ernstes Wörtchen mit Ihnen zu reden!»

Wer versucht, keine Wertungen vorzunehmen, schleust diese oft «durch die Hintertür» – den Tonfall, die Mimik etc. – wieder ein. Der Versuch, dies ausschließlich über die Ich-Botschaft zu transportieren, treibt den Feedbacker zu sprachlichen und emotionalen Verrenkungen. Stattdessen halten wir folgendes Paradox für entscheidend (und viel wichtiger als alle Regeln): Je wertschätzender ich in Haltung und Tonfall bin, desto konfrontativer darf meine Rückmeldung sein. Ziel ist allerdings nicht maximale Konfrontation, sondern das Feedback sollte möglichst folgende Kriterien erfüllen. Es sei

- selektiv authentisch (wahr, aber nicht unbedingt die ganze Wahrheit),
- spürbar wertschätzend in Ton und Haltung (nicht die Person als Ganzes ablehnend),
- konkret und präzise (was genau ist gemeint? Beispiele?),
- zeitnah (damit auch der andere sich noch erinnern kann),
- positiv und negativ (aber nicht immer beides gleichzeitig),
- möglichst ohne Killer (wie «immer», «noch nie», «andauernd» etc.)
- und soll gegeben werden, wenn der Empfänger aufnahmefähig ist.

Diese Regeln sind dazu gedacht, beim Formulieren zu unterstützen und überhaupt zum Feedback-Geben zu ermutigen. Allerdings sind Regeln kein Selbstzweck. Manchmal verhindern sie sogar eine wahrhaftige Resonanz. Wenn man in seiner inneren Reaktion auf den anderen nicht mehr nach dem Kern, den hinterlassenen Spuren, dem vielleicht noch bloß andeutungsweise Erahnten suchen kann, weil man sich auf das «Richtigmachen» konzentrieren muss, werden die Regeln kontraproduktiv. Deswegen ist es, um wirklich gutes Feedback geben zu können, oft hilfreich und sogar notwendig, alle Regeln einfach zu vergessen. Die

Entscheidung darüber, ob eine Rückmeldung als unterstützend oder kränkend erlebt wird, ist ohnehin maßgeblich abhängig von der Beziehung zwischen Feedbackgeber und -nehmer einerseits und der Bereitschaft des Feedbacknehmers andererseits, sich überhaupt in Frage zu stellen und stellen zu lassen. Betrachten Sie die Regeln daher keinesfalls als eherne Gesetze, sondern als Versuch, eine förderliche Haltung zu operationalisieren. Die Haltung ist das Entscheidende!

Für den Geber oder die Geberin ist es oft sinnvoll nachzufragen, ob und wie das Feedback verstanden wurde, damit Missverständnisse sofort geklärt werden können.

... und beim Feedbacknehmen?

Der Empfänger eines Feedbacks sollte idealerweise

- sich interessieren (selbst wenn damit eventuell eine Kränkung verbunden ist),
- sich Zeit geben (zum «Sackenlassen», Reflektieren, eventuell um andere zu fragen, ob sie ihn ähnlich wahrnehmen),
- bereit sein, sein Selbstbild in Frage zu stellen (und stellen zu lassen),
- sich die Freiheit nehmen, «Unpassendes» auszusortieren,
- eventuell wiederholen, was man verstanden hat (aktiv zuhören),
- als Führungskraft sich für den Mut oder die Offenheit bedanken.

Meistens ist es sehr hilfreich, nicht unmittelbar auf ein Feedback zu reagieren, da wir sonst Gefahr laufen, automatisch eine Lernchance abzuwehren. Der existenziell wichtige seelische Schutzmechanismus, der der Abwehr narzisstischer Kränkung und damit der Aufrechterhaltung des Selbstwertgefühls dient, radiert den potenziellen Wert der Konfrontation mit dem Fremdbild aus. Die Regel, nicht zu reagieren, und vor allem, sich nicht zu rechtfertigen, hebelt diesen Mechanismus zwar nicht aus (was gut ist), sorgt aber immerhin dafür, dass er sich nicht verselbständigt und die von einem anderen inneren Teammitglied ja tatsächlich erwünschte Rückmeldung verhindert, den Feedbacker mundtot macht. Die Formulierung «Nehmen Sie das Feedback an!» hingegen halte ich persönlich für eine grenzüberschreitende Zumutung. Zuhören, aushalten, stehen lassen, darüber nachdenken ja – aber was ich anschließend innerseelisch mit dem Gehörten mache, lasse ich mir nicht verordnen.

Wie man sich Feedback zu seinem Vortrag holen kann: Eine Gebrauchsanleitung

Falls Sie mit dem bisher Gesagten einverstanden sind, kommt hier ein dazu passender Strukturvorschlag für das Vortragsfeedback. Besonders leicht machen Sie es Ihren Rückmeldern, wenn Sie ihnen einen Bogen für Notizen während Ihres Vortrags an die Hand geben. Einen Vorschlag für solch einen Bogen finden Sie auf Seite 212ff. nach unserer Gebrauchsanleitung.

1. Erklären Sie, wozu Sie das Feedback brauchen und was Ihr Ziel dabei ist: «Ich bekomme so gut wie nie Rückmeldung von meinen Studenten, wie sie meinen Vortragsstil erleben, und fühle mich im Entwicklungsstillstand. Ich brauche aber Anregungen, wie ich beim Vortragen überhaupt wirke, deswegen bitte ich dich um ausführliches Feedback.»
2. Benennen Sie einen Feedbackfokus, falls Ihnen ein Aspekt besonders wichtig erscheint oder Sie einem Verdacht sich selbst gegenüber nachgehen wollen: «Meine Vermutung ist, dass ich beim Predigen unangenehm pastoral und pathetisch werde, bin mir aber nicht sicher, ob das wirklich so ist oder vielleicht sogar genau so von mir erwartet wird. Achte doch mal darauf, wie du das erlebst.»
3. Das ausführlichste Feedback bekommen Sie, wenn Sie über eine konkrete Frage hinaus um Rückmeldung zu allen vier Kernkompetenzen bitten. Hierzu als Anregung können vorformulierte Fragen wie in dem Fragebogen auf Seite 212ff. dienen. Der Rückmeldebogen dort ist zu Ihrer Anregung sehr ausführlich angelegt; man kann ihn stark kürzen und sogar nur die fett gedruckten Überschriften ohne Unterpunkte verwenden.
4. Bitten Sie ausdrücklich darum, auch die Reaktion Ihres Gegenübers zu erfahren. Wenn Ihr Rückmelder nicht sehr geübt ist, müssen Sie hier möglicherweise immer wieder aktiv nachfragen und vielleicht sogar Beispiele für mögliche Reaktionen nennen, damit der andere weiß, was Sie meinen: «Wenn du sagst, ich wirke schüchtern – was

löst das bei dir aus? Gerne möglichst ehrlich: Ist dir das eher sympathisch-menschlich? Oder wirst du streng mit mir oder selbst nervös oder noch ganz anders?»

5. Fragen Sie nach, wenn Sie etwas nicht verstehen oder Ihnen Beispiele fehlen. Falls Sie sehr viel und detailliert Rückmeldung bekommen haben, können Sie am Schluss nach der Rückmeldung fragen, was dem Zuhörer am wichtigsten erscheint: «Danke für das ausführliche Feedback. Zuletzt interessiert mich noch: Was von dem, was du gesagt hast, findest du am prägnantesten? Wenn du nur ein einziges Attribut über mich als Rednerin sagen solltest, welches wäre das?»

Falls Sie einen Rückmeldebogen wie den hier vorgeschlagenen anbieten, so weisen Sie darauf hin, dass natürlich nicht jeder Punkt ausgefüllt und abgehakt werden soll, sondern die Stichpunkte nur als Anregungen dienen.

Kündigen Sie vorher an, wenn Sie den Bogen hinterher gerne bekommen würden, sodass Ihr Feedbackgeber schon beim Ausfüllen mehr oder weniger selektiv authentisch formuliert. Wenn er «in Kladde» formuliert als Grundlage für sein mündliches Feedback an Sie, wird er den Bogen zu Recht ungern aus der Hand geben wollen.

Natürlich können Sie das Kapitel Feedback auch mit der Brille «Wie kann ich selbst gutes Feedback geben?» lesen. Die hier formulierten Gedanken gelten selbstverständlich nicht nur als Feedbackschulung für Ihre persönlichen «Coaches», sondern auch für Sie selbst, wenn Sie sich im Rückmelden professionalisieren möchten. Vorsicht: Geben Sie Unterstützungsfeedback nur auf Anfrage. Wenn Sie eine Rückmeldung an den Mann bringen möchten, von der Sie denken: «Das kann jetzt ein Geschenk sein, davon kann er wirklich profitieren», so fragen Sie zunächst: «Ich hätte ein Feedback für Sie. Sind Sie interessiert, es zu hören?» Sonst ist die Gefahr groß, dass der gutwillige Schenker am Ende verärgert über den Undank des Beschenkten ist, während dieser wiederum die ungefragte Belehrung verübelt.

Anders ist die Situation, wenn Sie kein Unterstützungsfeedback geben möchten, sondern selbst Aktien im Spiel haben und eine Auseinandersetzung suchen. Da das Ziel der Rückmeldung dann ein anderes ist, verändern sich die Regeln sowohl für den Nehmer als auch für den Geber des Feedbacks. Hier betreten wir das Feld der Konfliktklärung (und wollen es, da dies den Rahmen unseres Buches sprengen würde, auch gleich wieder verlassen). Einen Hinweis dazu möchten wir allerdings geben: Wenn die Rückmeldung nicht «selbstlos-unterstützend», sondern «beteiligt-konfrontierend» gefärbt ist, *muss* der Feedbacknehmer reagieren dürfen! Die Regel «Feedback unkommentiert stehen und sacken lassen» wird sonst als unlautere Falle missbraucht: «Immer drängst du dich in den Vordergrund, machst dich wichtig, und ich stehe doof da. Aber jetzt stopp! Nicht reagieren, das Feedback musst du annehmen!»

Rückmeldebogen zum Ausfüllen

Kriterium	**Wahrnehmung (Beispiele)**	**Interpretation/ Bewertung**	**Reaktion (Ich-Botschaft)**
Konkrete Feedback-Frage:			
Auftragsorientierung			
Werden Ziel und Zweck des Vortrags klar benannt?			
Motiviert das Ziel zum Zuhören; ist es relevant für den Zuhörer?			
Gibt es neben dem offiziellen einen «heimlichen» Appell, der unterschwellig vermittelt wird?			

Kriterium	Wahrnehmung (Beispiele)	Interpretation/ Bewertung	Reaktion (Ich-Botschaft)
Persönliche Präsenz			
Wie würden Sie die Grundausstrahlung des Vortragenden beschreiben?			
Welche Attribute fallen Ihnen zum Auftreten und Vortragen ein?			
Welche Tendenzen sehen Sie in Bezug auf Natürlichkeit, Glaubwürdigkeit, Professionalität, «Rolle», Qualitätsbewusstsein, Fehlerfreundlichkeit?			
Kontakt			
Gibt es einen erlebten, gefühlten Kontakt zum Redner? Reagiert er auf die Zuhörer?			
Macht er aktive Kontaktangebote, um das Publikum einzubeziehen (Fragen, Übungen, Fragemöglichkeiten bieten ...)?			
Wie lässt sich das Beziehungsangebot des Redners an die Zuhörer beschreiben? Zum Beispiel von oben herab oder anders? Nah – distanziert? Guru zu seinen Jüngern, Chef zu Mitarbeitern? Usw.			

Kriterium	Wahrnehmung (Beispiele)	Interpretation/ Bewertung	Reaktion (Ich-Botschaft)
Thematische Anregung			
Ist der Inhalt verständlich?			
Ist der Aufbau schlüssig und der rote Faden sichtbar?			
Ist die Darstellung lebendig und anregend?			
Sonstige Beobachtungen			

7.3 Umgang mit schwierigen Situationen: Ein psychologischer Erste-Hilfe-Koffer

«Ach du Schreck!»

Jetzt kommt etwas, das Sie vielleicht schon perfekt beherrschen: das Ausdenken von Horrorszenarien, die während Ihres Vortrags eintreten könnten. Um ihnen zu begegnen, suchen Sie nach Ideen, wie man in der verfahrenen Situation wenn schon nicht glänzen, so doch wenigstens sich wacker schlagen kann. Dazu möchten wir Ihnen ein paar Anregungen an die Hand geben. Dies geschieht im Wissen, dass es selten genau so kommt wie befürchtet und daher die exakte Vorbereitung auf den Notfall eher ausnahmsweise wirklich passt. Aus drei Grün-

Für den Notfall gewappnet

den halten wir ein kleines Kapitel über heikle Situationen und mögliche Reaktionsweisen dennoch für sinnvoll: Erstens, weil es für Menschen mit hohem Kontrollbedürfnis (wie zum Beispiel uns) angstreduzierend ist, vorbereitet zu sein. Zweitens, weil das Nachdenken über exemplarische Notsituationen beim Entwickeln von Handlungsalternativen im konkreten Ernstfall hilfreich ist. Und drittens, weil die meisten der uns bekannten Werke zur Rhetorik hierzu wenig Hilfreiches beitragen, sondern Vorschläge machen, die hauptsächlich der Abwehr narzisstischer Kränkung dienen. Von «Je nach der Qualität des Zwischenrufers höflich antworten, eine vornehme Abfuhr erteilen oder scharf zurückschlagen» bis zur empfohlenen Replik «Trotz Ihrer lauten Stimme interessiert das hier niemanden!» reichen die Tipps für den Redner. Solche Interventionen mögen ja hin und wieder am Platz sein, wir möchten hier jedoch einen anderen Ton im Umgang mit schwierigen Situationen anschlagen.

Bevor wir den Vorhang heben für ein paar mehr oder weniger dramatische Szenen, überlegen Sie zur Einstimmung einmal: Was wäre für Sie ein «worst case» – oder doch eine unangenehme Vorstellung? Wenn Sie sich auf Vorträge vorbereiten, was bereitet Ihnen am meisten Kopfzerbrechen? Falls Ihnen etwas einfällt: Was an der von Ihnen gefundenen Situation macht diese bedrohlich? Und wie bereiten Sie sich darauf vor? Haben Sie real schon einmal Pannen erlebt, und wenn ja, welche? Wie haben Sie sich verhalten?

Im Folgenden präsentieren wir eine Auswahl von kleineren oder größeren Pannen, die wir schon real erlebt oder die uns andere berichtet haben. Wir beschreiben, wie wir damit umgegangen sind oder idealerweise damit umgehen würden. Vielleicht finden Sie dort auch die von Ihnen imaginierte Szene wieder, sodass Sie entweder in Ihrer Haltung bestätigt werden oder eine weitere Handlungsoption gewinnen. Für viele der Situationen schlagen wir unterschiedliche, aufeinander aufbauende Interventionen vor. Wie auch sonst gilt hier ganz besonders: Der Ton macht die Musik.

Faden verloren

Auch wenn das unseres Erachtens gar keine Panne, sondern eine harmlose Standardsituation ist, beginnen wir mit der Frage «Was mache ich, wenn ich den Faden verliere?»: Sie wird oft gestellt. Auch uns beiden passiert dies durchaus. Was wir dann machen, ist Folgendes:

a) Wir sagen: «Jetzt habe ich den Faden verloren. Helfen Sie mir mal auf die Sprünge: Wo war ich gerade?» Sollten Sie befürchten, dass Ihnen dann keiner weiterhilft, können wir nur anmerken: Sadisten sind selten, und ganz besonders selten sitzen sie in rauen Mengen in Ihrem Publikum.

b) Oder wir machen eine kleine Pause, schauen aufs Manuskript (wenn Ihnen dies peinlich ist, trinken Sie einen Schluck Wasser dazu, das verschafft dem Redner jederzeit legitime Pausen) und fahren dann fort.

Ein ähnliches Verfahren empfehlen wir auch bei anderen kleinen Missgeschicken, zum Beispiel wenn Sie etwas vergessen, sich versprechen oder die Technik nicht mitspielt. Kein Drama daraus machen, sondern eher normal reagieren, also nüchtern oder humorvoll, keinesfalls jedoch in der Haltung «Wie *konnte* mir das bloß passieren?!».

Offensichtlich kritische Fragen, Bemerkungen oder Zwischenrufe

«Haben Sie selbst eigentlich schon mal geführt, wo Sie doch so viel Schlaues dazu zu sagen haben?» «Gibt es da keine neueren Modelle?» So oder ähnlich mag ein kommunikativer Fehdehandschuh klingen.

Jetzt setzen Sie einmal folgende Brille auf: Fragen, Kritik, Zwischenrufe sind ein Kontaktangebot des Zuhörers an Sie. Er hat Sie weder abgeschrieben noch sich innerlich ausgeklinkt; er ist engagiert und hält nicht hinter dem Berg damit. Unter uns: Sie selbst als Teilnehmer – kennen Sie sich so gar nicht? Fragend, krittelnd, bohrend? Und falls doch: Was steckt denn bei Ihnen dahinter? Bei uns jedenfalls eher Interesse als Langeweile und eher eine Einladung zum Dialog als eine Generalabsage. So gesehen sind kleine Spitzen der Test, den manche Zuhörer brauchen, bevor sie sich einlassen können. Erst wenn der Referent den Moser-TÜV bestanden hat, steigen sie ein.

Friedemann Schulz von Thun (2004b, S. 226ff.) sagt, Teilnehmer fühlen Referenten vierfach auf den Zahn, bevor sie ihm vertrauen. Sie fühlen ihm auf den Standing-Zahn («Wenn ich puste, fällt die gleich um oder bleibt sie präsent?»), auf den Echtheits-Zahn («Ist der glaubwür-

Der Vier-Zähne-Test: Kompetenz, Standing, Echtheit, Wertschätzung

dig? Oder predigt der Wasser und trinkt Wein?»), auf den Kompetenz-Zahn («Ist sie wirklich fit in ihrem Thema?») und auf den Beziehungs-Zahn («Ist der vertrauenswürdig und geht gut mit mir um, auch wenn ich es ihm ein bisschen schwer mache?»). Nicht, dass kritische Fragen durch diese Brille betrachtet sich in einen Rosenstrauß verwandeln, aber sie verlieren einen Teil ihres Schreckens.

Von dieser Haltung getragen macht Folgendes oft Sinn:

1. Ernst nehmen und interessiert nachfragen: «Habe ich Sie richtig verstanden: Sie sind der Meinung, dass ...?» Wenn der Einwurf deutlich emotional gefärbt ist, spiegeln Sie auch das: «... und genau das bringt Sie in Rage?» Oder: «... und da sind Sie ein gebranntes Kind und mit gutem Grund misstrauisch, auch mir gegenüber – stimmt das?» Der Tonfall sollte dabei furchtlos-freundlich sein, weder anbiedernd noch manipulierend oder gar Hinweis darauf, «wo der Hammer hängt». Grundlage sollte die unausgesprochene Haltung sein: «Bevor ich Stellung nehme, möchte ich wirklich verstanden haben, worum es Ihnen geht und was Ihr Hintergrund dabei ist.» Manchmal reicht die Nachfrage schon als Intervention und ist Antwort genug. Wenn nicht:
2. Stellung beziehen: «Ich sage Ihnen mal meine Haltung dazu: ...» Oder: «Was Sie sagen, überzeugt mich, da haben Sie Recht.» Oder: «Teils stimme ich Ihnen zu, nämlich wenn Sie sagen ... teils sehe ich das wirklich anders ...» Auch hier in Tonfall und Mimik möglichst freundlich-souverän mit der Haltung: «Ich nehme Sie ernst und ich nehme mich ernst. Und ich gehe davon aus, Sie tun das auch.»

In wirklich seltenen Ausnahmefällen sind solche Einwürfe, Fragen und Bemerkungen tatsächlich «persönlich» gemeint, gehen unter die Gürtellinie, sind kein Test, sondern ein auf Demontage zielender Angriff. Dann gibt es folgende Möglichkeit:

3. Schulz von Thun (2004a) spricht von einem *Leibwächter* im Inneren Team des Redners, der ein Gespür dafür hat, wenn es unter die Gürtellinie geht, und dann die Fähigkeit besitzt, einen derartigen Angriff situationsadäquat zu parieren. Das tut er, zum Beispiel indem er darauf vorbereitet ist, die Sach- und Beziehungsebene auseinander zu halten und nacheinander zum Zuge kommen zu lassen: eine «Erstens-zweitens-Reaktion». Des Pudels Kern ist: Sach- und

Beziehungsebene werden erstens getrennt und zweitens wird das auch angekündigt. «Ich sage gleich inhaltlich etwas zu Ihrer Frage, aber vorweg: Ihren Ton finde ich unangemessen und beleidigend, so möchte ich nicht angesprochen werden, das halte ich auch nicht für konstruktiv. Und jetzt zur Sache ...» Durch das Benennen des unangenehmen Beziehungsangebots spricht der Redner sich gleichsam frei. Er weist es von sich, bricht aber den Dialog nicht ab, sondern kehrt zurück zur Sache und zum Gegenüber.

Wenn gar nichts geht (was sehr, sehr selten ist), wenn das Gegenüber sich nicht erreichen lässt und keinerlei konstruktiver Dialog entsteht, gibt es in fast jeder Situation folgende drei Notfall-Verhaltensoptionen, die wiederum aufeinander aufbauen:

4. Die Unterbrechung des Vortrags für einen Ausflug auf die Metaebene des kommunikativen Geschehens: «Ich muss an dieser Stelle meinen Vortrag einmal unterbrechen, weil ich so nicht weitermachen kann. Ich bin gerade wirklich durch das abgelenkt, was hier zwischenmenschlich passiert, und möchte versuchen, dieses zu klären, damit es sinnvoll weitergehen kann. Konkret beschäftigt bin ich damit, dass Sie, Herr Meier, aus meiner Sicht viele Fragen stellen, die für mich einen sehr unangenehmen Zungenschlag haben. Nachdem ich die Fragen zunächst als Fragen genommen und versucht habe, sie zu beantworten, beschleicht mich langsam der Verdacht, dass das gar nicht in Ihrem Sinn ist und Sie immer unzufriedener werden. Und ich werde langsam verärgert und fange an, darauf zu lauern, was als Nächstes aus Ihrer Richtung kommt. Mich interessiert nun, wie Sie das erleben ...»

Ruth Cohn sagt etwas salopp: «Wenn es schwierig wird, sag, was mit dir ist!» Wenn ich die Ebene der konstruktiven Handlungsfähigkeit verloren habe (ich mich zum Beispiel selbst reden höre und innerlich nur noch mit der Kontrolle der Angst oder des Ärgers beschäftigt bin), kann ich sie mir ausgerechnet dadurch zurückerobern, dass ich genau das (selektiv authentisch) benenne.

In scheinbar vertrackten Situationen ist ein gutes Motto: «Dem Raum geben, was im Raum ist!» Die Wahrheit der Situation beim Namen zu nennen ist erlösend für alle, denn Sie können getrost davon ausgehen: Spüren tun es ohnehin alle! Allein das Benennen löst die im Tabu gebundene Energie, sodass sie frei wird fürs Besprechen, Klären und Suchen nach Lösungen.

Falls Sie jetzt denken: «Wer macht denn so etwas! Dann wird es ja erst wirklich schrecklich!», so geben wir Ihnen teilweise Recht: Sich auf die Metaebene zu trauen ist etwas für Fortgeschrittene und erwächst häufig zunächst aus dem Mut der Verzweiflung. Wenn Sie merken, dass sowieso nichts mehr funktioniert und es schlimmer nicht kommen kann, dann mag Ihnen die Metaebene in den Sinn kommen und Ihnen vielleicht einen Ausflug wert sein. Wie immer sinkt das Befremden mit dem Kennenlernen und Aneignen.

Wenn auch die Metaebene nichts klärt oder löst, können Sie so weitermachen:

5. Sie bringen die «Zumutung» der vom Zuhörer angebotenen Beziehungsdefinition auf den Punkt und erfragen die Reaktion darauf: «Wenn ich Sie richtig verstehe, ist es aus Ihrer Sicht völlig in Ordnung, wenn ich Ihre Einwürfe als verächtlich bis unverschämt erlebe. Ihres Erachtens ist das allein *mein* Problem, und Sie werden von daher auch damit weitermachen. Stimmt das so?» Wenn daraufhin der oder die andere wirklich «Ja!» sagen sollte (was unwahrscheinlich, aber möglich ist), bleibt Ihnen (eher als empfundene Möglichkeit, denn als Standardintervention):
6. «Dann ist dieser Vortrag hier zu Ende. So arbeite ich nicht.» Hoffentlich ist längst deutlich, dass wir keinesfalls predigen möchten, schnell mit Abbruch zu drohen. Aber Freiheit des Handelns in Extremsituationen erwächst stets und ausschließlich aus dem Wissen: «Ich *kann* auch gehen; ich muss nicht um jeden Preis aushalten.» Dieses Sicherheitsnetz erst lässt Sie möglicherweise wieder einen anderen, leichteren, undramatischeren, kreativen Umgang mit der Situation finden und den Tanz auf dem Seil in manchmal schwindelnder Höhe riskieren.

Die gerade beschriebenen Verhaltensoptionen lassen sich auf viele andere (auch einige der folgenden) Beispiele übertragen. Lesen Sie unsere Angebote als mehrstufigen Interventionsleitfaden, der sicherlich nicht allgemein gültig, aber hoffentlich anregend ist.

Interventionsstufen in brenzligen Situationen

1. Aktiv zuhören: den sachlichen und emotionalen Gehalt der Äußerung erkunden:
   «Verstehe ich Sie richtig: Sie sind der Meinung ... Stimmt das?»
2. Stellung beziehen: die eigene Meinung, Haltung, Reaktion ausdrücken:
   «Dazu habe ich Folgendes zu sagen: ...»
3. Erstens-zweitens-Reaktion: Sache und Beziehungsebene mit und nach Ankündigung getrennt benennen:
   «Ich sage gleich etwas zur Sache, aber vorweg: Ihr Ton ... und jetzt zurück zur Sache.»
4. Unterbrechen des Vortrags für einen Ausflug auf die Metaebene:
   «Ich muss meinen Vortrag an dieser Stelle einmal unterbrechen. Mir geht es hier gerade ... und mir scheint, unterschwellig geht es im Moment um ... und das möchte ich mit Ihnen klären, bevor es mit dem Vortrag weitergeht.»
5. «Unzumutbare» Beziehungsangebote eines oder mehrerer Zuhörer zugespitzt formulieren und überprüfen:
   «Wenn ich Sie richtig verstehe, sehen Sie Ihre Rolle darin ... und meine Rolle als ... und Sie werden daher, egal was ich dazu sage, weitermachen wie gehabt – stimmt das so?»
6. Abbrechen:
   «So werde ich nicht weitermachen.»

Mehrdeutige Signale der Zuhörer

Es gibt Situationen, da weiß man schlicht nicht, woran man mit seinen Zuhörern ist. Sei es, weil keine oder kaum Resonanz kommt oder aber die Resonanz verwirrend ist: Einige Teilnehmer sind engagiert dabei, andere gähnen. Diskussionen laufen schleppend, obwohl die Zuhörer selbst sie erbeten haben. Langsam verlieren Sie den Kontakt zu Ihrem Publikum und kreisen um die Frage «Was ist denn hier los?». Und genau das ist eine gute Frage!

Diese Frage können Sie sich selbst stellen. Nehmen Sie innerlich die «dritte Position» ein, stellen Sie sich in Gedanken neben das Geschehen und betrachten das System von außen. Was tun die Zuhörer, was tun sie nicht? Was löst das beim Redner – Ihnen – aus, und was könnte das über das System aussagen? Salopp formuliert: Gibt es alternative Erklärungen zu der Hypothese, dass entweder Sie unzulänglich oder aber die Zuhörer von Haus aus böswillig-desinteressiert sind?

Sie können zusätzlich den Zuhörern diese Frage stellen: «Ich möchte an dieser Stelle einmal den Vortrag unterbrechen und brauche Feedback von Ihnen: Soll ich so weitermachen, ist das in Ihrem Sinn? Oder gibt es Fragen, Wünsche, Resonanz Ihrerseits?» Gebraucht wird hier die Fähigkeit, nicht mehr zur Sache, sondern über die Situation zu sprechen: «Was ist der philosophische Hintergrund der Systemtheorie – eine spannende Frage für mich, aber vermutlich im Augenblick nicht für Sie, wenn ich in Ihre Gesichter schaue. Trifft das zu?»

Vielredner

Die folgenden Ideen verstehen wir wieder als exemplarisch für den Umgang mit anderen «schwierigen» Zuhörern.

Wenn ich einen Menschen als Vielredner erlebe, habe ich schon zu lange ausgehalten. Meine Höflichkeit droht in Verächtlichkeit umzuschlagen mit der Tendenz, den anderen lächerlich zu machen («Herr Meier ist wieder nicht zu bremsen heute!»). Subjektiv fühlt sich eine Reaktion in dieser Art dann nach Notwehr an, für das Gegenüber jedoch als Affront – denn er oder sie hat meist im Moment des Vielredens keine Einfühlung in das Publikum, sondern ist mit sich oder seinem Thema beschäftigt. Es ist menschlich und funktional, Vielrednerei nicht als Charakterschwäche, sondern als Ausdruck von etwas anderem zu begreifen und verstehen zu wollen. Was kann der Hinter-Grund von vielem Reden sein? Es kann zum Beispiel heißen:

«Ich bin hochinteressiert und ‹laufe über›.»

«Ich fühle mich nicht gehört, verstanden oder respektiert und lege folglich nach, versuche, mir Gehör zu verschaffen.»

«Ich habe mindestens genauso viel zu dem Thema zu sagen wie der Redner und fühle mich als legitime Co-Leitung.»

Wir schlagen auch hier eine mehrstufige Intervention vor, um die Zuhörer ins Boot zu holen (statt sie auszubooten):

1. Aktiv zuhören: «Ich möchte Sie einmal unterbrechen, um zu überprüfen, ob ich Sie richtig verstanden habe: Ihnen ist wichtig, darauf hinzuweisen, dass ... Trifft das den Kern?» Damit signalisieren Sie Interesse und Akzeptanz; häufig reicht das schon, um den inneren Vielrede-Motor ruhig werden zu lassen. Um ein vorsichtiges Signal zu setzen, kann man hinzufügen: «... jetzt interessieren mich gerne noch ein paar andere Meinungen dazu.» Wenn das nicht fruchtet:
2. Ich-Botschaft hinzufügen: «Ich bin gerade keine gute Zuhörerin mehr; mir wird es zu viel. Zudem komme ich in Zeitnot und würde von daher gerne weitermachen. Geht das für Sie?» Man kann die Ich-Botschaft auch mit einem am Wertequadrat (siehe S. 97 ff.) orientierten Feedback verknüpfen: «Ich erlebe Sie als engagierte, interessierte Teilnehmerin, allerdings tun Sie aus meiner Sicht und Rolle manchmal des Guten zu viel. Ich gerate dabei in Zwiespalt: Ich schätze Ihr Engagement, habe aber Sorge, dass ich den Faden verliere und wir in einem Zweiergespräch landen, bei dem andere Inhalte und vielleicht auch Teilnehmer verloren gehen. Daher: Wenn es nach mir ginge, würden Sie weiterhin Ihre Meinung sagen, auch wenn sie kritisch ist. Und würden dabei aber auch einen Blick auf die anderen und auf die Zeit haben, damit ich nicht in die Rolle komme, Sie abbügeln zu müssen.» So wird der andere mit meiner inneren Realität konfrontiert, was zwar nicht unbedingt angenehm, aber gleichzeitig kontaktstiftend und fair ist. Die konventionellere Höflichkeit, die den «Vielredner» verhungern lässt, während die anderen die Augen rollen und Schiffe versenken, ist keine gute Alternative – und führt obendrein meist nicht zum gewünschten Ergebnis.

Ich weiß auf eine Frage keine Antwort

«Das weiß ich nicht. Weiß das jemand?»

Nebengespräche

1. Mit dem Sprechen nicht beginnen, solange noch kleine Gespräche stattfinden. Stehen Sie vorn und warten Sie auf die noch Sprechenden. Beginnen Sie, wenn alle still sind: Damit setzen Sie direkt zu Beginn ein Signal.
2. Wenn während des Vortrags dennoch nebengeredet wird: Im Einzelfall ignorieren; nicht jedoch, wenn es stört und um sich greift. Dann gilt:
3. Ansprechen und einbeziehen: «Gehört das gerade zum Thema? Wenn ja, kommen Sie gerne herein damit!» Tatsächlich ergeben sich dann häufiger als man denkt interessante Beiträge für das Plenum. Gleichzeitig signalisiere ich damit, dass ich Nebengespräche nicht einfach durchgehen lasse. Falls das nicht reicht:
4. Konfrontieren: «Ich mag hier nicht der Oberlehrer sein, aber gleichzeitig stören mich die vielen Nebengespräche und lenken mich ab. Meine Bitte ist: Wenn Sie nicht mehr zuhören können und eine Pause brauchen, sagen Sie das. Oder wenn irgendetwas anderes Sie ablenkt, teilen Sie das mit, dann können wir überlegen, wie damit umgehen. Aber ansonsten bitte ich Sie um die Disziplin, Nebengespräche zu unterlassen. Ich werde sonst zur schlechten Rednerin für Sie.»

Jemand haut (gewollt oder nicht) in eine meiner persönlichen Kerben

Dieser Abschnitt ist ausschließlich für die Leser geschrieben, die Angst vor Kerbentreffern haben, weil sie genau das vielleicht schon einmal erlebt haben. Für die unter Ihnen, die bislang deswegen keine Sorgen haben, gilt: Weiterblättern! Schließlich sollen hier Schwierigkeiten, die zu lösen sind, nicht erst geschaffen werden.

Jeder Mensch hat ein individuelles Kerbenprofil, das er sich im Laufe seines Lebens zugezogen hat. Mit Kerben meinen wir hier die Punkte, von denen Sie besonders ungern möchten, dass sie angesprochen werden, und die Ihnen besonders peinlich sind, wenn es passiert. Sie sind ganz individuell. Kerben findet man, indem man sich überlegt: Was wäre der schlimmste Satz, den jemand öffentlich zu mir sagen könnte? Für den einen ist das: «Das ist unprofessionell», für den Nächsten beginnt er mit den Worten «Sie als Frau …», k.-o.-trächtig ist für den Dritten die Aussage «Mit der Aussage machen Sie sich hier aber nicht beliebt». Für den Vierten: «Sie sind ja gerade ganz rot geworden!» Wir beschäftigen uns an dieser Stelle nicht mit der Frage, wie diese Kerben entstanden sind, und verweisen auf Coaching und Therapie zur Ursachenbehandlung. Aber als erste Hilfe: was tun, wenn's mich erwischt? Dazu empfehlen wir ausnahmsweise einmal Magie, nämlich vorher einen Zaubersatz zu entwerfen und auswendig zu lernen. Einen Satz also, den Sie sagen können, wenn Sie ohne ihn sonst mundtot wären. Diesen Satz können Sie gut im Brainstorming mit anderen entwickeln. Kriterien für Zaubersätze sind: Sie müssen vergleichsweise einfach sein, und sie müssen zu Ihnen passen (also nicht Schlagfertigkeit und Witz transportieren, die Ihnen nie über die Lippen kämen). Originell müssen sie nicht sein. Beispiele für Zaubersätze: «Darüber muss ich einen Augenblick nachdenken, bevor ich Stellung beziehe.» Oder: «Das ist hier aber nicht das Thema.» Ein großartiger Zaubersatz ist: «… und ich kann nicht zaubern.» Zum Beispiel: «Das wäre natürlich herrlich, wenn ich Ihnen die Einschnitte verkünden könnte und mich dabei auch noch beliebt machen – und ich kann nicht zaubern.» Ein anderer Zaubersatz könnte sein: «Ich suche noch nach einer Strategie – vielleicht können *Sie* mich da beraten?» Zum Beispiel: «Ich suche noch nach einer Strategie, Ehrlichkeit und Beliebtheit miteinander zu verbinden, vielleicht können *Sie* mich da beraten?» Oder schlicht der Zaubersatz: «Das stimmt.» «Das stimmt, ich werde leicht rot. – Sie sagten gerade …»

Eine eherne Regel in vielen Firmen und auch in manchen Paarbeziehungen scheint zu sein: Man darf einander keine Vorwürfe machen – und schon gar nicht in aggressivem Ton! Kaum haben Sie sich aufgerafft und Ihrem Kollegen nach langem inneren Hin und Her und verbunden mit Herzflattern und Zähneklappern endlich einmal gesagt: «Du hast mich auf dem Meeting gestern schon wieder nicht als Urheberin des neuen Konzepts genannt. Ich mache die Arbeit, du heimst die Lorbeeren ein – schon wieder!» Jetzt braucht er nur zu sagen: «Das war aber vorwurfsvoll von dir!» Oder schlicht: «Killerphrase!» Und wer ist flugs der Doofe? Sie! Jetzt bloß nicht leugnen, sondern den Zaubersatz einsetzen: «Das stimmt, ich bin vorwurfsvoll. Das werfe ich dir wirklich vor, genau. Und zwar aus folgenden guten Gründen: …» Wenn er nun sagt: «Was bist du denn so aggressiv?» – «Stimmt, ich bin aggressiv.

Das macht mich nämlich wirklich ärgerlich ...» (Um Missverständnissen vorzubeugen: Nicht jeder Satz sollte ab heute mit «Das stimmt» beginnen: «Das stimmt genau, ich hab dich um die Butter gebeten ...»)

Wie gesagt: Es geht hier *nicht* um das Entwickeln von goldenen Worten für die Ewigkeit, sondern darum, die Angst vor einem K.-o.-Treffer zu reduzieren!

Blackout

Ein Rat zur Prophylaxe: Wenn Sie einen Totalausfall befürchten, schreiben Sie sich den ersten Satz Ihres Vortrags wörtlich auf (alles andere nur in Stichworten!). Nutzen Sie zudem Visualisierungen auf Flipchart, Beamer oder Folie als veröffentlichten Spickzettel, auf dem Sie alle wichtigen Schlagworte notieren. Das sind gute Methoden, um Blackouts unwahrscheinlich oder mindestens handhabbar zu machen.

Und wenn doch? Zunächst sei zur Beruhigung daran erinnert, dass auch die Blackoutsituation subjektiv zwar unendlich währen mag, objektiv aber meist nur Sekunden dauert und in jedem Fall ein Ende findet. Stumpfsinnig-panisches Starren wird *nicht* Ihre neue Daseinsform; Ihr Gehirn *wird* wieder anspringen. Ansonsten gilt auch hier: Sagen Sie, was los ist, und lassen Sie sich helfen. «Ich habe gerade einen Blackout; helfen Sie mir mal auf die Sprünge – wo war ich gerade?»

Wenn Ihnen das alles nicht hilft, weil Sie Blackouts als um jeden Preis zu vermeidende Katastrophe erleben, hilft nur Coaching. Eine gute Arbeitshypothese ist es, den Blackout als Abwehr von einem Gefühl zu betrachten und sich der Frage zuzuwenden, welches dieses abgewehrte Gefühl sein könnte. Bei der Erforschung nützlich sind Fragen wie: Wann habe ich Blackouts erlebt? Was ist für diese Situationen kennzeichnend? Wie habe ich darauf innerlich und äußerlich reagiert? Was müsste ich im Ernstfall glauben, fühlen oder denken können, um einen Blackout ohne extreme Pein aushalten zu können?

Im Bild des Inneren Teams gesprochen: Schulz von Thun (2004a, S. 138ff.) spricht vom «inneren Patt», wenn zwei oder mehr innere Teammitglieder sich polarisieren und einander am Ausdruck hindern. Wird die Spannung des inneren Zwei- oder Vielkampfes zu groß, kann es passieren, dass der ganze Mensch sich von der Arena abkehrt und «abschaltet». Dieses Dissoziationsphänomen heißt passend Blackout:

Stromausfall wegen überhöhter Spannung! Falls Sie es schon erlebt haben oder Angst davor haben: Wer könnte innerlich bei Ihnen «auf der Leitung» stehen? Welche inneren Teammitglieder bekommen Sie zu fassen oder können Sie erahnen, und wen sehen Sie im seelischen Kampf miteinander verknotet?

Einige Zuhörer entwickeln spontan eine Diskussion

Wir reden jetzt nicht über die Ihnen willkommenen lebendigen und konstruktiven Diskussionen, über die sich fast jeder Redner freut, sondern über folgende Situation: Irgendwie sind Sie in eine Diskussion geraten, an der meist nur ein (kleiner) Teil der Gruppe sich beteiligt. Klassischerweise zwei bis vier Zuhörer reagieren immer wieder aufeinander, feuern sich gegenseitig an. Der Rest schweigt. Sie wissen nicht: Sind alle innerlich beteiligt und finden es gerade besonders interessant, oder sind die meisten gelangweilt bis genervt und erwarten von Ihnen, das Ganze wieder «auf Spur» zu bringen? Hier davon auszugehen, dass Teilnehmer sich ja schon melden werden, wenn Ihnen die Diskussion nicht passt, ist meistens eine Überforderung, weil dies massiv gegen den ungeschriebenen Gruppenkodex verstößt. *Wenn* sich Teilnehmer zu diesem Thema äußern, dann häufig danach, wenn sie nämlich ihrem Ärger Ausdruck verleihen, dass Sie nicht eingegriffen haben.

Folgendes Vorgehen, das teilweise inspiriert ist von unserem Kollegen Johannes Ruppel, schlagen wir vor:

1. Benennen, was gerade passiert, und das weitere Vorgehen gemeinsam abstimmen: «Ich möchte an dieser Stelle einmal unterbrechen, um mit Ihnen gemeinsam das Vorgehen abzustimmen. Was gerade passiert, ist: Einige von Ihnen sind in die Diskussion über das Thema XY eingestiegen, andere haben sich noch nicht geäußert. Nun meine Frage an Sie alle: Ist die Diskussion im Sinne aller, soll ich dafür ein bisschen Zeit einräumen, oder meinen Sie, das passt gerade nicht, wir vertagen die Diskussion lieber auf die Pause?» Daraufhin nehmen Sie Blickkontakt sowohl mit den Diskutanten als auch mit den anderen auf. Bevor Sie einfach weitermachen, fragen Sie ruhig nochmal nach. Wichtig ist: Stellen Sie die Option des Diskutierens ausschließlich dann zur Debatte, wenn Sie dafür of-

fen sind, das heißt aus Ihrer Verantwortung und Rolle heraus eine Diskussion für zulässig und auftragsgemäß halten. Falls die Gruppe sich dann (durch Handzeichen oder Nicken) tatsächlich dafür entscheidet weiterzudiskutieren und falls es ein komplexes Thema ist, moderieren Sie nach den Regeln der Kunst, das heißt:

2. Thema und Ziel der Diskussion erfragen: «Sie, Frau Y, haben das Thema als Erste benannt, daher bitte ich Sie einmal um eine kurze Einführung: Worum geht es genau, und worum geht es Ihnen in der Diskussion hier?» Auch hier ist das «Wozu?» der Kompass für sinnvolle Diskussionen; hören Sie daher aktiv zu und wiederholen Sie, was Sie verstanden haben: «Wenn ich Sie richtig verstehe, geht es Ihnen nicht um eine Abstimmung, sondern um ein Meinungsbild. Sie würden am liebsten von allen einmal hören, wie sie zum Thema stehen; die Entscheidung jedoch werden Sie als die Chefin treffen, und zwar nachdem Sie auch mit Ihrem eigenen Chef Rücksprache gehalten haben. Stimmt das so?» Dies als lohnende Investition in Sinnhaftigkeit!
3. Ein zu Thema und Ziel passendes Vorgehen wählen und erläutern: «Da Sie gerne von jedem einmal die Meinung hören würden, schlage ich vor, mit einem Blitzlicht zu starten, in dem jeder von Ihnen in zwei, drei Sätzen einmal seine oder ihre Position umreißt.» Oder: «Von mir aus machen Sie einfach da weiter, wo ich Sie gerade unterbrochen habe. Ich bitte um Reaktionen der anderen, am liebsten ohne Wortmeldung. Sie, Herr Klaus, sagten eben zuletzt …»
4. Das Verfahren in konstruktive Bahnen lenken, zum Beispiel indem Sie
   - dafür sorgen, dass Themen nacheinander diskutiert werden und nicht keiner sich auf den anderen bezieht: «Bevor wir ein neues Fass aufmachen: Hat jemand von denen, die sich gerade melden, noch eine Reaktion auf Frau Stark?»;
   - wichtige Thesen oder Beiträge am Flipchart mitschreiben (oder von jemandem protokollieren lassen, damit man mit ganzer Aufmerksamkeit bei der Diskussion sein kann);
   - immer wieder spiegeln, was Sie verstanden haben von Einzelnen oder Teilgruppen: «Im Moment scheint es mir zwei vorherrschende Meinungen zu geben. Die eine, vertreten zum Beispiel durch Sie, Frau Müller, und Sie, Herr Pfaff, betont den Aspekt … Wo-

hingegen andere von Ihnen, zum Beispiel Frau Werter und Frau Scholz, eher den Fokus legen auf ... Einig sind Sie sich darin, dass ... aber unklar ist die Frage, was ... – stimmt das so?»;

- Alchemist sind und Destruktives in Konstruktives umwandeln helfen: «Wenn Sie sagen, Herr Meier, dass Hopfen und Malz verloren ist und nur Spinner noch darüber diskutieren, interpretiere ich das so, dass Sie sehr wohl auch ein Interesse daran haben, dass es eine andere Lösung geben könnte. Ihre Einschätzung der Lage ist aber so, dass Sie alle hier wenig Einfluss auf die Entscheidungen haben und von daher Diskutieren nicht weiterhilft, außer Sie würden schauen, was Sie hier realistisch bewegen können. Stimmt das so?» Doch Achtung: Reden Sie nicht mit Engelszungen herbei, was der andere nie gemeint (und schon gar nicht gesagt) hat. Nur wenn Sie einen konstruktiven Kern erahnen oder erspüren, sollten Sie diesen formulieren. Ansonsten ist es wahrhaftiger und der Moderatorenrolle gemäß zu sagen: «Ist das ein Antrag auf das Ende der Debatte?»;
- für die Einhaltung der Struktur Sorge tragen: «Stopp, erst einmal ist Frau Meier dran; sie meldet sich schon eine ganze Zeit.»;
- selbst eher nicht Partei ergreifen;
- auch Kontakt zu den äußerlich Unbeteiligten aufnehmen: «Von einigen habe ich noch gar nichts gehört, weil sie vielleicht noch nicht so lange im Unternehmen sind oder einfach ruhiger. Gerade Ihre Sicht ist aber oft besonders interessant, mögen Sie etwas sagen?»;
- den roten Faden in der Hand halten: «Das scheint mir nicht mehr zum Thema XY zu sein, sondern in Richtung Z zu gehen. Falls das so ist, lassen Sie uns zurückkehren zu ...» Oder: «Frau Kühl, Sie haben das Thema ja aufgeworfen mit dem Ziel, die kontroversen Meinungen einmal zu hören. Ist das so, wie es jetzt läuft, in Ihrem Sinn? Braucht es noch etwas, oder sind Sie schon auf Ihre Kosten gekommen?»

5. Die Diskussion deutlich beenden, indem Sie den Stand der Diskussion zusammenfassen und im Falle eines «Anstifters» diesen nach seinem Fazit fragen.
6. Wenn es sehr emotional und kontrovers war, können Sie ein Abschlussblitzlicht machen. «Da es ja gerade ziemlich hoch herging,

würde ich zum Schluss gerne von jedem von Ihnen kurz, in ein, zwei Sätzen, hören, in welcher Stimmung Sie am Ende dieser Diskussion gelandet sind. Einfach der Reihe nach; würden Sie bitte anfangen, Herr Kraus.» Damit dieses Abschlussblitzlicht nicht zur Fortführung der Debatte ausufert, sollten Sie diese Gefahr vorweg prophylaktisch benennen: «Nach einer so erhitzten Diskussion ist es oft schwer, ein Ende zu finden. Bitte halten Sie sich daran: Jeder sagt kurz, mit welchem Eindruck, in welcher Stimmung er aus dieser letzten halben Stunde herausgeht. Steigen Sie nicht inhaltlich wieder ein. Und wenn doch, werde ich Sie im Sinn der gemeinsamen Vereinbarung unterbrechen – in Ordnung?»

Ihr Chef nimmt Ihnen das Zepter aus der Hand

Eine besonders schwierige Situation haben Sie zu meistern, wenn Sie – zum Beispiel als Projektleiter – eine Präsentation halten und Ihr Chef – als Teammitglied – Ihnen das Zepter aus der Hand nimmt. Wenn Sie versuchen, das Zepter zurückzubekommen, können Sie sich schnell im Powerplay mit Ihrem Vorgesetzten wiederfinden. Zwei Rollenbeziehungen kollidieren dann: die von Projektleiter zu Projektmitglied und die vom Mitarbeiter zum Vorgesetzten. Letztere «sticht», da sie längerfristig und mit mehr tatsächlicher Macht verbunden ist. Von der Situationslogik und Rollenverteilung her sollte das nicht so sein, aber de facto müssen Sie damit rechnen. Daher empfehlen wir Ihnen, das Gespräch mit Ihrem Chef vor oder nach solchen Situationen zu suchen und währenddessen eher in den sauren Apfel zu beißen. Vorher zu sprechen macht durchaus auch dann Sinn, wenn Sie bislang keine schlechten Erfahrungen gemacht haben: «Wir haben ja demnächst die Präsentation XY, die ich mache, und Sie sind dabei. Ich würde gern vorher mit Ihnen klären, wie Sie meine Rolle dort sehen und was Sie von mir erwarten, insbesondere dann, wenn es um den Punkt Z geht, wo wir ja tendenziell unterschiedlicher Meinung sind. Wie sehen Sie das?»

Im Nachhinein hingegen, wenn das Kind in den Brunnen gefallen ist, geht es darum, Groll auszuräumen und für die Zukunft Verabredungen zu treffen: «Ich möchte mit Ihnen noch einmal über meinen Vortrag gestern sprechen. Passt Ihnen das jetzt? Eine Situation war dabei für mich schwierig, nämlich als Sie ... Ich war dann in der Zwickmühle: Wenn ich meinen Gedanken zu Ende gebracht hätte, hätte ich Sie brüskiert, und das wollte ich keinesfalls, aber gleichzeitig ist dadurch etwas Wichtiges verloren gegangen, nämlich ... Mich würde interessieren, ob Sie das ähnlich erlebt haben. Ich brauche einfach eine Rollenverabredung für die Zukunft.»

7.4 Das Letzte: Pleiten, Pech und Pannen

Zum Schluss wollen wir den Deckel unseres Peinlichkeiten-Nähkästchens vorsichtig anheben und Sie einen Blick hineinwerfen lassen. Ob Tücken der Technik oder akutes Hirnversagen – uns sind schon Sachen passiert ...

Das Nähkästchen-Kapitel verfolgt dabei zwei Ziele: Erstens kann man ja vielleicht doch aus Fehlern anderer lernen, und Sie müssen *diese* Erfahrungen nicht selbst machen. Zweitens ist es ja manchmal entlastend zu hören, was andere schon durchgemacht haben, um das Nähkästchen mit den eigenen Erfahrungen humorvoller betrachten zu können (wobei der Witz sich oft erst mit dem zeitlichen Abstand zur Panne so recht entfalten will). Und die Moral von der Geschicht? Der Rheinländer würde sagen: «Et küt wie et küt un hät noch immer joot jejangen.» Und außerdem: Frühzeitig anzureisen und Zeit für Unvorhergesehenes einzuplanen, das würden wir immer und unbedingt empfehlen.

Hier eine Auswahl an Böcken, die wir oder nahe Kollegen schon geschossen haben.

Quo vadis?

Stellen Sie sich vor, Sie fahren gut vorbereitet ins Seminarhotel. Die Kinder sind versorgt, die Flipcharts gemalt, der Zug gebucht und pünktlich erreicht, alles ist gut. Endlich stehen Sie an der Rezeption des lang vertrauten Hotels, in dem Sie beinahe schon Ihren zweiten Wohnsitz anmelden könnten, blicken in ein freundliches Hotelier-Gesicht und werden gefragt: «Sie hier? Na, das ist ja eine Überraschung!» Ahhh!

Heißkalter Schauer, Schockstarre und die Erkenntnis: Ich bin im falschen Hotel!

Hätten wir Ihnen geraten, bei Auswärtsspielen vor Abreise stets nochmal den Ort zu checken, hätten Sie wahrscheinlich gedacht: Die (Autorinnen) halten uns (Leser) wohl für blöd! Nein! Nicht Sie! Jedenfalls: Wir kontrollieren seitdem durchaus zwanghaft den Arbeitsort.

Die richtigen Folien am falschen Ort

Und jetzt stellen Sie sich vor, Sie hätten wunderbare Unterlagen – zu Hause. Vor Ort hätten Sie auch schöne Unterlagen. Leider mit der kleinen Einschränkung, dass sie mit Ihrem Vortragsthema sehr, sehr wenig zu tun haben ...

Wenn Rollen rollen

Es gibt charakterschwache Flipchartrollen. Das sind die mit der heimtückischen Tendenz, im Zug in der Gepäckablage wegzurollen und sich unter Mänteln zu verstecken. Und dann weg zu sein. Davor wollten wir einfach einmal warnen.

Small world

Wirklich, wirklich ungünstig ist es, namentlich über Teilnehmer oder Kollegen zu reden, ohne ganz genau überprüft zu haben, wer am Nachbartisch oder im Dampfbad neben Ihnen sitzt. Das Kind kriegen Sie nie mehr aus dem Brunnen.

Kofferdiebe

Einmal saß ich mit meinem Kollegen im Zug und er erzählte mir, dass wiederum einem anderen Trainer vor kurzem im Zug der Koffer geklaut worden sei. Der besagte Trainer hatte am Bahnhof versonnen aus dem Fenster geschaut und dabei zufällig zwei Männer seinen Koffer wegschleppen sehen! Fünf Minuten nach dieser Anekdote schaut mein Kollege aus unserem Zugfenster – und sieht, kein Witz, zwei Männer mit seinem Koffer aussteigen! Jetzt würde die Geschichte zu lang werden:

wie er rausgesprungen ist, den Männern und seinem Koffer hinterher, sein Geld dabei im Zug gelassen hat, nun mit zwei Dieben in der Pampa geld- und handylos festsaß, ich erschüttert allein im Zug ... Am Ende waren dann aber Kollege und Koffer, das Seminar und sogar meine Nerven glücklich gerettet.

Overheadbirnen

Jeder Overheadprojektor hat eine Ersatzbirne. Und manchmal brennt auch die sofort durch.

«Könnten Sie uns die mal schnell kopieren?»

Ich habe schon tausendmal während des Seminars im Tagungshaus Folien zum Kopieren gegeben. Einmal kam danach schamrot die zuständige Dame auf mich zu, sie hatte meine Folien vernichtet. Sie hatte sie durch den Kopierer gejagt und dabei mit einer gewissen Konsequenz nicht nur die Folien verbrannt, sondern gleich auch den Kopierer zerstört.

Aufgeräumt

Ein Pannenklassiker, den wir beide schon erlebt haben: am ersten Seminartag mit den Teilnehmern Material erstellt, Bilder gemalt, Flips geschrieben – am nächsten Tag alles weg. Aufgeräumt, weggeworfen. Seitdem schreiben wir abends immer Zettel, die wir gut sichtbar in den Raum legen: «Bitte nichts wegschmeißen!»

Abgefahren

Ich hatte mich mit dem Kollegen am Bahnsteig verabredet, irgendwie waren wir beide ein bisschen spät dran, begegneten uns aber endlich glücklich vor dem schon wartenden Zug und schlossen uns erleichtert in die Arme – als dieser die Türen schloss und abfuhr. Ohne uns.

Taxifahrer

Dass die Deutsche Bahn sich verspäten wird, kalkuliert jeder Anfänger ein. Misstrauen gebührt aber zudem der Zunft der Taxifahrer. Auch wenn wir schon viele sehr nette, kompetente Fahrer erlebt haben, trifft leider ziemlich oft das Gegenteil zu. Beide haben wir schon mehrfach erlebt, dass «in the middle of nowhere» ein Taxifahrer behauptet, den Weg zum Tagungsort zu kennen. Nach ewig langer Fahrtzeit kommt dann heraus, dass niemand im Wagen auch nur eine annähernde Idee davon hat, wo man sich befinden könnte und wie man zum Ziel kommt. Und die Ansichten darüber, wer für den Weg zuständig sei, gehen ganz sicher auch auseinander ...

Zum Schluss

«Wenn wir einander nichts zu sagen haben, sagte Camier,
laß uns dann einander nichts sagen.
Wir haben einander etwas zu sagen, sagte Mercier.
Warum sagen wir es dann nicht einander? sagte Camier.
Weil wir nicht wissen wie, sagte Mercier.
Also laß uns schweigen, sagte Camier.
Aber wir versuchen es, sagte Mercier.» SAMUEL BECKETT

Liebe Leserin, lieber Leser,

wir halten das Reden, ob miteinander oder vor einem Publikum, für etwas Wunderbares. Deshalb ist es für uns eine Herzenssache, uns selbst und andere – Sie? – dabei zu fördern und zu ermutigen. Es ist wichtig, sich Gehör verschaffen zu können. Es ist wichtig, sagen zu können, was zu sagen ist. Es ist wichtig, das Reden nicht den Rhetorik-Profis zu überlassen. Auch wenn sich scheinbar ein Widerspruch zum Thema dieses Buches auftut: Wir finden es oft gar nicht so entscheidend, *wie* etwas gesagt wird, sondern *dass* es gesagt wird. Der Inhalt, nicht die Form bleibt das Wesentliche. Und nicht immer haben die, die wenig reden, auch wenig zu sagen (und umgekehrt!).

Allerdings beeinträchtigt die Form des Vortrags manchmal die Wirkung des Inhalts. Oder die Unsicherheit, wie etwas gesagt werden müsste, verhindert, dass es überhaupt gesagt wird: «Ich kann halt nicht gut reden!» Das mag schmerzlich für den (Nicht-)Sprecher und ein Verlust für die anderen sein. Mancher Zuhörer geht der Rednerin verloren, weil sie ausschließlich ihr Thema im Blick hat. Ein andermal wird das Publikum benutzt und manipuliert von einem, der sich selbst am liebsten reden hört. Hochinteressante Themen vertrocknen in der Ödnis der Darstellung.

Deswegen ist es sinnvoll, sich mit kommunikationspsychologischer Rhetorik zu beschäftigen und sich darin zu üben. Nicht um abstrakter Maßstäbe von Perfektion und Eleganz willen, sondern um weder sich selbst noch seinem Publikum Last und Anstrengung zu sein.

Wir möchten uns hier von Ihnen verabschieden und Ihnen gutes Gelingen beim Ausprobieren unserer Anregungen wünschen. Mögen diejenigen unter Ihnen, die sich manchmal selbst hemmen, ein wenig ermutigt sein zum Reden. Mögen diejenigen, die unter ihrem eigenen Anspruch ächzen, etwas mehr Spaß und Leichtigkeit finden. Mögen die Profis unter Ihnen auf ein paar neue Ideen gestoßen sein und Lust auf dieses Neue spüren.

Und jetzt gerne mal Sie!

Dank

Zuerst und besonders wollen wir Friedemann Schulz von Thun danken. Ohne ihn hätten wir dieses Buch nicht geschrieben. Nicht nur ist er so etwas wie ein geistiger Vater, er hat auch mit seinen hilfreichen Kommentaren zur Verbesserung unseres Buches beigetragen.

Wenn ich (Maud) etwas über Narzissmus weiß und verstanden habe, dann durch Lydia Düsterbeck. Danke, Lydia!

Burkhard Bösterling und Wolfgang Dohmen danken wir für wertvolle Literaturhinweise.

Zuletzt danken wir Elke und Götz Winkler für kulinarisches und literarisches Asyl in Frankreich. Vielen Dank auch, Götz, für die guten kritischen Anmerkungen zum Buch. Wir kommen wieder!

Literatur

Beckett, S.: Mercier und Camier. In: Paul Auster: Die Kunst des Hungers. Essays und Interviews. Reinbek 2000

Benien, K.: Beratung in Aktion. Erlebnisaktivierende Methoden im Kommunikationstraining. Hamburg 2002

Berkhan, B., Krause, C., Röder, U.: Schreck laß nach! Was Frauen gegen Redeangst und Lampenfieber tun können. Düsseldorf 1995

Borchert, W.: Das Gesamtwerk. Reinbek 2001

Cohn, R.: Es geht ums Anteilnehmen ... Perspektiven der Persönlichkeitsentfaltung. Freiburg 1989

Cohn, R.: Von der Psychoanalyse zur Themenzentrierten Interaktion. Stuttgart 1990

Dalai Lama: Ohne Anfang Ohne Ende. Die acht Schritte zu einem sinnerfüllten Leben. Bern, München, Wien 2001

Eidenschink, K.: Das narzisstisch infizierte Unternehmen. Zum problematischen Einfluss von Führungskräften mit narzisstischen Persönlichkeitsmerkmalen auf Organisationen. In: OrganisationsEntwicklung 1/2003

Enquist, P. O.: Gestürzter Engel. Frankfurt a. M. 2003

Etscheid, G.: Weniger Ähs und Hmms. In: Die Zeit, 22. Dezember 2003

Frankl, V. E.: Der Mensch vor der Frage nach dem Sinn. München 2003

Frey, D., Irle, M.: Theorien der Sozialpsychologie. Band 1: Kognitive Theorien. Bern 1984

Goethe, J. W. v.: An Riemer, 24. 12. 1810. Aus: Lexikon der Goethe-Zitate. Hg. von R. Dobel. München 1997

Harris, T. A.: Ich bin o. k. Du bist o. k. Reinbek 1990

Hertlein, M.: Präsentieren – Vom Text zum Bild. Reinbek 2003

Johnson, S. M.: Der Narzißtische Persönlichkeitsstil. Köln 1988

Kernberg, O. F.: Borderline-Störungen und pathologischer Narzißmus. Frankfurt a. M. 1996

Königswieser, R., Exner, A.: Systemische Intervention. Stuttgart 1998

Langer, I., Schulz von Thun, F., Tausch, R.: Sich verständlich ausdrücken. München 1990

Leinemann, Jürgen: Höhenrausch. Die wirklichkeitsleere Welt der Politiker. Berlin 2004

Lemmermann, H.: Lehrbuch der Rhetorik. München 1981

Lessing, G. E.: Gedanken über die Herrnhuter. In: Hildebrandt, D.: Lessing. Biographie einer Emanzipation. München 2003

Lévinas, E.: Die Spur des Anderen. Untersuchungen zur Phänomenologie und Sozialphilosophie. Freiburg, München 1992

Owlglass (Hans Erich Blaich): In: Der ewige Brunnen. Hg. von L. Reiners. München 1955

Petzold, H. G., Heinl, H. (Hg.): Psychotherapie und Arbeitswelt. Paderborn 1983

Reich, W.: Charakteranalyse. Köln 1989
Riemann, F.: Grundformen der Angst. München 1989
Rogers, C. R.: Therapeut und Klient. Grundlagen der Gesprächspsychotherapie. Frankfurt a. M. 1989
Schlippe, A. v., Schweitzer, J.: Lehrbuch der systemischen Therapie und Beratung. Göttingen, Zürich 2003
Schmundt, Hilmar: Die Macht der bunten Bilder. In: Der Spiegel, 15. März 2004
Schulz von Thun, F.: Miteinander reden 1. Störungen und Klärungen. Reinbek 1981
Schulz von Thun, F.: Miteinander reden 2. Stile, Werte und Persönlichkeitsentwicklung. Reinbek 1989
Schulz von Thun, F.: Miteinander reden 3. Das «Innere Team» und situationsgerechte Kommunikation. Reinbek 2004a
Schulz von Thun, F.: Klarkommen mit sich selbst und anderen: Kommunikation und soziale Kompetenz. Reden, Aufsätze, Dialoge. Reinbek 2004b
Schulz von Thun, F., Ruppel, J., Stratmann, R.: Miteinander reden: Kommunikationspsychologie für Führungskräfte. Reinbek 2003
Seifert, J. W.: Moderation & Kommunikation. Offenbach 1999
Seiwert, L. J.: Life-Leadership. Frankfurt a. M. 2001
Servan-Schreiber, D.: Die neue Medizin der Emotionen. München 2004
Simon, F. B., Rech-Simon, Ch.: Zirkuläres Fragen. Heidelberg 2004
Sprenger, R. K.: Die Entscheidung liegt bei Dir. Wege aus der alltäglichen Unzufriedenheit. Frankfurt a. M. 2000
Stahl, E.: Dynamik in Gruppen. Handbuch der Gruppenleitung. Weinheim, Basel, Berlin 2002
Symington, N.: Narzißmus. Gießen 1999
Thomann, C., Schulz von Thun, F.: Klärungshilfe 1. Handbuch für Therapeuten, Gesprächshelfer und Moderatoren in schwierigen Gesprächen. Reinbek 2003
Walser, R.: Der Spaziergang. Ausgewählte Geschichten. Zürich 1973
Watzlawick, P., Beavin, J., Jackson, D.: Menschliche Kommunikation: Formen, Störungen, Paradoxien. Bern, Stuttgart, Wien 1985
Weidenmann, B.: Gesprächs- und Vortragstechnik. Für alle Trainer, Lehrer, Kursleiter und Dozenten. Weinheim, Basel 2002
Wright, F. L.: Aus: Benz, D.: Alles zur rechten Zeit. München 1996